INICIOS DEL INDEPENDENTISMO EN CUBA:

LAS CONSPIRACIONES DE 1809 Y 1810

COLECCIÓN CUBA Y SUS JUECES

EDICIONES UNIVERSAL, Miami, Florida, 2018

José Ramón Fernández Álvarez

INICIOS DEL INDEPENDENTISMO EN CUBA:

LAS CONSPIRACIONES DE 1809 Y 1810

Copyright © 2018 by José Ramón Fernández Álvarez

Primera edición, 2018

EDICIONES UNIVERSAL
P.O. Box 450353 (Shenandoah Station)
Miami, FL 33245-0353. USA
(Desde 1965)

e-mail: ediciones@ediciones.com
http://www.ediciones.com

Library of Congress Catalog Card No.: 2017958754
ISBN-10: 1-59388-291-2
ISBN-13: 978-1-59388-291-4

Composición de textos: María Cristina Zarraluqui

Diseño de la cubierta: Luis García Fresquet

En la cubierta: detalle del
«*Plano N. I de la Havana su puerto e immediaciones
situado en la latitud N. de 23.° 10′ y en longitud de 293.° 17′*» (c. 1812)
firmado por el ingeniero militar habanero
Anastasio Arango y Núñez del Castillo (1772-1856)

Todos los derechos
son reservados. Ninguna parte de
este libro puede ser reproducida o transmitida
en ninguna forma o por ningún medio electrónico o mecánico,
incluyendo fotocopiadoras, grabadoras o sistemas computarizados,
sin el permiso por escrito del autor, excepto en el caso de
breves citas incorporadas en artículos críticos o en
revistas. Para obtener información diríjase a
Ediciones Universal.

A Mima

Contenido

A modo de introducción 9
Primera Parte 11
    Los albores del siglo XIX y el separatismo en Cuba 11
        Antecedentes 13
        Resumen de los hechos y la evidencia documental 15
        La conspiración "masónica" de 1809 18
        La conspiración de 1810 de Román de la Luz 18
        Evolución y estado del relato de las
        conspiraciones de 1809 y 1810 21
Segunda Parte 29
    La primera conspiración. 29
    Sedición y masonería en 1809 29
        Someruelos en el poder 31
        La "conmoción" de los negros en 1809 32
        "Our Man in Havana" en 1809 35
        ¿Una conexión venezolana? 41
        ¿Otro arresto equivocado? 45
        El Oidor mal visto 48
        El acusado no arrestado 51
        Los francmasones en La Habana 53
        Una denuncia reservada 57
        Un Cabildo a prueba de fuego 62
        Los «autores del complot» de 1809 65
        El marino desaforado 69
        El Decano de Cánones 76
        Román de la Luz 79

    Un sujeto de distinción 86
    Un proceso dilatado 88
Tercera Parte 95
    1810 y la nueva conspiración de Román de la Luz 95
        Otro octubre tempestuoso 97
        Un funámbulo de la política 98
        Un relevo indeseado 105
        Un Capitán de "cortas luces" 109
        Otra vez Caracas 122
        Una pareja dispareja 125
        La intentona independentista de 1810 132
        El proyecto inmovilista de 1810 142
        La falaz "conspiración combinada" 144
        El peculiar proceso judicial 149
        El peso de la ley 152
        La Caballería Racional 158
        Conspirando en Cádiz 167
        Los Racionales en Cuba 177
        Post hoc, ergo propter hoc 185
Conclusiones 197
Anexos 201
Bibliografía 221
Acerca de las ilustraciones 243
Índice 245

A modo de introducción

Los años comprendidos entre 1808 y 1812, que engendraron las grandes emancipaciones en las colonias españolas de Tierra Firme, fueron también testigos de crecientes tensiones e incipientes aspiraciones independentistas en la Isla de Cuba. Descuidada por mucho tiempo en la historiografía cubana, esta etapa formativa del país ha recibido recientemente más atención y reconocimiento —especialmente según se cumplían los bicentenarios de los hechos más notables: la frustrada Junta de La Habana, la expulsión de los franceses y los motines de negros, las conspiraciones blancas, interraciales y negras, y el primer proyecto de constitución. Este trabajo se limita a tratar de esclarecer aspectos de las conspiraciones de 1809 y 1810, que han sufrido frecuentes distorsiones debido a las lecturas variadas de la escasa documentación, y a presentar la información disponible a la luz de una interpretación que permita reordenar la cronología de los hechos y reevaluar la ejecutoria de los protagonistas.

Primera Parte

Los albores del siglo XIX y el separatismo en Cuba

Fernando VII

Antecedentes

A los retos normalmente asociados con cualquier empeño heurístico, la investigación de las conspiraciones de 1809 y 1810 presenta algunas dificultades adicionales. La caótica situación en España y el desmoronamiento de la monarquía borbónica por la agresión napoleónica causó demoras extraordinarias en el despacho de los asuntos de Indias y dificultades en la preservación de los papeles del gobierno que han contribuido a enturbiar la historia de este período en la historia de Cuba.

Desde las vergonzosas abdicaciones de Bayona,[1] el gobierno español había quedado muy reducido y funcionaba a duras penas con enormes dificultades; España estaba en franco estado de sitio y tratando de sobrevivir. El tráfico marítimo con las colonias —ya severamente afectado desde la derrota de Trafalgar—, se hizo más irregular y peligroso afectando el comercio y las comunicaciones. Gobernaba a Cuba entonces el capitán general Salvador de Muro y Salazar, marqués de Someruelos, y su organismo rector en la Península era el Consejo de Indias que —entre otras cosas—, fungía de tribunal supremo en asuntos legales. Así, cuando un grupo de conspiradores arrestados en 1809 fue procesado por infidencia y masonería y Someruelos decidió consultar a la instancia superior antes de dictar sentencias, la decisión tendría que ser tomada por el Consejo de Indias en la metrópoli. Someruelos dirigió esa consulta al Consejo de Indias a principios de 1810 sin conocer que el Consejo había dejado de existir como tal desde junio de 1809 cuando fue incorporado en Sevilla, con los remanentes de otros organismos, en el llamado Consejo reunido, un organismo que en

---

[1] El Príncipe de Asturias había fracasado en un intento anterior en 1807, pero en marzo de 1808 dio un golpe de estado a su padre, Carlos IV, le obligó a abdicar a su favor e impúdicamente tomó el mando como Fernando VII. Unas semanas *después en la ciudad francesa de Bayona, con mayor desfachatez aún, Napoleón Bonaparte, cuyos ejércitos dominaban el territorio de su aliada España, forzó a Fernando a devolver el trono a su padre quien a su vez entregó la corona al emperador galo quien se la pasó a su hermano, el nuevo Rey de España como José I.

la práctica no tenía capacidad para atender las tareas habituales. El Consejo reunido contaba con catorce consejeros para administrar todos los asuntos del gobierno fernandino; de ellos «tan sólo cuatro para los asuntos de Indias, cuando hasta entonces se ocupaban de la materia más de veinte y el territorio y los asuntos indianos eran sustancialmente los mismos.»[2]

Ese estado de cosas perduró hasta que la Junta Central Suprema Gubernativa del Reino pudo establecerse con más posibilidad de permanencia en Cádiz y en camino hacia esa ciudad, en la Isla de León, creó el Consejo de Regencia para tomar el lugar del Rey ausente como organismo superior ejecutivo. Con muchos de los consejeros que habían estado dispersos habiéndose reintegrado ya a sus puestos, en septiembre de 1810, la Regencia disolvió el Consejo reunido y, luego de un lapso de quince meses, restableció el Consejo de Indias. Resulta significativo que la explicación ofrecida por el gobierno para justificar esa medida se refería específicamente a la acumulación de expedientes de asuntos de Indias, que «requerían toda la atención de su propio Consejo por la multitud y gravedad de ellos y para su más pronta expedición.»[3] Uno de esos expedientes era la consulta de Someruelos sobre los arrestos de 1809 en La Habana la cual, no obstante, continuaría acumulando polvo por muchos meses más.

La respuesta a aquella consulta redactada en marzo de 1810 por el Gobernador de Cuba no sería decidida por el reconstituido Consejo de Indias hasta el 25 de junio de 1811 y no fue «señalada» (firmada) hasta el 17 de agosto; habían transcurrido más de diecisiete meses, sin contar el tiempo para su tránsito a La Habana. Mucho había ocurrido en la Isla durante este tiempo: una segunda ola de arrestos había sacudido a La Habana en octubre de

---

[2] Además del de Indias los otros Consejos "reunidos" eran los de Castilla, de Órdenes y de Hacienda (José María Puyol Montero, "La creación del Consejo y Tribunal Supremo de España e Indias (Consejo reunido) por la Junta Central en 1809", *Cuadernos de Historia del Derecho*, n.º 2, Editorial Complutense, Madrid, 1995, pp. 220, 231.)

[3] *Ibídem*, pp. 228-31.

1810, se había formado una segunda causa, Someruelos había sometido las sentencias para su revisión por el Consejo de Indias y los principales responsables de esa segunda conspiración ya purgaban sus condenas en el Castillo de Santa Catalina en Cádiz, a poca distancia de la sede del Consejo.

Resumen de los hechos y la evidencia documental

Además de los autos y otros papeles secundarios creados durante las detenciones, investigación y disposición de estas causas políticas, cada uno de estos procesos generaba dos principales tipos de comunicaciones: una que llamaremos "consulta", en que el Capitán general remitía la información y documentación sobre la causa solicitando orientación sobre las medidas a tomar o sometía las decisiones tomadas a la aprobación superior; y una "respuesta" del Consejo en que se anunciaba una decisión o se confirmaba, desaprobaba o modificaba las acciones del Capitán general de la Isla.

Sobre la causa de 1809, disponemos de la "consulta" que Someruelos preparó el 3 de marzo de 1810 y la correspondiente "respuesta" del Consejo con fecha de 25 de junio de 1811. Sobre la causa de 1810, tenemos la "consulta" pero no hubo "respuesta". En ambos casos, lo que queda de las consultas son las cartas en que Someruelos describía sucintamente el caso, los acusados y las condenas pero la documentación que iba adjunta (informes de los investigadores, declaraciones de testigos, interrogatorios de acusados) no se ha encontrado.[4] No hay que dudar que algún día apa-

---

[4] La mayoría de los documentos sobre las conspiraciones de 1809 y 1810 utilizados en la historiografía provienen del legajo número 113 del fondo Papeles de Ultramar del Archivo General de Indias en Sevilla. De los papeles disponibles, los más interesantes para este trabajo son cuatro: A) Gobernador al Consejo con fecha de 3 de marzo de 1810; B) Consejo de Indias a Someruelos con fecha de 25 de junio de 1811; C) Someruelos a Nicolás María de Sierra con fecha de 6 de

rezcan los expedientes de estas causas pues existe evidencia de su transferencia entre distintas oficinas del gobierno para ser consultados durante procesos legales derivados de aquellos hechos, pero, hasta el momento de esta investigación, no han sido localizados.[5]

En conclusión: disponemos de la consulta sobre el caso de 1809; la consulta del caso de 1810; y la respuesta al caso de 1809 —una secuencia que, de por sí, parece absurda. Para mayor confusión, debido a la extraordinaria demora por parte del Consejo de Indias, la respuesta al caso de 1809 tiene fecha de 1811, distorsionando aún más la cronología normal. No nos debe sorprender que algunos escritores hayan creído ver un solo caso donde en realidad hay dos. Esto es muy importante y definitorio para una correcta interpretación de esos hechos históricos.

Pero, entre los documentos encontrados en el Archivo General de Indias, quizás el que más haya contribuido a la confusión sobre estos sucesos es un papel sin fecha, sin firma y sin destinatario. No obstante, se le ha considerado parte integral de la documentación original y, desde luego, se ha tratado de incorporar su contenido al resto de la historia. Se trata de un papel doblado a la mitad para conformar una carátula o cubierta con la intención de conservar dentro las comunicaciones referentes a los hechos que nos ocupan. Para describir el contenido, alguien escribió sobre esta carpetilla, a modo de encabezamiento «1810, á 1820» —lo cual es razonable porque los documentos incluyen "súplicas" que Román de la Luz y Manuel Ramírez escribieran a las autoridades sobre sus situaciones personales hasta 1820; pero esto significa que la cubierta no se escribió antes de 1820 —y probablemente mucho después de esa fecha—, es decir, cuando menos, una déca-

---

diciembre de 1810; y D) la lista de los "comprendidos en la causa formada el 1810", sin fecha. [Véanse los Anexos A, B, C y D, respectivamente.]

[5] La pista más reciente data del 25 de agosto de 1821 cuando los «tres legajos de autos, con los números 180 y 264 1° y 2°» fueron devueltos por el secretario del Despacho de Gobernación de Ultramar, Ramón López Pelegrino, a la Secretaría del Despacho de Gracia y Justicia (Archivo General de Indias [en lo adelante, AGI], Ultramar, 113, f. 233).

da después de los procesos en cuestión. El texto que sigue al encabezamiento identifica el lugar de los hechos, «Habana», ofrece una lista de nombres y continúa al dorso con una nota sobre unas recomendaciones de Someruelos acerca de sus subordinados que también se encuentran en el paquete.[6] Sobre la lista aparece una descripción que los identifica como «los comprendidos en» la causa «formada en 1810 sobre intentada sublevación y masonería» cuando, en realidad, en la lista aparecen los nombres de personas implicadas en ambas causas, la de 1809 y la de 1810.

Todo indica que esa cubierta fue creada por algún archivero para separar los documentos que le parecieron relacionados con un mismo asunto y quien, para facilitar la tarea de investigadores futuros, escribió en la cubierta, a manera de índice, nombres y temas mencionados en aquel manojo de papeles. La cubierta sólo menciona una tercera parte de los nombres lo cual revela que la labor del funcionario no fue exhaustiva, pero no debemos esperar que la ojeada de un empleado de archivo resulte más reveladora que las investigaciones de historiadores profesionales, especialmente cuando la documentación es tan fragmentaria y confusa. Como ninguno de los pliegos sobrevivientes tenía fecha de 1809, es presumible que el empleado haya creído que todos los papeles tenían que ver con una conspiración de 1810 y así tituló la cubierta; quienes han visto la cubierta como una evidencia contemporánea a los hechos, también han tratado los sucesos como una sola conspiración, a menudo a expensas de la coherencia en el relato.[7]

---

[6] Copia de la lista y transcripción del texto en el Anexo D (AGI, Ultramar 113, f. 2).

[7] Quizás el caso más notable sea el de José Luciano Franco quien reflejó esa creencia hasta en el título de su muy citado libro sobre *Las conspiraciones de 1810 y 1812* [La de 1812 es la de José Antonio Aponte que no guarda relación con las de 1809 y 1810]. A principios del actual siglo —quizás como parte del proceso de digitalización del Archivo—, la archivera Purificación Medina Encina elaboró una nueva descripción de los cuatro componentes de la signatura «Ultramar 113» y con mayor precisión utilizó las fechas «1809-1821» en el título del grupo de papeles que aquí nos concierne.

A continuación se resume lo esencial de las dos conspiraciones que nos ocupan.

La conspiración "masónica" de 1809

Durante las primeras horas de los días 20 y 21 de octubre de 1809 varios habaneros fueron arrestados y acusados de infidencia y francmasonería. Someruelos mandó formar la causa criminal contra los detenidos y determinar las sanciones correspondientes. Ese proceso culminó el 3 de marzo de 1810 cuando Someruelos consultó al Consejo de Indias solicitando su disposición sobre aquella causa.

Como se ha dicho, «el expediente criminal reservado» que iba adjunto a la carta consulta del Capitán general, no ha aparecido; pero Someruelos identificó a diez hombres arrestados en aquella intentona. Los principales reos en la luego llamada "conspiración masónica" de 1809 eran tres, Román de la Luz, Manuel García Coronado y José Peñaranda. Se señalan «otros siete convencidos de Francmasones» cuyos nombres más adelante detallamos. El marqués de Someruelos había recomendado que Román de la Luz fuese desterrado a la Península, pero ante la larga espera por la respuesta del Consejo de Indias, Luz había sido «confinado a una finca rural», y algún tiempo después regresó a La Habana con el aparentemente tácito consentimiento del Capitán general.

La conspiración de 1810 de Román de la Luz

Durante la primera semana de octubre de 1810 se desató en La Habana una nueva cadena de arrestos que, según el gobierno, dio al traste con una conspiración diseñada para derrocar al gobierno e independizar a la Isla; los detenidos formaban una curiosa mezcolanza de comerciantes, profesionales, burócratas, militares y esclavos, entre los cuales había blancos, pardos y morenos. De nuevo Someruelos nombró un instructor de causa, esta vez el Teniente de Rey, Manuel Artazo, quien encabezaría una junta para asignar responsabilidades y dictaminar castigos. Los expedientes individuales y las otras piezas relativas a esta causa que —según Someruelos—, fueron remitidos a España, también están extraviados. Pero sobreviven dos informes reservados de la junta al Capitán general con fecha de 5 de noviembre, y uno de éste al Consejo de Indias de 6 de diciembre de 1810, que resumen la investigación y las recomendaciones sometidas a consulta. Estos documentos, entre otros muchos detalles, contienen los nombres de los procesados, los castigados, los prófugos y los reprendidos por su conducta en la conspiración.

He aquí los nombres de los implicados en la causa por conspiración de 1810: condenados, Román de la Luz, Manuel Ramírez, Luis Francisco Bassave, José María Montano, Francisco Álvarez, Gabriel Pantaleón de Ercazti, Buenaventura Cervantes, Ramón Espinosa, Juan José González, Carlos de Flores, Juan Ignacio González y un tal Laureano [sic]; bajo investigación, José Doroteo del Bosque, Juan Caballero, Antonio José Chacón y José de Jesús Cabadeira; amonestados, Isidro Moreno, Pedro Alcántara Pacheco, Pedro Gamón, Antonio Daza Maldonado y Andrés Armesto; prófugos, Joaquín Infante, Pedro Sánchez y Manuel Chacón. Veinticuatro nombres en total.

No cabe duda de que ambos sucesos, la conspiración de 1809 y la de 1810, guardan una relación más o menos estrecha entre sí debido a su proximidad en el tiempo, la similitud en sus miras y la participación compartida de dos personas, una de ellas, Román de la Luz, el principal dirigente de ambas. Pero también los hechos tienen características que los distinguen suficientemente para ser considerados por separado. Sin embargo, se acostumbra tratarlos como un solo acontecimiento y hasta se mezclan los nombres de los participantes de una y otra causa creando confusiones que han dificultado la reconstrucción de los hechos y la comprensión de los mismos.

Juan Clemente Zenea y Fornaris

José Gabriel del Castillo y Azcárate

Evolución y estado del relato de las conspiraciones de 1809 y 1810

A más de doscientos años de distancia, la información sobre las conspiraciones de la primera década del siglo XIX continúa siendo escasa. No se ha descubierto comentario directo alguno sobre ellas durante los primeros casi cien años posteriores. Una ambiciosa historia de Cuba publicada poco después de los hechos en La Habana fue la primera en cubrir el período hasta el año de 1812, pero de las conspiraciones —que eran entonces más noticias de actualidad que historia—, solo se incluye una mención tangencial. Antonio José Valdés, uno de los "tres primeros historiadores" de Cuba se excusaba en su libro de no haber bosquejado, entre otros sucesos, «los bienes o males que hubiera producido la prisión de los franc-masones» así como «las sospechas de algunos revoltosos» y es que, sin duda, este hubiera sido un tema sensible para el autor, quien poco después se dio a conocer en Argentina y México como activo masón e independentista.[8]

En ocasión de la defunción del marqués de Someruelos en diciembre de 1813, se publicó un elogio que fue leído ante una junta general de la Real Sociedad Económica de La Habana por uno de sus más antiguos colaboradores, el abogado habanero Francisco Filomeno, quien se limitó a señalar la manera en que el occiso había actuado para «contener la conspiración que se le había denunciado» sobre una «conjuración contra el gobierno» que

---

[8] Antonio José Valdés, *Historia de la Isla de Cuba y en especial de La Habana*, Impresa en 1813 en la Oficina de La Cena, según reproducida en *Los tres primeros historiadores de la Isla de Cuba*, Imprenta y Librería de Andrés Pego, La Habana, 1877, t. III, p. 351; Carlos M. Trelles, *El historiador Antonio José Valdés*, Imprenta A. Estrada, Matanzas, 1930, pp. 12-7; Hortensia Pichardo, *Antonio José Valdés ¿Historia de Cuba o historia de La Habana?*, Editorial de Ciencias Sociales, La Habana, 1987, pp. 36-42; Manuel Hernández González, "Liberalismo, masonería y nacionalismo en la América de la emancipación: el cubano Antonio José Valdés (1780-1833)", *Nuevo Mundo Mundos Nuevos* (en línea), 2012, [https://nuevomundo.revues.org/62828 consultado el 26 de enero de 2016].

se descubrió en octubre de 1810; según el panegirista, el denunciante había propuesto «él mismo algunos arbitrios que creía convenientes.»[9] (Filomeno había participado en el encausamiento de los conspiradores de 1810 pero carecía de información de primera mano sobre el complot de 1809.)

Durante el resto del siglo XIX, solamente uno que otro pariente de las familias afectadas ofrecería alguna noticia de aquellos procesos. Cuando en 1868 comenzó en Cuba la Guerra de los Diez Años, el poeta y publicista Juan Clemente Zenea, conocido opositor a la dominación española, residía en México. En un opúsculo que aparentemente dejó sin terminar cuando marchó a New York para incorporarse a la insurrección, cuenta un historiador que Zenea se refirió «al proyecto de revolución con algunos francmasones de la Habana» organizado por su tío abuelo, Román de la Luz; probablemente reflejando la creencia familiar, Zenea culpaba a la esposa de Luz por haber revelado el complot a su confesor quien lo denunciara a las autoridades con predecibles consecuencias. Ya desde esta fecha comienzan las distorsiones de los hechos pues, entre otras cosas, en su relato Zenea erróneamente vincula el destierro de su pariente con la conspiración de 1809 sin tomar en cuenta la de 1810.[10]

Según Vidal Morales, el otro comentarista sobre aquellos sucesos era José Gabriel del Castillo Azcárate, un antiguo conspirador y consumado periodista cuyo padre, José del Castillo Pérez,

---

[9] Francisco Filomeno Ponce de León, *Elogio del Excelentísimo Señor Don Salvador de Muro y Salazar, Marqués de Someruelos, Teniente General de los Reales Exércitos, Capitán General de la Isla de Cuba...*, Imprenta de D. Miguel de Burgos, Madrid, 1815 [1ª ed., Oficina de Arazoza y Soler, La Habana, 1814], p. 20.

[10] Juan Clemente Zenea Fornaris, *La Revolución en Cuba*, Tomás F. Neve, Impresor, México, 1868, citado por Vidal Morales (*Contribución a la Historia de la Independencia de Cuba. Iniciadores y primeros mártires de la revolución cubana*, Imprenta Avisador Comercial, La Habana, 1901, p. 12). Morales dijo haber podido examinar sólo 104 páginas de la obra; cuando otros autores citan esta obra de Zenea lo hacen, como aquí, indirectamente. La abuela materna de Juan Clemente Zenea, María Justa, era hermana carnal de Román de la Luz y Sánchez Silveira.

era primo de Francisca, la primera esposa de Román de la Luz. Castillo le había restado importancia a la actividad de su pariente político llamándola «descabellada intentona» y «calaverada».[11]

En 1926 se publicaron los primeros comentarios basados en un examen de documentos originales depositados en el Archivo General de Indias. El Sr. Néstor Carbonell Rivero, después de revisar los papeles, presentó un relato somero pero exacto de los hechos: distinguía los sucesos de 1809 de los de 1810 y al reportar las condenas no mezcló a los reos de uno y otro.[12] No obstante la precisión de los datos que ofreciera Néstor Carbonell, poco tiempo después, cuando un hermano suyo, Miguel Ángel, comentó sobre Román de la Luz, se equivocó al referirse a una única conspiración, en lugar de dos; el relato de Miguel Ángel Carbonell delata la influencia de la versión que Vidal Morales había recogido de Zenea porque también repitió la presunta denuncia de la conspiración por el cura confesor de Francisca, la señora de Luz.[13]

Por esa misma época, la persistencia de Carlos Manuel Trelles ayudó a arrojar algo de más luz sobre uno de los conspiradores de 1810. Compilando información para su *Bibliografía Cubana del Siglo XIX,* el bibliógrafo había descubierto un dato intrigan-

---

[11] Vidal Morales y Morales, "Dos escritores cubanos. José del Castillo y Pérez—José Gabriel del Castillo y Azcárate", *Cuba y América,* v. IV, no. 89, Habana 20 de agosto 1900, pp. 4-10.

[12] Néstor Carbonell Rivero, *Los protomártires de la independencia de Cuba,* Academia de la Historia de Cuba, Imprenta El Siglo XX, La Habana, 1926, pp. 9-15. Resulta interesante que, aunque Carbonell citó profusamente y reprodujo transcripciones completas de varios documentos, no mencionó la existencia de una lista de nombres. Por tanto, debemos concluir que, o bien Carbonell la vio y no la tomó en cuenta, o la lista aún no existía cuando este investigador visitó el archivo. Carbonell también señaló que no tenían fundamento quienes vinculaban a Román de la Luz con el líder negro de la revuelta de 1812, José Antonio Aponte —algo que se ha seguido repitiendo, aunque sigue careciendo de fundamento.

[13] Miguel Ángel Carbonell, "Cuba y sus luchas por la independencia", en José Manuel Carbonell Rivero, *Evolución de la cultura cubana, Vol. XIV,* Imp. Montalvo y Cárdenas, La Habana, 1928, pp. 330-1.

te publicado por un escritor español[14] e incluyó en su obra la siguiente nota:

> «Joaquín Infante.
>
> Proyecto de Constitución para la Isla de Cuba, Caracas, 1811.
>
> Cita de M. Torres Campos. Bibliografía del Derecho Español. Tomo I. (Madrid, 1883)
>
> Infante era natural de Bayamo y partidario de la independencia. Estuvo en Caracas en 1811 y 1812 y regresó a la Habana en 1813...»[15]

Sobre Joaquín Infante no se sabía en Cuba más que eso hasta 1926 cuando la pesquisa de Néstor Carbonell lo identificara como uno de los implicados en la causa de 1810; ahora la noticia de su proyecto de Constitución para Cuba creó más interés sobre el personaje y su participación en la conspiración. Fue entonces que ciertas indagaciones que Trelles había pedido se hicieran en Venezuela dieron fruto: se había encontrado el texto del proyecto de Infante.[16] Su descubridor, el Dr. Salvador Key Ayala, lo reprodujo en un folleto que dedicó a Carlos M. Trelles quien luego lo inclu-

---

[14] Manuel Torres Campos, *Bibliografía española contemporánea del Derecho y de la política, 1800-1880*, Imprenta de Fortanet, Madrid, 1883, p. 76.

[15] Carlos Manuel Trelles y Govín, *Bibliografía Cubana del Siglo XIX*, 8 tomos, Imprenta de Quirós y Estrada, Matanzas, 1911-1915, t. 1, p. 56 (citado en Trelles, "Apuntes biográficos del Dr. Joaquín Infante", Academia de la Historia de Cuba, *Joaquín Infante. Homenaje a este ilustre bayamés, autor del primer proyecto de Constitución para la Isla de Cuba*, El Siglo XX, La Habana, 1930, [en adelante "Academia, *Homenaje*..."] p. 9). El error cometido por Trelles en 1911 en el título de la obra de Torres Campos se ha seguido reproduciendo por más de un siglo hasta nuestros días (*Cfr.* María del Carmen Barcia Zequeira, *Cuba: acciones populares en tiempos de la independencia americana*, Ediciones Matanzas, Matanzas, 2011, p. 116).

[16] Salvador Key Ayala, *Proyecto de Constitución para la isla de Cuba por el doctor Joaquín Infante*, Tipografía Americana, Caracas, 1928, (reproducido en Academia, *Homenaje*..., pp. 21-53.)

yó en 1930 en una publicación que la Academia de la Historia de Cuba dedicó a Joaquín Infante.[17]

Dos años después, el historiador matancero José Manuel de Ximeno Torriente, completó un magnífico ensayo con motivo de su ingreso en la Academia en el que aportaba nueva información sobre Román de la Luz enmarcada en un interesante análisis de la época. Ximeno documenta los factores internos y externos que operaban sobre la Isla y explica cómo «la división establecida por el Dr. Néstor Carbonell» encaja dentro de aquellas complejas condiciones político-económicas.[18] La claridad que ofrecieran Carbonell y Ximeno duró unos años más y, aunque no ganara amplia aceptación, aún se percibía en una reseña de 1941.[19] No obstante, pronto el rumbo comenzó a desviarse otra vez.[20]

Los trabajos de Francisco Ponte Domínguez sobre la masonería en Cuba inevitablemente cubren las conspiraciones de 1809 y 1810, pero, aunque incluyen algunos datos novedosos, las tratan sucintamente y su ordenación desigual renueva la perspectiva dislocada de aquellos acontecimientos.[21] José Luciano Franco dedicó

---

[17] Academia, *Homenaje*..., pp. 9-53. En reconocimiento a su feliz investigación, Key Ayala fue reconocido por la Academia de la Historia de Cuba con una membresía en la clase de Académico Correspondiente extranjero (Academia de la Historia de Cuba, "Memoria leída por el secretario Ing. Juan Antonio Coscullue-la", *La vida de la Academia de la Historia (1928-1929)*, El Siglo XX, La Habana, 1929, p. 10).

[18] José Manuel de Ximeno Torriente, "Genealogía de las ideas separatistas en Cuba", *Anales de la Academia de la Historia de Cuba*, Tomo XVI, enero-diciembre, 1934, Imprenta El Siglo XX, La Habana, 1935, pp. 55-107.

[19] Rafael Soto Paz cita a Ximeno (*La falsa cubanidad de Saco, Luz y del Monte*, Editorial Alfa,, La Habana, 1941, pp. 23-4). Gerardo Castellanos G. creyó equivocadamente que «Ramón [sic] de la Luz y Luis Francisco Bassave estuvieron complicados en la rebelión de Aponte (*Raíces del 10 de octubre de 1868. Aguilera y Céspedes*, El Siglo XX, La Habana, 1937, p. 32)

[20] Ángel I. Augier, "Comienzos del separatismo. Primeros mártires. Narciso López", *Curso de introducción a la Historia de Cuba*, Municipio de La Habana, La Habana, 1938, pp. 232-3.

[21] Francisco J. Ponte Domínguez, *El Delito de Francmasonería en Cuba (Estudio histórico acerca de la alianza del Altar y el Trono en persecución de la Francma-*

una cuarta parte de un libro publicado en 1977 a «la Conspiración de 1810», el resto a la rebelión de Aponte de 1812 y ninguna a la de 1809. Esta obra tiene la virtud de ofrecer transcripciones de algunos de los documentos originales pertinentes pero el autor yerra al interpretarlos como si todo fuese obra de unos conspiradores descubiertos en 1809 y no arrestados hasta un año después.[22] Desde entonces, casi todas las referencias a las conspiraciones de Román de la Luz concentrarían la atención sobre 1810, a veces con tortuosas contorsiones para poder incluir a todos los conspiradores en una sola intentona.[23] Varios historiadores españoles también han estudiado las conspiraciones, también con resultados dispares. Hasta en algunos excelentes ensayos se ha complicado innecesariamente la trama al tratar de racionalizar la deficiente documentación disponible sin lograr "encontrarle la cuadratura al círculo".[24] Las historias de Cuba en idioma inglés sufrieron de la

---

sonería en Cuba), Editorial Humanidad, México, 1951; también *La masonería en la independencia de Cuba*, Editorial Modas Magazine, La Habana, 1954. Otro masón había tratado el tema con anterioridad pero se había limitado a reproducir los comentarios de Vidal Morales y de Carbonell (Aurelio Miranda Álvarez, *Historia documentada de la masonería en Cuba*, Molina y Compañía, La Habana, 1933, pp. 96-9.

[22] José Luciano Franco, *Las conspiraciones de 1810 y 1812*, Editorial de Ciencias Sociales, La Habana, 1977

[23] Emeterio S. Santovenia y José Rivero Muñiz, "Desavenencias entre colonia y metrópoli", *Historia de la nación cubana*, Editorial Historia de la Nación Cubana, La Habana, 1952, t. III, p. 128; Calixto C. Masó, *Historia de Cuba*, Ediciones Universal, Miami, 1976, p. 144; Leví Marrero, *Cuba: economía y sociedad*, Editorial Playor, S.A., Madrid, 1992, t. 15, p. 16; Rolando Rodríguez García, *Cuba: la forja de la nación*, Editorial de Ciencias Sociales, La Habana, 1998, t. I, p. 46; Barcia Zequeira, "Otra vuelta de tuerca a la conspiración de Román de la Luz y a los avatares de Joaquín Infante", http://www.academiahistoria.cu/index.php/ Bitacora /Conferencias.

[24] Francisco Morales Padrón, "Conspiraciones y masonería en Cuba (1810-1826)", *Anuario de Estudios Americanos*, Consejo Superior de Investigaciones Científicas, Madrid, 1972, t. xxix, pp. 343-77; Luis Navarro García, *La independencia de Cuba*, Editorial MAPFRE, Madrid, 1992, pp-50-1; Sigfrido Vázquez Cienfuegos, *Tan difíciles tiempos para Cuba. El gobierno del Marqués de Someruelos (1799-1812)*, Universidad de Sevilla, Sevilla, 2008, pp. 354-5 y 363-70;

misma confusión[25] aunque no faltaría quien sólo comentara sobre la conspiración de 1809 sin mencionar la de 1810.[26] Un libro oficial de «texto para la enseñanza de la historia» utilizado en décadas recientes en Cuba, no menciona a Román de la Luz ni sus conspiraciones.[27]

Vázquez Cienfuegos, *La Junta de la Habana. Adaptación del Pacto colonial en Cuba en vísperas de las independencias hispanoamericanas, 1808-1810*, Universidad de Sevilla/Consejo Superior de Investigaciones Científicas, Sevilla, 2013, pp. 353-4 y 360-6;

[25] Philip S. Foner, *A History of Cuba and its Relations with the United States*, International Publishers, New York, 1962, t. I, pp. 89-90.

[26] Hugh Thomas, *Cuba. The Pursuit of Freedom*, Harper & Row, New York, 1971, pp. 88-9; Thomas, "La colonia Española de Cuba", *Historia del Caribe*, E. Moya Pons, L. E. Aguilar, A. G. Quintero Rivera, H. Hoetink, D. Nicholls, L. A. Pérez, Jr., J. Domínguez y R. W. Anderson, Editorial Crítica, Barcelona, 2001, pp. 46-7.

[27] Dirección Política de las FAR [Fuerzas Armadas Revolucionarias], *Historia de Cuba*, Editorial de Ciencias Sociales, La Habana, 1985 [1ª ed. 1967]

Segunda Parte

La primera conspiración.
Sedición y masonería en 1809

Salvador de Muro y Salazar,
marqués de Someruelos

Someruelos en el poder

Para poder destilar la mayor y más exacta información posible de los pocos documentos disponibles, se hace imprescindible establecer la cronología de los hechos —tanto en La Habana como en España—, para ubicarlos en su correcto contexto histórico.

En la isla de Cuba en 1808, como en la mayoría de las otras colonias españolas en las Américas, la noticia de la agresión francesa, la ocupación territorial y el estado de guerra en la Península había sido recibida por las autoridades y los vecinos primero con indignación contra los bonapartistas y luego con desconcierto al reparar en la implícita inexistencia del gobierno metropolitano. Varias regiones de Tierra Firme formaron Juntas para suplir aquel vacío y dieron poco después el paso definitivo al declararse independientes del control peninsular adoptando casi siempre esquemas republicanos. En La Habana se había tratado de crear una Junta, pero el esfuerzo fracasó por el insuficiente apoyo de comerciantes y hacendados; este ejercicio evidenció la diferencia entre los intereses de los criollos y los peninsulares quienes comenzaron a sentirse más amenazados el uno por el otro. El Capitán general Salvador José de Muro y Salazar, marqués de Someruelos, con el apoyo de los militares en la Isla, se mantuvo fiel a la regencia del ausente Fernando VII mientras maniobraba con flexibilidad para mantener la tranquilidad; pero ante la incertidumbre acerca de los sucesos en la Península, el marqués no era ajeno a escuchar propuestas alternativas.

Por esta época, el general de la guerra de independencia de las Trece Colonias norteñas, James Wilkinson, ya había acumulado un largo historial de intriga, trampas y traición. En varias ocasiones Wilkinson había recibido dinero clandestinamente por servir a España bajo el nombre clave de "Agente 13", pero el notorio general parecía sobreponerse a todas las acusaciones y el nuevo presidente, James Madison, lo ratificó en el mando del ejército de los Estados Unidos y apoyó un plan de Wilkinson para visitar al Capitán general en La Habana. El viaje tenía el doble propósito de tratar de atraer a Someruelos hacia los norteamericanos si Napoleón derrotaba a España y al mismo tiempo dejar entrever la determinación de los Estados Unidos de adquirir los territorios que ahora gobernaba don Salvador de Muro y Salazar.[28] La misión del general norteamericano no reportó ningún efecto práctico aunque, como veremos, Wilkinson sería testigo de un suceso extraordinario en La Habana.

La "conmoción" de los negros en 1809

Por haber permitido aquel fracasado intento juntista y por sus vínculos familiares y profesionales con personeros del bonapartismo en la Península, los elementos más leales a España mostraban desconfianza en el marqués de Someruelos quien hubo de esforzarse en demostrar su fidelidad; esto estimuló una competencia entre las facciones reformistas y realistas de La Habana que afloraba a menudo en sus exageradas manifestaciones de patriotismo.[29] Las agresiones contra los franceses en 1809 parecen enmarcadas en esos sentimientos.

La revolución negra en St. Domingue (Guarico, el actual Haití) había generado oleadas de refugiados que se dispersaron por las Antillas y las costas del Golfo de México. Con el dinero, los conocimientos y la experiencia que trajeron, los franceses contribuyeron al fomento de la Isla de Cuba, eran bien vistos por la población y gozaban del beneplácito del gobierno. Concentrados

---

[28] James Wilkinson, *Memoirs of My Own Times*, Printed by Abraham Small, Philadelphia, 1816, v. II, pp. 344-5; Andro Linklater, *An Artist in Treason. The Extraordinary Double Life of General James Wilkinson, Commander in Chief of the U.S. Army and Agent 13 in the Spanish Secret Service*, Walker Publishing Company, New York, 2009, pp. 281-4.

[29] Vázquez Cienfuegos apunta que Someruelos tenía vínculos incómodos con dos personajes que se habían convertido en activos colaboradores de José Bonaparte: el hombre que lo había nombrado Capitán general, Mariano Luis Urquijo, y su padrastro, Antonio de los Heros, el conde de Montarco (*Tan difíciles....*, p. 257n).

en la región oriental pero con importante presencia en otras áreas, cuando Napoleón invadió España, en Cuba residían ya unos 20,000 refugiados del Guarico y de otros puntos de aquel país vecino. Desde 1808, el conflicto europeo había convertido a los franceses en hijos de un país enemigo y la acogida que hasta ahí disfrutaron se tornó en rechazo y hostilidad. En Cádiz, el desenfreno de esas pasiones había cobrado como víctima al Capitán general de Andalucía quien fue asesinado por una muchedumbre que lo tuvo por "afrancesado".[30]

Cumpliendo con los deseos expresos del Cabildo habanero y siguiendo instrucciones de Cádiz, el 15 de marzo de 1809 Someruelos anunció la expulsión de los franceses y la posible confiscación de sus posesiones. Pocos días después, La Habana fue el escenario de varios días de disturbios callejeros que se caracterizaron por asaltos y saqueos de tiendas, talleres y hogares de inmigrantes franceses por grupos de jóvenes negros. La reacción de las autoridades fue inicialmente lenta, pero al fin se impuso el orden con la intervención de las milicias; hubo algunos arrestos y se recuperaron muchos artículos y animales robados a cambio del perdón oficial a quienes los entregaran. La opinión general consideró aquella "conmoción" como una forma de apoyo al gobierno y de rechazo a la intervención napoleónica pero se creía que los "muchachos de color" habían sido impulsados a actuar por elementos blancos de uno u otro bando; aunque los más reacios peninsulares anti-juntistas no escaparon a las sospechas, ellos a su vez creyeron ver tras los hechos la mano de reformistas criollos rayando el independentismo.[31] Según un funcionario, no hubo mala intención,

---

[30] General Francisco Solano Ortiz de Rozas, segundo marqués del Socorro. El capitán José de San Martín, futuro Libertador de Argentina, Chile y Perú, era el oficial de guardia en el momento del ataque de la turba, pero no pudo impedir la muerte de su jefe (Bartolomé Mitre, *Historia de San Martín y de la emancipación Sud-americana*, Félix Lajouane, Editor, Buenos Aires, 1890 [1ª ed. 1887], t. I, pp. 107-12).

[31] P. Justo Zaragoza, *Las insurrecciones en Cuba*, 2 Tomos, Imprenta de Manuel G. Hernández, Madrid, 1872-1873, t. I, pp. 191-2; se dijo que el 22 de marzo

solo que los negros oyeron las conversaciones de «sus amos o patronos», quienes como «verdaderos patriotas» maldecían a los franceses, y esto los inspiró al desorden.[32] No obstante, no se debe descartar la posibilidad de que la iniciativa haya surgido de los propios negros.

La llegada del general norteamericano Wilkinson al puerto de La Habana el 23 de marzo de 1809 coincidió con el último día de la conmoción de los negros contra los franceses lo cual influyó en sus informes a Washington.[33] Cuando se disponía a zarpar rumbo a Panzacola el 2 de abril, Wilkinson fue testigo de la desesperación de un grupo de franceses cuando solicitaron su ayuda para emigrar a la Luisiana y escapar de tanto «dolor y sufrimientos». Ya en agosto de 1809 alrededor de cuatro mil franceses con más de dos mil esclavos llegarían a New Orleans en 55 barcos desde Santiago, Baracoa y La Habana.[34]

A esta "conmoción" en la primavera de 1809 no se le puede atribuir carácter separatista —sino quizás, todo lo contrario—, pero en un plano más elemental, aquellas escenas en que grupos de negros asaltaban a europeos tienen que haber resultado inquietantes para los habaneros blancos por su similitud con la temida revolución haitiana. Por otro lado, los negros y mulatos que participaron en los motines no olvidarían el poder que ejercieron por unos días en La Habana. Tres años después, durante las investigaciones acerca de la más extensa y mejor organizada rebelión de

---

fueron «muchos marineros y gente de color» quienes reanudaron los disturbios del día anterior (Emilio Blanchet, *Compendio de Historia de Cuba*, Imprenta de La Aurora del Yumurí, Matanzas, 1866, p. 105); el cadete Mariano José de Acosta parece haber sido implicado en los disturbios (Barcia, *Cuba:...*, pp. 46,52).

[32] José Fuentes a Martín de Garay a 24 de abril de 1809, AGI, Estado 15, N. 79

[33] Herminio Portell Vilá, *Historia de Cuba en sus relaciones con los Estados Unidos y España*, 4 Tomos, Mnemosyne Publishing Inc., Miami, 1969 [1ª ed. 1938], t. I, p. 154;

[34] Luis M. Pérez, "French Refugees to New Orleans in 1809 (With Documents)", *Publications of the Southern History Association*, Washington, D.C., September 1905, v. IX, n. 5, pp. 293-310.

Aponte, uno de sus líderes testificó que en 1809 ya había participado en lo que llamó "la revolución de los negros cuando atacaron y robaron a los franceses".[35]

"Our Man in Havana" en 1809

El distinguido miembro de la Real Sociedad Patriótica de La Habana y astrónomo, el gallego don Antonio Robredo, había pronosticado que en la noche del 22 al 23 de octubre de 1809 ocurriría un ocultamiento parcial de la Luna que sería visible sobre la ciudad durante varias horas. La expectación creada por el anuncio de aquel fenómeno cósmico quedaría a su vez eclipsada por los sucesos que lo precedieron.[36]

Un funcionario colonial inglés que llegó a La Habana en el otoño de 1809 había sido oficial de infantería y estaba entrenado para ser buen observador. Esta visita representaba sólo una escala en su viaje desde Jamaica hasta Inglaterra, pero George Hallam quiso aprovecharla para tomar nota de cualquier dato, en especial, aquellos que pudiesen ser de utilidad militar a su país ante otro eventual conflicto armado contra la ciudad que ya una vez habían capturado en 1762 y que habían continuado amenazando hasta

---

[35] Matt D. Childs, *The 1812 Aponte Rebellion in Cuba and the Struggle Against Atlantic Slavery*, The University of North Carolina Press, Chapel Hill, 2006, p. 95; Childs, "The Revolution Against the French: Race and Patriotism in the 1809 Riot in Havana", Christophe Belaubre, Jordana Dym, John Savage, editors, *Napoleon's Atlantic: The Impact of the Napoleonic Empire in the Atlantic World*, Brill, Leiden, 2010, pp. 119-138 [Este último trabajo lo obtuvimos por gentileza de su autor].

[36] *Calendario manual y guía de forasteros en la Isla de Cuba para el año de 1809*, Imprenta de la Capitanía General, La Habana, 1808, p. 17). Con sus propios libros el ilustrado Robredo ayudó a fundar la que en 1794 se convertiría en la primera biblioteca pública de Cuba (Yolanda Vidal Felipe y Dania Vázquez Matos, "Galegos na Sociedad Económica de Amigos del País da Habana", *Estudios migratorios*, N.º 7-8, Consello da Cultura Galega, Santiago de Compostela, 1999, pp. 209-11).

pocos meses atrás. Pero Hallam no se limitó a anotar distancias, ángulos, alturas y armamentos de las fortalezas que pudo visitar libremente pues también se ocupó de llevar al papel cuanto veía y escuchaba durante su estancia.[37]

Como es de esperar, el exteniente coronel Hallam atropella los nombres hispanos de personas y lugares y repite algunas cifras exageradas, pero varios aspectos de su relato, que son verificados por otras fuentes, abonan su credibilidad. Por ejemplo, Hallam dijo haber visto «al Obispo en su coche» rumbo a su jardín en el que «admite a todo quien desee disfrutar» de sus bellezas. En efecto, el obispo Juan José Díaz de Espada y Landa había creado un jardín frente al recién inaugurado cementerio, retirado del área urbana, y tenía además una finca rural «embellecida con arboledas, estanques, estatuas y jardines» a la que se trasladaba en su «antigua calesa» tirada por «una mula blanca guiada por un hombre de color»; los jardines del obispo Espada atraían a muchos habaneros en una época en que las distracciones estaban limitadas.[38] Hallam también reportó correctamente que el único teatro que existía, estaba ocioso por aquellos días y que la mayor diversión consistía en hacer la ronda en carruajes por el Paseo de Isabel II;[39] los mayores en volantas y las jóvenes en su versión descapotable, el quitrín. Durante este recreo —que comenzaba a las cinco y terminaba a las seis y media—, Hallam vio pasar el coche de dos

---

[37] George Hallam, *Narrative of a Voyage From Montego Bay, in the Island of Jamaica, to England; by a Route Never Gone Before or Since, Across the Island of Cuba to Havanna*..., ULAN Press, Lexington, 2016 [1ª ed. Printed for C.J.G. & F. Rivington, Londres, 1831]. Hallam servía de contador (collector) en Bridgetown, Barbados.

[38] Hallam, *op. cit.*, p. 17; César García Pons, *El obispo Espada y su influencia en la cultura cubana*, Publicaciones del Ministerio de Educación, La Habana, 1951, pp. 119-21; Domingo Rosain y Lubián, *Necrópolis de La Habana: historia de los cementerios de la ciudad con multitud de noticias interesantes*, Imprenta El Trabajo, La Habana, 1875, p. 221.

[39] El Teatro Principal, antiguo Coliseo, ya funcionaba de nuevo en 1810 (Manuel Pérez-Beato, *El Curioso Americano*, Año I, No. 12, La Habana, 15 de mayo de 1893, p. 179)

caballos del Capitán general con dos lacayos en el estribo posterior y precedido y seguido por sendas parejas de dragones.[40]

A pesar de la aparente tranquilidad reinante, el inglés se enteró que unos días antes el Capitán general había ordenado el cierre del puerto «a los barcos *de todas las naciones extranjeras*».[41] El subrayado de Hallam indica la importancia que atribuía a esa medida y realmente el hecho constituía la más reciente manifestación de un grave conflicto entre los habaneros y su Metrópoli que agravaba la situación con que el Capitán general debía lidiar. La información oficial de la Península era poco frecuente y en la ciudad abundaban los rumores que —según Someruelos—, «entristan [sic] en gran manera» a los vecinos creando «dudas e incertidumbres» que a menudo conducían a «conversaciones melancólicas y alarmantes».[42] La Junta Central le prohibía a la Isla la compraventa con barcos que no fuesen españoles para así continuar controlando ambas partes del intercambio comercial y generar más ingresos para la guerra pero estas restricciones que afectaban a los comerciantes y productores en las colonias no se aplicaban a sus congéneres peninsulares. Más que un simple irritante político esa flagrante disparidad amenazaba los intereses económicos de los habaneros ante cuyas insistentes protestas Someruelos, el eterno mediatizador, se esforzaba en encontrar formas de permitir algún movimiento mercantil. Mientras Someruelos suplicaba al gobierno para remediar «los gravísimos males que atormentan y amenazan a toda la agricultura y el comercio de esta isla», la Junta le respondía insistiendo en la más estricta aplicación de la prohibición de comercio con neutrales; el 23 de septiembre se recibió en La

---

[40] Hallam, *op. cit.*, p. 15; Juan de las Cuevas Toraya, *500 años de construcciones en Cuba*, D.V. Chavín, Servicios Gráficos y Editoriales, S.L., Madrid, 2001, pp. 51, 85; Joaquín E. Weiss, *La arquitectura colonial cubana. Siglos XVI al XIX*, Instituto Cubano del Libro, La Habana, 2002, p. 274; Cirilo Villaverde de la Paz, *Cecilia Valdés o La Loma del Ángel*, P. Fernández y Cía., La Habana, 1941, pp. 93-94.

[41] Hallam, *op. cit.*, p. 9 [énfasis en el original]

[42] Someruelos a Garay de 9 de abril de 1809, AGI, Estado, 12, N. 65.

Habana la real orden que motivó la clausura del puerto reportada por Hallam.[43]

En guerra contra Francia, el irregular tráfico marítimo de la España fernandina no permitía un intercambio comercial ordenado con Cuba y los productores isleños aspiraban a acceder de nuevo al mercado norteamericano. Aquel país podría —con más facilidad y a menor costo—, suplir las necesidades habaneras de harina, tasajo y esclavos y absorber las producciones cubanas de azúcar, café y mieles. Días antes de esa clausura del puerto, un grupo de vecinos había sometido al Ayuntamiento un oficio por la revocatoria de las restricciones al comercio. El documento llevaba fecha de 10 de septiembre, pero tuvo que haber sido redactado con suficiente antelación para que se pudiesen recoger personalmente las 137 firmas individuales que acompañaban al texto. Con bien razonados argumentos presentados en tono firme e impaciente, los firmantes pedían al Cabildo reclamase del Capitán general «suspender el cumplimiento de la real orden».[44] Cuando el 20 de octubre el Cabildo dio lectura a aquella protesta, ya en La Habana se comentaba que algunos vecinos se habían comprometido a buscar soluciones más radicales.

Las primeras noticias informaban que «alrededor de las dos de la mañana» habían sido arrestadas cinco personas: «Don Román de la Luz, un criollo de buena familia; Don Tadeo Aljovín, un abogado; el Dr. Coronado, un consejero; Don Joseph Peñaranda, teniente de marina, y hacendado; y Don Nicolás Ascanio, de Caracas». Se reportó que eran intrigantes dedicados a asuntos «contrarios al buen orden y al gobierno de esta isla». Esa noche

---

[43] Vázquez (*Tan difíciles...*, pp. 334-40) describe los detalles del conflicto comercial.

[44] "Grupo de vecinos de La Habana al Ayuntamiento, La Habana, 10 de septiembre de 1809, anexo Cabildo ordinario, 20 de octubre de 1809", ff. 450-455, Archivo de la Oficina del Historiador de la Ciudad de La Habana, Actas de Cabildo, 1808-1809. (texto extensamente extractado por Vázquez Cienfuegos quien también transcribió la lista de firmantes en la cual encontramos 137 nombres, *Tan difíciles...*, pp. 341-3).

los habaneros escucharon el tropel de patrullas que a pie y a caballo recorrían las calles de la ciudad.[45]

Mr. Hallam había llegado provisto de cartas de recomendación para varias personas importantes que lo orientaran y lo atendieran durante su estancia en La Habana; una de estas era «Mr. Drake» quien, a la llegada del inglés, se había encargado de presentar sus papeles al Capitán general y unos días más tarde, lo invitó a cenar en su finca en La Salud, al oeste de la ciudad. Cuando finalmente pudo conseguir pasaje en un barco que saldría en pocos días rumbo a Charleston, Hallam pidió de nuevo ayuda a Mr. Drake para obtener de Someruelos el permiso de salida. El bien conectado Mr. Drake le entregó el pasaporte en la mañana del siguiente día 21. Hallam se enteró que «el número de personas recogidas eran nueve en total», y que eran masones que «llevaban a cabo planes contra el gobierno»; que las sospechas estaban justificadas porque «se sabe bien que el Doctor Coronado redactó, y que Román de la Luz fue la persona más activa en recoger firmas para la petición» al gobernador contra el cierre del puerto. Según Hallam, se le dijo que aquel documento había sido firmado por entre 400 y 500 personas de las cuales unas 250 gozaban de mucho respeto y consideración; en su opinión, con estos arrestos las autoridades quisieron intimidar a aquellos personajes a «quienes el gobierno no se atreve a castigar».[46]

El relato de George Hallam pudiera descartarse como simples lucubraciones de un exmilitar devenido burócrata y aprendiz de espía, o pudiera ser revalorizado. En la narración del viajero inglés se especula sobre las motivaciones del gobierno y se exagera el número de firmas en el oficio de los vecinos al Gobernador, pero también se identifican correctamente los detenidos y la descripción de las actividades de Luz y Coronado es perfectamente verosímil. Parece que la información provino del solícito Mr. Drake quien había sido, según la crónica de Hallam, el único anglo-

---

[45] Hallam, *op. cit.*, pp. 31, 45.
[46] Hallam, *op. cit.*, pp. 8, 24, 31, 44-6.

parlante que coincidió con él en ambas ocasiones en que dice haber adquirido información sobre los arrestos —las mañanas de los días 20 y 21. En aquellos días el único habanero de ese nombre era también el primero de ese apellido en la Isla, el exitoso inmigrante Santiago Drake. Natural de Inglaterra, James Francis Drake Spence había llegado a finales del siglo XVIII y pronto españolizó su nombre de pila haciéndose llamar Santiago. Drake se distinguió en el comercio y extendió sus actividades a la producción azucarera alcanzando suficiente prestigio para llegar a casarse, en 1800, con una prima del marqués de San Felipe y Santiago —y, por tanto, prima también de la esposa del conspirador Román de la Luz. Las oficinas de la Casa Drake estaban en la calle Oficios, a «unos cuantos pasos [...] de la Plaza de Armas, centro de las oficinas públicas de la época.»[47]

Los informes de Drake estarían mejor calificados que simples comentarios callejeros. Por un lado, Drake pudo adquirir la información al visitar las oficinas del Capitán general en dos ocasiones en los días de las detenciones; por otro lado, quizás tuviese conocimiento de primera mano sobre las actividades de Luz y Coronado pues el apellido Drake aparecía entre los firmantes de la petición contra el cierre del puerto. Además, la relación familiar de su esposa con el matrimonio de Luz acercaba a Santiago Drake en alguna medida a aquellos sucesos.[48]

---

[47] Roland T. Ely, *Cuando reinaba su Majestad el Azúcar*, Editorial Sudamericana, Buenos Aires, 1963, pp. 342-8.

[48] *Ibídem*; Vázquez Cienfuegos, *Tan difíciles...*, p. 344. El nombre del firmante aparece en la transcripción de Vázquez como «Antonio Drake». Sin descartar la posibilidad de la presencia de otro Drake de ese nombre, una investigación inédita llevada a cabo para este trabajo en 2016 por el genealogista cubano Antonio Adolfo Bechily Carreño no reveló la existencia de un Antonio en la parentela de don Santiago.

¿Una conexión venezolana?

La presencia de un venezolano entre los arrestados pudiera alimentar las sospechas que algunos estudiosos han manifestado de una relación entre este conato habanero de 1809 y las actividades de Francisco de Miranda, el revolucionario venezolano que por esa misma época dirigía los esfuerzos independentistas de su país. Las probabilidades de tal coordinación parecían más factibles porque Miranda había estado destacado en Cuba por algún tiempo durante la guerra de independencia de las Trece Colonias cuando aún servía en el ejército español aunque el joven caraqueño —más allá de un ruidoso escándalo de contrabando—, no dejó una huella perceptible en la Isla.[49]

En torno a esa hipótesis los datos existentes son verdaderamente escasos, tenues y sobrevalorados. Así como el abogado cubano Joaquín Infante, prófugo por el complot de 1810, gravitó hacia la Venezuela mirandista y en 1812 consiguió empleo como Auditor de Guerra, esto se ha interpretado como «prueba» de la existencia de «redes revolucionarias entre Venezuela y Cuba».[50] Similarmente, en un ardid de Román de la Luz que se parecía a otro utilizado por un separatista en Caracas, se vio motivo a «suposiciones de que ambas agitaciones, la de Cuba y la de Venezuela, estaban relacionadas con los proyectos de Miranda».[51]

La efervescencia revolucionaria en Venezuela causó preocupaciones a las autoridades coloniales quienes trataban de prevenir su expansión a otros territorios y en algunas ocasiones se temió por la tranquilidad de la Isla de Cuba.[52] En octubre de 1810, el

---

[49] Leví Marrero, *op. cit.*, v. 12, pp. 46-55.

[50] Barcia, "Otra vuelta..."

[51] Santovenia y Muñiz, *op. cit.*, pp. 128-9.

[52] A pesar de la estrecha vigilancia, materiales impresos con noticias de Tierra Firme entraron subrepticiamente en la Isla y, para disgusto de las autoridades, crearon malestar a varios niveles (Mildred de la Torre Molina, "Cuba en los inicios de 1810", *Espacio Laical*, Año VI - No. 24, octubre-diciembre 2010, pp. 83-5. Accesible en http:// www.espaciolaical.org/contens/24/ind_main24.htm).

Capitán general notificó al gobernador de Santiago de Cuba, el coronel Pedro Alcántara Suárez de Urbina, de un informe recibido de la Península alertándole sobre «un tal Pavia», conocido asociado de Francisco Miranda, a quien no se debe dejar desembarcar en la Isla.[53] Al siguiente mes le tocó el turno al gobernador de Santiago remitir a Someruelos una noticia recibida desde Jamaica que advertía de la presencia allí de «cuatro hermanos caraqueños» de apellido Rivas quienes también se sospechaba querían entrar en Cuba con planes subversivos.[54] Hasta el momento no hay noticias del arribo a Cuba del tal Pavia ni de los hermanos Rivas. En otra ocasión, Domingo Espinosa, un cura procesado en Puerto Príncipe por redactar pasquines críticos de la Audiencia declaró que «varios individuos en La Habana se reunían con los caraqueños», una imputación de dudosa veracidad pues su único efecto fue el de perjudicar al licenciado José Mariano Acosta, un molesto crítico de la Audiencia de Puerto Príncipe quien sufrió las consecuencias de la denuncia.[55]

Quizás la pista más prometedora por un tiempo rondó la figura de José Caro. Calcagno había recogido de un autor chileno la nueva de la existencia de este joven habanero que «trabajó por la independencia del Perú» y fue a Europa comisionado para conse-

---

[53] Archivo Nacional de Cuba, *Asuntos* Políticos, leg. 212, sig. 97, Someruelos al gobernador de Cuba, coronel Pedro Alcántara Suárez de Urbina, de 27 de octubre de 1810 reproducido en José Manuel Pérez Cabrera, *Miranda en Cuba (1780-1783)*, Academia de la Historia de Cuba, El Siglo XX, La Habana, 1950, pp. 43-4; *Guía de forasteros de la Siempre Fiel Isla de Cuba para el año de 1883*, Imprenta del Gobierno y Capitanía General, La Habana, 1883, p. 27.

[54] AGI, Cuba, 545-A, carta del gobernador de Santiago de Cuba a Someruelos de 27 de noviembre de 1810, citado en María Rosario Sevilla Soler, *Las Antillas y la independencia de la América española (1808-1826)*, Escuela de Estudios Hispano-Americanos de Sevilla, Sevilla, 1986, pp. 30-31

[55] Barcia, *Cuba: ...*, p. 26; Sigfrido Vázquez Cienfuegos, "Cuba en la difícil coyuntura política entre 1808 y 1810", Juan Bosco Amores Carredano, editor, *Las independencias americanas: ¿un proceso marginado?*, Universidad del País Vasco, Bilbao, 2009, p. 197

guir ayuda de Francia e Inglaterra.[56] Aunque han existido dudas sobre si Caro era en realidad cubano,[57] el seudónimo que usó por algún tiempo parece confirmarlo: José de Oquendo y Atuey —con un segundo apellido que recuerda al rebelde cacique Hatuey, inmolado en la hoguera durante la conquista de la Isla de Cuba.[58] Por un tiempo, esto justificó la pregunta: «¿Vino Caro a la Isla y estableció relaciones con Infante y Luz?»[59] En efecto, Pedro José Caro fue un cercano colaborador de Francisco de Miranda en París y Londres en los años finiseculares y se trasladaba a menudo en misiones secretas entre esas dos ciudades; en una ocasión regresó a América disfrazado de negro.[60] Pero dos razones descartaban cualquier relación de José Caro con las conspiraciones cubanas de 1809 y 1810: primero, todos los esfuerzos conocidos de Caro estuvieron dirigidos hacia Tierra Firme y no a Cuba; y en segundo lugar, desde 1802, Caro no sólo había abandonado el independen-

---

[56] Francisco Calcagno, *Diccionario Biográfico Cubano* (edición facsimilar) Editorial Cubana, Miami, 1996, p. 162 [1ª ed. New York, 1878]; José Domingo Cortés, *Diccionario biográfico americano*, 2.ed., Tipografía Lahure, París, 1876, p. 107. Calcagno añadió que la llegada de Caro al Perú fue en 1795.

[57] «...Pedro José Caro, el revolucionario cubano (o tenido por tal)» (Manuel Pérez Vila y Josefina Rodríguez de Alonso, "Cronología", *Francisco de Miranda, América espera*, Biblioteca Ayacucho, Caracas, 1982, pp. 578, 584).

[58] Bartolomé de Las Casas, *Historia de las Indias*, Biblioteca Ayacucho, Caracas, 1986, t. III, pp. 99-101.

[59] José Manuel de Ximeno Torriente, "Genealogía de las ideas separatistas en Cuba", *Anales de la Academia de la Historia de Cuba*, Tomo XVI, enero-diciembre, 1934, Imprenta El Siglo XX, La Habana, 1935, p. 88.

[60] Karen Racine, *Francisco de Miranda. A Transatlantic Life in the Age of Revolution*, Scholarly Resources Inc. Washington, 2003, pp. 137-9, 152; Oficio del secretario de estado al virrey del Nuevo Reino de Granada de 21 de agosto de 1798, *Archivo Nariño*, Tomo II, doc. 89, http://www.bdigital.unal.edu.co/8059/1/Archivo_Nari%C3%B1o.-html#91c, consultado el 20 de febrero de 2016. Decía que Caro «ha encontrado quien le ha hecho una peluca de negro tan al natural que imita perfectamente la lana de los negros; y se ha embarnizado el cuerpo del mismo color con un ingrediente tan tenaz que el agua ni el sudor no lo pueden alterar.»

tismo sino que lo traicionaba informando a las autoridades españoles de las actividades de sus antiguos compañeros de causa.[61]

Pero ¿quién era el "Don Nicolás Ascanio, de Caracas" detenido ahora con Luz, Coronado, Aljovín y Peñaranda? Don Nicolás Ascanio Rada era un abogado criollo implicado en la llamada conspiración de Gual y España de 1797, quizás el primer movimiento revolucionario en la América hispana con bien definidos objetivos separatistas y republicanos. Descubierto el complot, la represión fue especialmente severa contra los principales organizadores quienes fueron, en su mayoría, ahorcados y descuartizados. Con mejor suerte, Nicolás Ascancio había sido condenado a cuatro años de prisión en La Habana, a una multa de trescientos pesos y al destierro permanente.[62] Con estos antecedentes, bien pudiese el gobierno haber visto en Don Nicolás a un "sospechoso habitual" en cuestiones políticas y, aunque a simple vista Ascancio ofrece la mejor posibilidad de una conexión entre los conspiradores cubanos y los venezolanos, en esta ocasión no figuró entre los complotados y no se conoce evidencia alguna que permita considerarlo parte de la conspiración habanera de 1809.[63]

---

[61] Caro suministró a las autoridades cientos de documentos comprometedores que están disponibles en el "Expediente reservado sobre la conspiración para hacer independientes las colonias hispano-americanas denunciada por Pedro José Caro", AGI, Estado, leg. 61, N. 24.

[62] Carmen L. Michelena, *Luces revolucionarias. De la rebelión de Madrid (1795) a la rebelión de la Guaira (1797)*, Centro de Estudios Latinoamericanos Rómulo Gallegos, Caracas, 2010, pp. 323-4. Más recientemente dos de los jefes principales de la Revolución de La Paz de 1809, Pedro Domingo Murillo y Apolinar Jaén, habían sido también ahorcados y sus cabezas exhibidas en «escarpias construidas a este fin» ("América meridional", *Aurora. Correo político-económico de la Habana,* 27 de junio de 1810, p. 2).

[63] Manuel Hernández González cree que la detención de Ascanio «probablemente obedeció a otras razones» (*Liberalismo, masonería y cuestión nacional en Cuba, 1808-1823*, Ediciones Idea, Santa Cruz de Tenerife, 2012, p. 74)

¿Otro arresto equivocado?

Uno de los arrestados la madrugada del 20 de octubre de 1809 relató —con buena dosis de dramatismo—, que fue «pasada la mitad de la noche cuando las bayonetas militares resonaban en la quietud silenciosa del edificio» en que vivía y cómo, después de registrar «todos sus papeles», los soldados dirigidos por «un Alcalde Ordinario con otro ministro» le prendieron separándole «de una consorte que quedaba inconsolable y llena de abundante dolor en medio de unos tiernos e inocentes hijos, a quienes desamparaba.»[64] Pero Judas Tadeo Aljovín, como el venezolano Ascanio, tampoco compartiría la suerte de los otros detenidos.

Aljovín era un procurador público de cierto renombre que ejercía en La Habana desde algunos años atrás.[65] Más recientemente, Don Judas había estado presente en la última reunión juntista del 27 de julio de 1808.[66] Pero sus verdaderos sentimientos

---

[64] "Vindicación que don Judas Tadeo Aljovín hace a la faz de este público para desvanecer cualquiera sospecha que contra él pudieron haberse formado y conservado de resultas de la estrepitosa prisión que sufrió el día 19 de octubre de 1809", suplemento del *Censor Universal* de 26 de agosto de 1811(semanario habanero citado por Ximeno, *op. cit.*, p. 97). [Aunque Aljovín asignó a su arresto la fecha del 19 de octubre, la hora de la detención en su relato coincide con la que ofreciera el británico George Hallam, lo cual confirma que el arresto se efectuó en las primeras horas del día 20, y no el día 19.]

[65] En 1806 las autoridades habían nombrado curador de un menor implicado en un conato de sublevación de negros «en la persona del procurador público Judas Tadeo de Aljovín» (Gloria García Rodríguez, "Vertebrando la resistencia: la lucha de los negros contra el sistema esclavista, 1790-1845", María Dolores González-Ripoll, Consuelo Naranjo, Ada Ferrer, Gloria García y Josef Opatrný, *El rumor de Haití en Cuba: temor, raza y rebeldía, 1789-1844*, Consejo Superior de Investigaciones Científicas, Madrid, 2004, p. 286n).

[66] Vázquez Cienfuegos, *La Junta...*, p. 193. Según cita este autor, durante el juicio de residencia que se celebró a Someruelos en 1813, el testimonio de Aljovín sirvió para restar credibilidad al sentimiento "juntista" que algunos quisieron atribuir al Marqués; Vázquez Cienfuegos y Juan Bosco Amores Carredano, creen que «muy posiblemente» Aljovín participó en los debates sobre la propuesta Junta provincial ("En *Legítima Representación*: los firmantes del fallido proyecto de

son difíciles de discernir pues, mientras se esforzaba por demostrar públicamente su fidelismo, su nombre está ligado a esta conspiración de 1809 como víctima y como defensor de un conspirador, y a la de 1810 como informante. Don Judas Tadeo pudo reunirse con su esposa e hijos una semana después de su arresto al ser exonerado cuando un registro en su domicilio no dio con «los diplomas masónicos» que se buscaban.[67]

En aquellos días de arrestos y requisas en La Habana, Aljovín se ocupó de proteger a su compañero de trabajo en el Tribunal, el escribano Manuel Ramírez, ocultando los papeles que comprometían a Ramírez con la logia masónica; gracias a eso, la causa contra el escribano fue sobreseída por Someruelos.[68] Ese arriesgado gesto de Aljovín se filtró al público más de veinte años después durante el proceso seguido en 1830 contra los conspiradores de la llamada Legión del Águila Negra. Las autoridades habían encontrado ciertos papeles sospechosos en poder del licenciado Manuel Rojo, acusado de ser «el caudillo de la malvada empresa». Tratando de justificar la existencia de aquellos documentos el abogado de Rojo ofreció una tortuosa explicación según la cual, en 1813, cuando Rojo era joven y aprendía leyes, gracias a una «amistad muy antigua con esa familia de los Aljovines», se había alojado por un tiempo en la casa de Don Judas Tadeo para instruirse con los pleitos que manejaba aquel célebre procurador. Rojo alegaba que en el cuarto que le fue asignado había encontrado los papeles del escribano Manuel Ramírez que «su amigo y compañero de la Curia el Procurador D. Judas Tadeo Aljovín» había escondido y que aquellos papeles habían llegado a mezclarse con los suyos.[69]

Junta de La Habana en 1808", *Anuario de Estudios Americanos,* 68, 1, Sevilla, 2011, p. 114).

[67] Ponte Domínguez (*El delito...*, p. 51) relaciona estos datos con un «decreto obrante a foja 60 del sumario» que necesariamente tuvo que tomar de la "Vindicación..." del propio Aljovín pues el sumario de la causa no ha sido localizado.

[68] Ponte Domínguez, *El delito...*, p. 51.

[69] Boletín del Archivo Nacional, "Copia fiel de la tercera pieza de la causa principal seguida por la conspiración titulada "Gran Legión del Águila Negra", que

Tanto Aljovín como Ramírez ya habían muerto por esta época y, por tanto, ni podían contradecir a Rojo ni les afectaban las revelaciones del encubrimiento de uno ni la francmasonería del otro, pero esta peregrina defensa no prosperó y Manuel Rojo fue sentenciado a 10 años de destierro en Extremadura.[70]

No obstante esos aparentes vínculos subversivos, las relaciones de Aljovín con el gobierno eran visiblemente estrechas y el arresto del procurador no fue óbice para que siete meses después fuese nombrado «procurador agente de la ciudad de La Habana».[71] En agosto de 1811, cuando en Cuba se estrenaba un trienio de libertad de prensa, Don Judas publicó su protesta por aquel arresto en aras de «desvanecer cualquiera sospecha» acerca de su lealtad; también aparece ayudando a la causa de Fernando VII contribuyendo «la cuota de dos soldados» en la colecta patriótica de noviembre de 1811.[72] Poco tiempo después, el procurador publicó otras cuatro páginas de diatriba realista denunciado a «los viles que quieren la discordia introducir entre los españoles europeos y los americanos fidelísimos» y quienes se quejaban de la llegada de un batallón a la ciudad «cuyas bayonetas» —decía ahora Aljovín—, eran para defender a los vecinos.[73] Pero, como veremos

---

instituyó la Comisión Militar española en 1830, Pérez, Sierra y Ca., La Habana, 1923, 1924, Tomos XXII, pp. 86,92 y XXIII, p. 43.

[70] Adrián del Valle, *Historia documentada de la conspiración de la Gran Legión del Águila Negra*, Imprenta El Siglo XX, La Habana, 1930, p.185.

[71] Ximeno Torriente, *op, cit.*, p. 97. Llegó a avanzar algo más en su carrera hasta que en 1827 aparece como Auditor honorario (José Martín Félix de Arrate, "Llave del Nuevo Mundo, antemural de las Indias occidentales. La Habana descripta: noticias de su fundación. Aumentos y estado" [1761], *Los tres primeros historiadores de la Isla de Cuba*, Imprenta y Librería de Andrés Pego, La Habana, 1876, p. 248).

[72] *Ibídem*. Ximeno cita la "Vindicación que don Judas Tadeo de Aljovín hace…".

[73] Judas Tadeo de Aljovín, *Fidelísimos habaneros*, Imprenta del gobierno y capitanía general, La Habana, c. 1812. Calculamos esta fecha porque el panfleto fue motivado por rumores que especulaban sobre «un cuerpo de tropas» recién llegado de la Península; en enero de 1812 desembarcaron más de mil hombres de dos batallones de infantería, uno de los cuales pasó después a tierra firme y el otro permaneció en La Habana. La isla no recibió otros refuerzos durante el segundo

más adelante, la conducta más cuestionable de Aljovín sería su testimonio contra Román de la Luz durante el proceso de 1810.[74]

Estos hechos sugieren que la ayuda que Judas Tadeo Aljovín prestó a Manuel Ramírez en 1809 fue motivada por afecto personal a ese compañero de trabajo y no por obligación fraternal masónica ni camaradería antigubernamental. Asimismo, debemos concluir que, o bien Judas Tadeo Aljovín era tan inocente de los cargos que se le imputaron como él mismo proclamara, o había participado en el pretendido complot, pero su detención y encierro le indujeron a rechazar el proyecto insurreccional y cambiar sus ideas hasta convertirse en un «fidelísimo habanero» y testigo de cargo contra sus camaradas.

El Oidor mal visto

En la estructura del gobierno colonial de Cuba en esta época, el Capitán general y Gobernador era también el presidente de la Real Audiencia territorial. Así los oidores, ministros de la Audiencia que oían pleitos y causas y dictaban sentencias, quedaban subordinados a la principal autoridad civil. Una vez que el Capitán general Salvador de Muro y Salazar tomó la decisión de proceder contra los masones conspiradores, seleccionó al oidor José Antonio Ramos para formarles causa; un personaje que durante sus quince años de estancia en Cuba dejó una «negra historia» que lo

---

decenio del siglo XIX, (Manuel Escalona Jiménez, *Cuba: el gran cuartel (1810-1840)*, Tesis doctoral, Ministerio de Defensa, Madrid, 2004, pp. 286-7); el Diputado en Cortes, Jáuregui, había apelado «al consejo de Regencia en cinco de Noviembre de ochocientos once, sobre la necesidad que había de aumentar en la Habana el número de veteranos y milicias, que asegurasen la tranquilidad interna y externa de la isla; y esto hubo de ocasionar la venida del segundo batallón Americano...» (Valdés, *op. cit*, p. 343).

[74] Artazo, Ramos, et. al. a Someruelos de 5 de noviembre de 1810, AGI, Ultramar 113, ff. 31-6.

persiguió hasta sus últimos días.[75] Antes de describir su actuación en este caso, examinemos la controvertida trayectoria del entonces oidor y futuro marqués.

En 1803, el recién licenciado abogado gallego José Antonio Ramos viajó a Cuba con su esposa, dos criados y un nombramiento de oidor de la Real Audiencia de Cuba, entonces domiciliada en Puerto Príncipe.[76] En 1809, Ramos se trasladó a La Habana donde Someruelos lo comisionó a dirigir la Junta de Represalias, el organismo encargado de la confiscación de los bienes de los franceses. Ramos ascendería a Oidor decano y serviría de juez o asesor en algunos de los casos más sonados de la época, desde la represión contra los franceses hasta la rebelión de José Antonio Aponte pasando por las causas separatistas de 1809 y 1810.[77] En 1812, durante una campaña del pertinaz crítico Tomás Gutiérrez Piñeres (esta «contra el despotismo del poder judicial»), Ramos fue blanco de varios panfletos que lo acusaban de favorecer a su cuñado, el negrero José Macedonio Chávez, en un pleito civil; las acusaciones coincidieron con su jubilación de la Real Audiencia para practicar la abogacía pero no impidieron que obtuviera en 1818 el marquesado de Casa Ramos de la Fidelidad.[78]

---

[75] Consejo de Indias a Someruelos de fecha 25 de junio de 1811, AGI, Ultramar 113, ff. 61-4.

[76] «José-Antonio Ramos de Espitarte y Fernández, Fernández de Villamil y Agrela», (Nieto y Cortadellas, *op. cit.*, p. 165); Archivo Histórico Nacional, Consejos, 12159, Exp. 89; la desdichada esposa era Joaquina León y Fantini (AGI, Indiferente, leg. 2130, No. 29), también se le ha llamado Josefa (Nieto y Cortadellas, *op. cit.*, p. 165).

[77] Vázquez Cienfuegos, *Tan difíciles...*, pp. 304, 448

[78] Ramos casó en segundas nupcias con la hermana de José Macedonio, Josefa Gabriela Chávez Bello (Juan Bosmeniel y Fiesco, *El infrascripto apoderado general de Don José Macedonio de Chaves, ha visto un papel que se ha circulado...*, Oficina de Don Juan de Pablo, La Habana, 6 de febrero de 1812); sobre la familia Chávez y la trata véase: Rafael Gómez Roubaud, *Carta que a los S.^{res} diputados de las Cortes dirige el intendente de exército, D. Rafael Gómez Roubaud...*, Imprenta de la Junta Superior, Cádiz, 1811, p. 62, AGI, Ultramar, 163, No. 87, y también "Santiago Drake, apoderado de Mr. Jorge Chapman, contra José Macedonio Chaves, en cobro de pesos de negros bozales", Archivo Na-

En 1822, durante el *trienio liberal*, el gobierno madrileño ideó enviar comisionados a distintos países americanos en misión pacificadora que algunos soñaron sería «la reconquista de las Américas»; uno de los seleccionados era el primer marqués de Casa Ramos quien entonces residía en su terruño natal de El Ferrol. La noticia provocó una fuerte protesta de "varios habaneros" que en mayo visitaron al jefe del gobierno, el ministro de Estado, Don Francisco Martínez de la Rosa, quien a su vez remitió una nota con las objeciones de los criollos al ministro de Ultramar explicándole que «por honor de todos» tenía que revocar el nombramiento; Diego Clemencín, el ministro de Ultramar, concluyó también que el marqués era «un ladronazo» y notificó a José Antonio Ramos que cancelara su viaje a Madrid. Las acusaciones de los habaneros contra Ramos eran «atroces», entre ellas: que había maltratado a su primera esposa —hasta metiéndola en un cepo por supuesta demencia— causándole la muerte; que vendía la justicia al mejor postor tomando dinero a menudo de ambas partes. En un notorio suceso, intentó matar a un cura que lo reconvino «para que le devolviese 4000 pesos de un cohecho, á cuya palabra faltó, porque el contrario aumentó la postura y dio 5000». Según De la Rosa, aunque el exdiputado cubano Juan Bernardo O'Gavan Guerra le entregó la denuncia escrita, varios otros habaneros que le hablaron del mismo asunto y le aseguraron que las acusaciones las confirmarían cuantos vecinos de «cualquier punto de la isla de Cuba residen en Madrid.»[79] De la Rosa no identificó a los otros habaneros que le hablaron contra la designación del marqués de Casa Ramos pero entre los más destacados que por esa época residían

---

cional de Cuba, Tribunal de Comercio (TC), leg. 158, no. 4 (1809), en Michael Zeuske, *El Atlántico oculto. Fuentes para una historia de la esclavitud atlántica*, https://www.academia.edu/29685150/2016_Zeuske_Hidden_Atlantic_Nov._2016 _.doc, consultado el 18 de noviembre de 2016; AGI, Títulos de Castilla, 3, R. 5.

[79] Julio Puyol, *Don Diego Clemencín, ministro de Fernando VII (Recuerdos del Ministerio del 7 de julio)*, Biblioteca Virtual Miguel de Cervantes, Alicante, 2011 (edición digital a partir de *Boletín de la Real Academia de la Historia*, tomo 93 (1928), pp. 137-305); citado antes por Ximeno (*op. cit.*, p. 93).

en Madrid se encontraban los diputados que representaban a Cuba en las Cortes: Leonardo Santos Suárez, Tomás Gener Bohigas y Félix Varela Morales.[80]

El acusado no arrestado

Uno de los principales acusados en la conspiración de 1809 no fue arrestado. Este interesante dato lo revela el manuscrito que representa la consulta que el marqués de Someruelos enviara al Consejo sobre ese proceso represivo. Allí el Capitán general explicaba que entre las denuncias que recibió había un «anónimo» en que,

«...se designaban por Autores del Complot cuatro sujetos, que (excepto el Regidor don Francisco Ponce hermano del Auditor de Marina) tienen mal concepto público por su relajada conducta, por la libertad con que se producen en sus conversaciones y por una osadía o descaro connatural siendo además tenidos y reputados por principales funcionarios de la Logia de Francmasones...»[81]

Francisco Ponce de León pertenecía a una de aquellas «primeras familias» de la ciudad que el Gobernador tanto se cuidaba de ofender. Don Francisco era en efecto Regidor ordinario del Ayuntamiento que unánimemente aprobó la protesta de los vecinos el 20 de octubre;[82] en 1818 le sería otorgado el condado de Ponce de León y Maroto. Antonio, uno de sus hermanos, era un «ilustre letrado» y rico hacendado que se convertiría en el primer

---

[80] Antonio Hernández Travieso, *El padre Varela. Biografía del forjador de la conciencia cubana*, Ediciones Universal, Miami, 1984 [1ª ed. Jesús Montero, Editor, La Habana, 1949], pp. 200-23.

[81] Copia sin firma de la carta de Someruelos al Consejo de 3 de marzo de 1810, AGI, Ultramar 113, ff. 14-21.

[82] «Francisco-José de Jesús-Cipriano Ponce de León y Maroto, Ortiz y Montaña», n.1757 y m. 1833 (Nieto y Cortadellas, *op. cit.*, pp. 159-60); Eusebio Valdés Domínguez, *Los antiguos diputados de Cuba y apuntes para la historia constitucional de esta Isla*, Imprenta El Telégrafo, La Habana, 1879, pp. 70-1.

marqués de Aguas Claras.[83] Ambos, Francisco y Antonio Ponce de León, fueron Fiscales de los Cuerpos de Artillería y de Ingenieros de la plaza. Su sobrino Santiago Ponce de León aparecía entre los vecinos que habían firmado la protesta. Pero a los ojos del marqués de Someruelos en aquel momento el más importante de los Ponce de León lo era probablemente don Antonio quien fungía de Auditor de Guerra y Marina en el apostadero de la ciudad pues su enemistad podría entorpecer sus planes para lidiar con los conspiradores, especialmente el marino Peñaranda. Sagazmente, el gobernador Muro y Salazar hizo la vista gorda y el regidor Sr. Don Francisco Ponce de León —no obstante haber sido designado como uno de los cuatro «Autores del Complot» independentista—, no sufrió consecuencia alguna.

Pero la posible presencia de una persona tan distinguida y respetada como lo era el regidor Francisco Ponce de León en la primera fila de una conjura contra el Gobierno podría significar que la conspiración contaba con apoyo entre otros habaneros poderosos lo que pudiera ser muy peligroso. El marqués de Someruelos aplicaría aquí dos elementos de su teoría del buen gobierno: aunque en este caso no había llegado a «saberlo todo», procedería a «disimular mucho y castigar poco». A sus superiores en Cádiz el Marqués explicó que decidió limitarse a arrestar a tres por el temor de que una investigación formal de los hechos, de comprobarse su veracidad, podría causar serios daños; por tanto, dando por sentado

«...la imposibilidad de averiguar estos hechos por un orden común judicial sin exponerse a que saliendo ciertos, se causase una explosión sensible por el mal ejemplo que prestarían a toda la América, [...] al fin se resolvió a dirigir la cosa por el arresto, e inspección de

---

[83] «Antonio-José de Jesús Ponce de León y Maroto, Ortiz y Montaña», n. 1752 y m. 1838 (Nieto y Cortadellas, *op. cit.*, p. 15); Joaquín Llaverías, "Discurso" en *Academia de la Historia. Discursos leídos en la recepción pública del Sr. Carlos M. Trelles y Govín*, Imprenta el Siglo XX, La Habana, 1926, p. 163; Vázquez, *Tan difíciles...*, p. 344.

papeles de los tres sujetos denunciados, que lo eran don Román de la Luz, el Dr. Don Manuel Coronado y el teniente de Navío don José Peñaranda...»[84]

El nombre del regidor Francisco Ponce de León no se volvería a mencionar en la correspondencia oficial sobre la conspiración de 1809.

Los francmasones en La Habana

Las detenciones de octubre de 1809 sorprendieron a la ciudad por su rápida sucesión y su aparente urgencia dada la nocturnidad en los arrestos. El gobernador Salvador de Muro y Salazar había recibido una denuncia sobre el peligro de una conspiración en contra de su gobierno «para constituirlo independiente»; quizás para proteger al informante, Someruelos explicó que la denuncia inicial no identificaba a los supuestos conspiradores, y que él mismo dedujo que tal actividad sólo podría ocurrir en una logia masónica por lo cual centró la vigilancia sobre esa hermandad prohibida y, por tanto, secreta. Pero ¿era en realidad secreta la masonería en La Habana?

Sin duda motivado por una encíclica del Papa Benedicto XIV, el monarca Fernando VI había emitido un Real Decreto en 1751 contra «los que se llaman Francs-Masones»;[85] el Consejo de Indias cumplió la orden de diseminarlo a las colonias, pero esta noticia no impactó a Cuba pues no hay el menor indicio de actividad masónica en la Isla por esa época[86]. Ya sea por causa del De-

---

[84] Copia sin firma de la "consulta" de Someruelos al Consejo con fecha de 3 de marzo de 1810, AGI, Ultramar 113, ff. 14-21.

[85] La encíclica *Providas Romanorum*, de 18 de mayo de 1751 prohibía a los católicos unirse a la masonería; *Decreto de Nuestro Rey Católico contra los Francs-Masones* «en Aranjuez a dos de julio de mil setecientos y cincuenta y uno», AGI, Ultramar 113, f. 179 [Ver el Anexo E].

[86] "Circular del Consejo de Indias" de 21 de agosto de 1751 fue reproducida por Ponte Domínguez (*El delito...*, pp. 247-8).

creto o por falta de interés, la masonería no se estableció en Cuba hasta que llegó de la mano de los refugiados del Guarico, y por varios años estuvo limitada a esa comunidad.[87] Los franceses fundaron algunas logias en Santiago de Cuba y La Habana pero después de las expulsiones y la persecución de 1808 sólo quedó una en la capital: *Le Temple des Vertus Théologales*. Esta logia había sido fundada en 1802 por el desterrado francés, Joséph Cerneau, quien en 1804 había obtenido para *Le Temple* el auspicio oficial de la Gran Logia de Pennsylvania. El entusiasta Cerneau tenía fama de rebelde dentro y fuera de la masonería. Esta opinión la compartía el marqués de Someruelos quien en 1806 —mucho antes de las expulsiones motivadas por la agresión napoleónica—, expulsó a este francés, no por masón, sino porque «infeccionaba a la sociedad cubana con sus ideas revolucionarias».[88] En octubre de 1809 ya el *Templo* estaba dominado por habaneros, casi todos criollos.

Como tantas otras cosas con respecto a la Cuba española, la situación de la masonería en Cuba también poseía características especiales. Desde la Circular de 1751 —aunque no con mucha frecuencia—, en los territorios de Tierra Firme se incoaron varias causas en las cuales el delito de masonería jugó algún papel; en Cuba no había ocurrido lo mismo. Resulta curioso que el juramento de pureza de raza —necesario para ocupar cargos públicos—, que en el resto de las Indias requería la declaración de no pertene-

---

[87] Alguna reunión masónica pudo haberse llevado a cabo por tropas inglesas durante su ocupación de La Habana en 1762 y 1763 (Miranda, *op. cit.*, pp. 12-5); los masonólogos debaten sobre el significado de posibles huellas de esa hermandad en Cuba anteriores a 1762 pero ninguna ofrece prueba fidedigna de la existencia de una masonería activa (Eduardo Torres-Cuevas, *Historia de la masonería cubana. Seis ensayos*, Imagen Contemporánea, La Habana, 2004, pp. 36-9).
[88] Ponte, *La masonería...*, pp. 34-7; *El delito*, pp.40-2. El inquieto Cerneau creó fricciones en la masonería norteña hasta ser finalmente separado «en 1813 por el Supremo legal situado en Charleston, Carolina del Sur» (Miranda, *op. cit.*, pp. 30-2). También encontramos una referencia a la expulsión de un «Capitán Duler», posterior a la «del platero Cerneau» (José Peñaranda a Juan de Herrera de 20 de noviembre de 1809, AGI, Ultramar 113, f. 11).

cer o haber pertenecido a asociaciones secretas, no tenía ese requisito en Cuba. Pero esa anomalía técnica no significa que la francmasonería fuese legal en Cuba ni demuestra, como algunos han creído, que la prohibición Real de 1751 nunca había llegado a Cuba.[89] No sólo era conocido en Cuba el Decreto de Fernando VI, sino que, como en él se prohibía las «congregaciones», los masones habaneros lo interpretaban como condenatorio únicamente de las reuniones masónicas y no de la masonería personal. Así, apoyándose en el texto Real, uno de los acusados en la causa de 1809 sostenía que

«...aun la pragmática de 2 de julio de 1751 solamente condena a los de esta denominación como sospechosos hallándose en Juntas que las Leyes Reales desaprueban por ignorar su objeto, y no individualmente...»[90]

El mismo argumento —«según la voz general»—, había sido adoptado por el propio Someruelos cuando en ciertas listas ocupadas al platero Cerneau encontró los nombres de «sujetos de las primeras órdenes del estado» de quienes obtuvo «los propios discursos hechos en las Logias» y se los devolvió «con aplauso y aconsejándoles únicamente que evitasen reuniones».[91] Todo sugiere que aunque la masonería había sido declarada ilegal, las autoridades en Cuba no se ocupaban de su persecución. Un conocido estudioso de este tema atribuía la condescendencia del marqués de Someruelos hacia la masonería a que el conde de O´Reilly estaba afiliado a esa hermandad.[92]

---

[89] En Cuba el juramento se limitaba a jurar «ser sus padres y abuelos cristianos viejos y limpios de toda mala raza de moros, moriscos, o mulatos; ni de los nuevamente convertidos a nuestra santa fe, ni penitenciados por el Santo Oficio de la Inquisición; y que por tales cristianos viejos, gente blanca y honrada han sido tenidos, habidos y comúnmente reputados.» (Ponte, *El delito...*, pp. 15-27).
[90] Peñaranda a Herrera de 15 de noviembre de 1809, AGI, Ultramar 113, ff. 9-10
[91] Peñaranda a Herrera de 20 de noviembre de 1809, AGI, Ultramar 113, ff. 10-11
[92] *Ibídem*, p. 41.

El segundo conde de O´Reilly, Pedro Pablo O´Reilly y de las Casas era un madrileño que se había integrado a la sociedad habanera. Su padre, el general Alejandro O´Reilly, se había casado con la hermana de su compañero de armas y luego Gobernador de Cuba, Luis de las Casas Aragorri. En 1792, el gobernador de las Casas negoció por poder el matrimonio de su sobrino con la única sucesora del conde de Buenavista, aunque los novios no se conocían. Buenavista ostentaba a perpetuidad «el oficio de Regidor Alguacil Mayor»; a su muerte en 1796, la Condesa delegó ese puesto en su esposo Pedro Pablo. A ese poder político se añadía el económico pues el conde de O´Reilly se hizo de varios ingenios, desarrolló relaciones de negocios con muchos habaneros influyentes y se insertó decididamente en el bando de los hacendados criollos.[93] La militancia masónica del Conde seguramente se remontaba a la Península donde no se le asignaba el grado de peligrosidad subversiva que se le atribuía en las Indias. Otro dato refuerza la creencia de ver en O´Reilly un motivo de la benevolencia del Capitán general hacia los francmasones: su amistad databa de muchos años pues el conde de O´Reilly había compartido con el marqués de Someruelos las vicisitudes de la campaña de Irún en la Guerra de los Pirineos (1793-1795).[94]

El misterio que aún perdura sobre estos primeros años de la masonería en Cuba se debe a la ausencia de documentación oficial de las logias. Eso lo confirmó un masonólogo que se lamentaba de que «no hay, desde 1807 a 1818 noticia alguna de las tres logias existentes» en La Habana, mientras otro explicaba que después del gobierno de Juan José Ruiz de Apodaca, los masones habían pasado do «por la pena de echar al fuego la valiosa documentación de su

---

[93] Manuel Moreno Fraginals, *Cuba/España, España/Cuba. Historia común*, Crítica, Barcelona, 1995, p. 143. Según este autor, O´Reilly era testaferro de su tío en uno de esos ingenios (*El ingenio. Complejo económico social cubano del azúcar*, Editorial de Ciencias Sociales, La Habana, 1978, t. I, p. 58); María Teresa Cornide, *De La Havana, de siglos y de familias*, Editorial de Ciencias Sociales, La Habana, 2003, p. 383
[94] Vázquez, *Tan difíciles…*, p. 35.

logia *Le Temple des Vertus Théologales*, antes de que la Patente, el sello, los libros de actas y la planchas cayesen en poder del Gobierno.»[95]

Sea por la razón que fuere, la masonería evidentemente operaba ya en Cuba durante la primera década del siglo XIX como una sociedad discreta, pero no muy secreta. Cuando Someruelos informó a sus superiores que «nadie dudaba» de la existencia de logias masónicas en La Habana no se le ocurrió explicar por qué él las había permitido; ni sus superiores se molestaron en preguntárselo.[96] Los primeros encausados por francmasonería en Cuba fueron los implicados en la conspiración de 1809 pero, como se verá, aunque el delito de francmasonería les fue imputado, lo fue de manera incidental pues los arrestos habían sido motivados por las intenciones separatistas del grupo y no como resultado de una persecución a los miembros de la masonería como tales.

Una denuncia reservada

La delación figura en primer plano en la supresión de actividades ilícitas y los conspiradores de 1809 no fueron inmunes al chivatazo. El propio Capitán general Salvador de Muro dijo a sus superiores que las primeras noticias sobre el complot le llegaron «por voces públicas, y denuncias reservadas» y algún tiempo después había recibido también un «anónimo y cartas».[97] La posibilidad de tal "anónimo" es enteramente factible pues Someruelos había instalado «a la izquierda de la entrada de la puerta» en el

---

[95] Miranda Álvarez, *op. cit.*, p. 33; Francisco J. Ponte Domínguez, *Historia de la masonería del Rito Escocés en Cuba*, Imprenta Institución M. Inclán, La Habana, 1961, p. 41

[96] Consejo de Indias a Someruelos de 25 de junio de 1811, AGI, Ultramar 113, ff. 61-4.

[97] Ibídem; Someruelos al Consejo con fecha de 3 de marzo de 1810, AGI, Ultramar 113, ff. 14-21.

portal de su palacio, «una cajilla de la cual tenía la llave» para que los habaneros pudiesen dirigirse a él directa y discretamente.[98]

Hasta el momento, se desconoce la identidad del soplón —o los soplones—, pero, como se ha señalado, a Francisca, la esposa de Román de la Luz se le sigue achacando haber pasado la información a su confesor quien, a su vez, la habría facilitado a la Capitanía General. Como hemos visto, esta creencia se originó —según Vidal Morales—, en un opúsculo escrito en México en 1868 por el infortunado poeta Juan Clemente Zenea.[99] Por su parte, Morales dramatizó lo que estimaba «una de esas intrigas de convento» que tanto daño habían hecho:

> «...La esposa de D. Román de la Luz se informó de lo que pasaba, bien por las reuniones que se celebraban en su casa, bien porque él le comunicara sus proyectos, y ella, débil e ignorante, se arrodilló junto al confesionario, y dio aviso a un sacerdote de que se atentaba contra el trono y el altar, que eran entonces otra cosa de lo que son en la actualidad; con lo cual descargó su conciencia de un grave peso, recibió la absolución de sus pecados y abrió las puertas a la persecución que practicó la autoridad competente contra su desleal y hereje marido...»

Para demostrar más palpablemente la maldad que se atribuía al sacerdote anónimo, Zenea/Morales continuaba explicando que Luz,

> «...no recibió nunca en su destierro socorro alguno, pues la suma que mensualmente le enviaba su esposa, pasaba por las manos de su confesor, y éste cuidaba de detenerla en el camino...»[100]

---

[98] Filomeno, *Elogio...*, pp. 11-2.

[99] Zenea viajó en secreto a Cuba con una controvertida misión ante el líder de los insurrectos, Carlos Manuel de Céspedes; fue capturado tratando de regresar a New York y fusilado en La Habana en 1871 (Enrique Piñeyro, *Vida y escritos de Juan Clemente Zenea*, Garnier Hermanos, París, 1901)

[100] Morales, *Iniciadores...*, p. 12. Morales dijo haber tomado esta versión de un opúsculo del poeta y publicista Juan Clemente Zenea que el impresor T. F. Neve publicara en México en 1868 con el título *La Revolución en Cuba*. Se quejaba

No es esta la única ocasión en que —con poco velado machismo—, se achaca una filtración de información subversiva a la indiscreción anti-patriótica de una mujer y a la violación del secreto de la confesión sacramental a un cura, pero no conocemos de algún incidente debidamente comprobado.[101] Quizás la más conocida es la que se atribuye al confesor de la esposa de un conspirador sobre los planes para el levantamiento de octubre de 1868 que dio inicio a la Guerra de los Diez Años.[102] De ninguno de estos cargos se conoce evidencia que lo fundamente. No obstante, el clero en la isla de Cuba sí recibió directrices para valerse de los confesores para combatir el peligro de la masonería en términos que pudieron dar pie a tales especulaciones. El Consejo de Indias instó al Capitán general para que:

«... ruegue, y encargue a los Muy Reverendos Arzobispos, y Reverendos Obispos procuren por sí y por medio de los Párrocos y Confesores impedir la propagación, y curso de una secta prohibida por los Sumos Pontífices, y tan ruinosa al Estado.»[103]

Quien quiera creer la acusación de Zenea podría encontrar apoyo en las palabras —algo traídas por los pelos— del Capitán general en defensa y encomio de doña Francisca mientras denigraba la conducta de su marido por tener «cuasi abandonada una

---

también Zenea por la miseria y abandono que sufrió después su tío abuelo Román en prisión porque el antedicho confesor se quedaba con «la suma que mensualmente le enviaba su esposa». La información que Ximeno obtuvo de los autos del pleito legal le permitió comprobar el error del poeta Zenea al establecer que don Román había recibido mesadas de cien pesos hasta la muerte de su consorte cuyo hermano, el marqués don Juan Clemente, planteó la demanda legal y se negó a continuar tales remesas (Ximeno, *op. cit.*, p. 99).

[101] Domínguez, *Historia de la Guerra...*, p. 53.

[102] Ponte, *Historia de la Guerra de los Diez Años (Desde su origen hasta la Asamblea de Guáimaro)*, El Siglo XX, La Habana, 1954, p. 53; Carbonell y Santovenia, *Carlos Manuel de Céspedes. Apuntes biográficos*, Seoane y Fernández, La Habana, 1919, p. 15; Castellanos, *op. cit.*, pp. 124-5.

[103] Consejo de Indias a Someruelos de 25 de junio de 1811, AGI, Ultramar 113, ff. 61-4.

consorte virtuosa.»[104] Por otro lado, Someruelos pudo simplemente haber considerado prudente elogiar a la hermana del influyente marqués de San Felipe y Santiago cuando procedía contra el cuñado.

En el recuento que hizo Morales del relato de Zenea no se ofrece indicio alguno sobre quién le pasó la información al poeta lo que nos limita a deducir que provino de alguien en su entorno familiar, posiblemente de su abuela, hermana de Román de la Luz. La existencia de una relación contenciosa entre las familias de los esposos obliga a cuestionar la objetividad de esos rumores sobre la esposa de Luz y su confesor. Por ejemplo, la acusación de distracción de las mesadas a manos del confesor se ha comprobado ser falsa.[105]

Como información adicional en este espinoso tema debemos señalar la existencia en el Archivo General de Indias de un legajo rotulado "Nota del expediente relativo al informe que dio el gobernador de la Habana sobre el mérito contraído por el marqués de Cárdenas y Montehermoso con motivo de la conmoción popular de que dio cuenta (1810)". «Por motivos ignorados» el expediente en sí no se conserva en el legajo por lo cual no hemos podido determinar si la «conmoción popular» de que dio cuenta el Marqués guarda relación con alguno de los conatos de Román de la Luz y sus partidarios.[106]

---

[104] Someruelos a Sierra de 6 de diciembre de 1810, AGI, Ultramar 113, ff. 37-42.
[105] Ximeno, *op. cit.*, p. 99
[106] AGI al autor, 7 de marzo de 2016. Ultramar 152, N. 44

Inicios del independentismo en Cuba

Palacio de los Capitanes Generales y Plaza de Armas

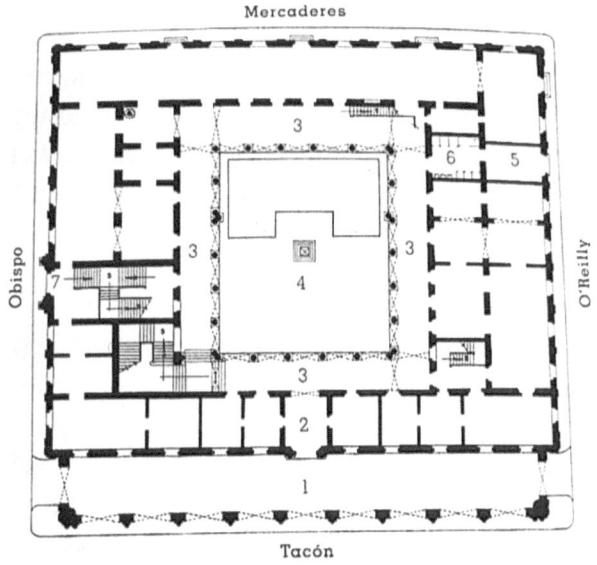

Plano de la planta baja

Un Cabildo a prueba de fuego

El gobernador de La Habana explicaría que no ordenó el arresto de los conspiradores cuando recibió "las denuncias reservadas" sobre la conspiración independentista, sino que tomó esa determinación después, cuando el nerviosismo aumentó ante la aparición de «diversos pasquines» que se fijaron en lugares públicos y un anónimo y cartas que luego recibiera. Lo cierto es, que por algún motivo —luego de las denuncias, la vigilancia, las investigaciones y los pasquines—, el arresto de los conspiradores coincidió con la lectura en el Cabildo de la representación de los vecinos a favor de la apertura del puerto; también concordó el mismo día el arresto del caraqueño Ascanio, aunque no fue vinculado a la conspiración; asimismo, sin aparente conexión, ocurrió esa mañana otro insólito despliegue de fuerza ante la Casa del Gobierno.

El Palacio de los Capitanes Generales, un edificio de dos pisos en forma de cuadrilátero cuyo frente mira hacia la Plaza de Armas, había sido diseñado para albergar al Gobierno. Desde 1792 el Capitán general de turno ocupaba las habitaciones de la esquina noroeste de la planta alta que dan a la Plaza y a la calle de O´Reilly; el Ayuntamiento utilizaba el costado con frente a la calle del Obispo; y la Cárcel pública tenía su espacio en la parte trasera que da a la calle Mercaderes.[107] Confundido entre un grupo compuesto de covachuelos y transeúntes, el observador Mr. Hallam presenció un extraño rito a las once de la mañana del día 20 de octubre; en la Plaza de Armas, en el espacio abierto que existe frente al Palacio de los Capitanes Generales, un pelotón armado se desplegó hasta crear un círculo en medio del cual se colocó un brasero. A «los caballeros que componen el Ilustre Ayuntamiento» se les hizo presenciar el acto y el ministro ejecutor procedió a quemar un legajo de papeles que se dijo trataban sobre asuntos públicos del gobierno de la isla pero, según anunció el verdugo, se

---

[107] Emilio Roig de Leuchsenring, *La Habana de ayer, de hoy y de mañana*, Sindicato de Artes Gráficas, La Habana, 1928, pp, 46-8.

daban «al fuego por haber venido con el sello de José Napoleón.»[108] Una vez que los ofensivos pliegos fueron consumidos en la hoguera, se dio por terminada la "ejecución" y se les permitió a los regidores reintegrarse al cabildo a enfrentar la poco envidiable tarea de decidir qué hacer con aquella protesta cuyo presunto autor y el supuesto principal patrocinador, ambos, habían sido arrestados pocas horas antes.

La instancia de los vecinos al Ayuntamiento reflejaba la frustración de los productores por las limitaciones impuestas desde Cádiz al comercio de las colonias que no les permitían vender sus productos a los norteamericanos aun cuando la guerra impedía a España mantener un tráfico marítimo regular con la península. Mientras sus frutos se pudrían esperando transporte para ser exportados, escaseaban la harina y otros productos. En septiembre de 1809 hubo reportes de que «motines provocados por el alto precio de los víveres se sucedían en La Habana».[109] Regularmente, el Ayuntamiento y el Consulado comunicaban al gobernador los reclamos de los vecinos para hacerse oír en la Península, pero no era él el blanco de las protestas pues sabían que Someruelos no podía oponerse abiertamente a las órdenes sin arriesgar ser acusado de deslealtad a la Junta gaditana.[110] De hecho, en la propia Habana había un importante grupo de comerciantes que desconfiaba de las verdaderas intenciones de los criollos y recelaba de sus buenas relaciones con el gobernador. En mayo Someruelos había relajado las regulaciones y pronto el puerto se llenó de velas norteamericanas pero el 23 de septiembre recibió otra real orden para aplicar más estrictas medidas contra el comercio con extranjeros y el puerto quedó nuevamente cerrado. El malestar así creado había subido el tono de las protestas.

---

[108] Hallam, *op. cit.*, pp. 31-2; Ximeno, *op. cit.*, p. 98.

[109] Ximeno, *op. cit.*, p. 94.

[110] Sigfrido Vázquez Cienfuegos, "*Enemigos de La Habana* entre los patriotas gaditanos", José Manuel Cuenca Toribio (coord.), *Andalucía en la guerra de la Independencia 1808-1814)*, Universidad de Córdoba, 2009, pp. 209-10.

El texto de la protesta atribuido al Dr. Manuel García Coronado enumeraba los perjuicios que causaba a los habaneros la prohibición del comercio con los norteamericanos y, aunque las quejas tenían motivaciones eminentemente económicas, los razonamientos terminan definiendo dos campos encontrados: ellos y nosotros. Se describe «el contraste que hay entre» aquellas leyes «y nuestros intereses» y la necesidad de «reclamar» alivio tanto por «nosotros mismos como por nuestro suelo patrio». En lugar de sentirse parte de la nación —como se les había descrito—, se sentían tratados «como accesorios, aun en calidad de colonia» cuando se consideraban merecedores de «más consideración que la gran masa del estado» por ser «los que constituyen su riqueza.» Contrastaban la libertad de comercio que se permitía en la península, hasta a quienes vivían en territorios ocupados por el enemigo, y que se prohibía, decían, a «nosotros, hallándonos libres en nuestro país.» Cuando se preguntaban en el texto si era posible dejar empeorar su suerte por aquellas malas leyes, ofrecían una firme respuesta: «No señor.»[111]

En tanto afuera en la plaza se desvanecía el humo del ajusticiamiento de los papeles desleales, el Cabildo ordinario del 20 de octubre de 1809 dio lectura a aquella enérgica representación de los vecinos en que instaban al Ayuntamiento a pedir al gobernador la reapertura del puerto al comercio con los norteamericanos en contra de las órdenes del gobierno de Cádiz. A pesar de la campaña intimidatoria desplegada por el Gobierno, la instancia fue aceptada por el Cabildo por unanimidad. Señaladamente, el habanero Francisco Ponce de León y Maroto, el Regidor acusado de ser uno de los principales autores de la conspiración independentista, insistió en pronunciar un discurso de aplauso, según dijo, «a fin de

---

[111] Vázquez, *Tan difíciles...*, pp. 341-3. Según Vázquez, las habaneras estuvieron representadas entre los firmantes por ocho damas: Manuela Teresa Caballero, la condesa viuda de Lagunillas, Rosalía del Corral, Tomasa María Chacón, la marquesa Lizundia del Real Agrado, la marquesa viuda de Pradoameno, María Josefa Peñalver y Micaela Seidel.

que, en ningún tiempo su silencio se interpretase contrario al buen éxito de esta solicitud».[112]

Los «autores del complot» de 1809

Si bien la acción policiaca contra los conspiradores fue bien coordinada y los allanamientos y arrestos se llevaron a cabo con eficiencia y celeridad, las autoridades no parecían estar muy apremiadas por dar fin al proceso judicial. Transcurrirían más de cuatro meses antes que, en su capacidad de Capitán general y presidente de la Real Audiencia territorial, Salvador de Muro y Salazar despachara, con fecha de 3 de marzo de 1810, una carta sometiendo a consulta al Consejo de Indias su dictamen sobre el caso.[113]

Once personas habían sido detenidas entre el 20 y el 21 de octubre de 1809 en relación con la conspiración independentista.[114] Aunque una de ellas, Judas Tadeo Aljovín, había sido detenido en las primeras horas del mismo día 20, pronto fue liberado sin ser procesado. El gobernador Someruelos había señalado originalmente como «autores del complot cuatro sujetos» pero había desechado la denuncia contra uno de ellos, el regidor Francisco Ponce de León, y así se evitó el escándalo que su arresto hubiera causado en la ciudad y el prestigio que su presencia hubiese otorgado a la conspiración. La jefatura sediciosa quedó entonces reducida a tres: Román de la Luz, Manuel García Coronado y José Peñaranda, todos acusados inicialmente de infidencia y luego de masonería. El resto del grupo eran todos miembros también de la

---

[112] Ponte, *El delito...*, p. 46; en 1821, Fernando VII otorgó a don Francisco el condado de Casa-Ponce de León y Maroto (Nieto, *op. cit.*, pp. 159-62), su sobrino, Santiago, era uno de los firmantes de la protesta (Vázquez, *Tan difíciles...*, 344n).

[113] Someruelos a Sierra, 6 de diciembre de 1810, AGI, Ultramar 113, ff. 37-42.

[114] Excluimos de este grupo al caraqueño Nicolás Ascanio por la ausencia de evidencia que relacione su arresto con este complot.

logia que el gobernador llamaba «templo de la beneficencia, ó de las virtudes teologales», la mayoría con importantes puestos en ella: el escribano público Manuel Ramírez, 2º Celador; el contador del tribunal de Cuentas Francisco Barrutia, tesorero; Manuel de Aguilar Jústiz, Celador 1º; el francés José Claret; Pedro Agustín García; Antonio Álvarez, Diácono 1º; y el sub-teniente del Regimiento de Cuba, Juan José de Presmo, secretario. Cuatro de los arrestados habían firmado la protesta de los vecinos.[115]

La atención de Someruelos y de su comisionado, el oidor decano de la Audiencia, José Antonio Ramos, se centró en Luz, García Coronado y Peñaranda en quienes veían a los «principales funcionarios de la Logia Masónica» pero el crimen más grave era su gestión como dirigentes de «una conspiración contra el Gobierno para constituirlo independiente». Se alegaba que de la causa formada por el oidor Ramos resultó que «Luz pretendía reunir gente para verificar el loco proyecto de apoderarse del Gobierno, desconociendo la autoridad soberana, y vertiendo especies de revolución, y lo mismo el indicado Coronado.» Este último cargo no se llegó a aplicar contra Peñaranda aunque siguió formando parte del trío de los peores transgresores.

La documentación no revela las recomendaciones de Someruelos acerca del resto de los detenidos y el Consejo en su dictamen se limitó a aprobar «lo sabiamente ejecutado por el Capitán General» con una sola excepción: se decretó la expulsión del francés José Claret «para los países extranjeros». Pero comentarios posteriores del Capitán general sobre el tratamiento que recibiera uno de ellos es probablemente extensivo a todos los otros. Hemos visto cómo, años después de estos arrestos, Judas Tadeo Aljovín se atribuyó haber salvado de un castigo seguro a su colega Manuel Ramírez, escondiendo sus papeles masónicos; pero, en la versión de las autoridades, Ramírez escapó no por la ayuda de Aljovín, sino por la clemencia del gobierno ya que, a pesar de «los indicios vehementes que contra él resultaron,» se le trató con excesiva in-

---

[115] Los firmantes fueron Luz, García Coronado, Peñaranda y Presmo.

dulgencia y sólo «se le apercibió con la mayor seriedad.» Es de suponer que lo «sabiamente ejecutado» por Someruelos con los otros masones fuese también devolverlos a sus hogares luego de recibir severas advertencias.[116] Todo parece indicar que, tal y como había reportado el visitante inglés Hallam, el gobernador consideró que las sanciones a los dirigentes de la conspiración servirían de suficiente escarmiento para disuadir a quienes compartieran sus aspiraciones y, con su selectividad en los castigos, el marqués de Someruelos aspiraba a optimizar el efecto de la represión para contener el complot a un reducido costo político.

---

[116] Consejo de Indias a Someruelos de 25 de junio de 1811, AGI, Ultramar 113, ff. 61-4.

Juan María Herrera Dávila, comandante general del Apostadero de Marina de La Habana

Firma de José Peñaranda y Santillana

El marino desaforado

De los tres jefes de la conspiración en que el Gobernador centraría su atención dos eran civiles que serían detenidos por la fuerza pública con la ayuda de tropas del ejército, pero ese procedimiento no podía utilizarse con el tercero. Someruelos y su comisionado, el oidor Ramos, tendrían que ser cuidadosos en el caso del miembro de la Real Armada, José Peñaranda.

Al momento de su arresto, José Peñaranda y Santillana ya había servido en la Marina española por 26 años —«sin la más leve» falta—, y había alcanzado el grado de teniente de Navío. El marino había participado en la última guerra del siglo XVIII contra Gran Bretaña (1796-1798) que había afectado el comercio y expuesto a la Isla de Cuba a nuevos ataques y desembarcos en su territorio.[117] En mayo de 1798 se llevó a cabo un canje de prisioneros en La Habana en que cuatro oficiales españoles fueron liberados; entre ellos estaba el entonces teniente de fragata José Peñaranda.[118] Pero la relación de Peñaranda con esta ciudad databa de 1786 y durante esos 23 años el oficial creía haberse comportado como un «ciudadano honrado» conocido y «estimado como tal por todas las clases en ella.»[119] Desde luego, las autoridades no compartían esa opinión pues, además de figurar entre los principales jefes de esta conspiración, Peñaranda había sido uno de los primeros en firmar la protesta por el cierre del puerto y, meses antes, su

---

[117] Jacobo de la Pezuela, *Diccionario geográfico, estadístico, histórico de la Isla de Cuba*, 4 Tomos, Imprenta del Establecimiento de Mellado, Madrid, 1863-1866, t. I, p. 202. El grado de teniente de Navío equivale al de capitán en el ejército.

[118] "Algunas anécdotas e incidencias de nuestros corsarios y guardacostas", Fuente: Fondo Documental y Bibliográfico del Museo Naval. Archivo *Don Alvaro de Bazán*. Catálogo "Documentos de la sección Corso y Presas.". Agradecimiento especial a Juan Ramón Viana Villavicencio, http://www.todoababor.es/datos_docum/cor1798.htm, consultado 1º de abril de 2016.

[119] Peñaranda a Juan de Herrera Dávila de 15 de noviembre de 1809, AGI, Ultramar 113, f. 9

nombre se había mencionado en relación a la algarada de los negros en marzo de 1809 lo que sugiere que Peñaranda no era ajeno al activismo político.[120]

Las relaciones entre el Capitán general y el Jefe del apostadero eran tradicionalmente tensas porque la marina mantenía un gran nivel de autonomía respecto a los otros poderes, especialmente en cuestiones de economía y justicia. La falta de cooperación entre ejército y marina causó tantos problemas durante la guerra de Independencia americana que exasperó a Bernardo Gálvez y puso en peligro el asalto a Panzacola. En esa ocasión, Carlos III había recurrido a enviar un "comisionado con poderes", Francisco de Saavedra y Sangronis, para imponer orden en la Junta de generales de La Habana.[121] La relación entre el Capitán general Salvador de Muro y Salazar y el comandante de Marina de La Habana, Juan María de Villavicencio y de la Serna, había seguido el incómodo patrón tradicional con un agravante: Villavicencio simpatizaba con el ambicioso jefe del gobierno español, Manuel Godoy Álvarez de Faria. A principios de 1807, Godoy había anunciado la creación del Almirantazgo cuya aplicación en Cuba usurparía los poderes del Capitán general a favor del comandante general de Marina. Sintiéndose apoyado por Godoy, Villavicencio desafiaba la autoridad de Someruelos esgrimiendo las «extensivas facultades» que le otorgaban las ordenanzas de Marina. El Almirantazgo fue descartado poco después con la destitución de Godoy pero los disgustos entre Villavicencio y Someruelos continuaron hasta el remplazo del primero.[122]

---

[120] Vázquez, *La Junta...*, pp. 324-5.
[121] Francisco de Saavedra y Sangronis, *Misión de guerra en el Caribe. Diario de Dn. Francisco de Saavedra y Sangronis 1780-1783*, compilado por Manuel Ignacio Pérez Alonso, S.J., Colección Cultural de Centro América, Managua, 2004, pp. 45-47.
[122] Sigfrido Vázquez Cienfuegos, "La instauración del Almirantazgo de 1807 en La Habana: lucha por el poder baja la alargada sombra de Godoy", *Revista de Indias*, vol. LXXIII, no. 258, 2013, pp. 459-490; Villavicencio a Someruelos de

El nuevo comandante general del apostadero de La Habana, general Juan Herrera Dávila, había llegado en agosto de 1809 para tomar el mando con carácter interino; a él le tocaría lidiar con la delicada situación creada producto del arresto y proceso contra el teniente de Navío José Peñaranda.[123] En teoría, el fuero militar debería proteger a Peñaranda de quedar sujeto a la justicia ordinaria que representaban el marqués de Someruelos como Presidente de la Real Audiencia territorial y el oidor Ramos como su comisionado. En estos asuntos, el general Herrera Dávila se apoyaba en la asesoría legal del Auditor de Marina, Antonio Ponce de León y Maroto, cuyo hermano, el regidor Francisco, había sido denunciado en la misma causa.[124]

---

11 de octubre de 1808, AGI, Estado, legajo 59, no. 78; Vázquez, *Tan difíciles...*, pp. 219-20.

[123] Herrera Dávila ocupó el cargo hasta mediados de 1810 cuando vino a ocuparlo en propiedad el Teniente general Ignacio María Álava Navarrete (Francisco de Paula Pavía y Pavía, *Galería biográfica de los generales de Marina, jefes y personajes notables que figuraron en la misma corporación desde 1700 á 1868*, Imprenta a cargo de J. López, Madrid, 1873, t. I, pp. 25-33; t. II, pp. 160-1; t. III, pp. 873-85.

[124] Don Antonio era entonces «Alcalde de crimen honorario de la Real Audiencia de México, *Auditor de guerra de Marina*» del Tribunal judicial de la Real Armada en La Habana (*Calendario manual y guía ... 1809*, p. 184). Por cortesía de su descendiente, el Dr. José Ignacio Vildósola, pudimos comprobar, entre otras cosas, que un hermano mayor, Ignacio Ponce de León Maroto, había ocupado la auditoría de Marina comenzando en 1779 (Francisco Xavier de Santa Cruz y Mallen, *Historia de familias* cubanas, Editorial Hércules, La Habana, 1940, t. 1, p. 276; Reinaldo Funes Monzote, *De los bosques a los cañaverales. Una historia ambiental de Cuba 1492-1926*, Editorial de Ciencias Sociales, La Habana, 2010, pp. 125-7). En 1793 Ignacio había pasado a Jalapa en Nueva España según un codicilo que obra en los Archivos Notariales de la Universidad Veracruzana (http://www.uv.mx/bnotarial/detalles.aspx?idA=27_1793_15185&indice=On&letra=P). Antonio llegó a la auditoría de Marina en junio de 1798 (Santa Cruz, *op. cit.*, t. 1, p. 279), tuvo otros tres hermanos: Estanislao era cura, Manuel había muerto en 1800 y Pedro estuvo preso en España (*Ibid.*, p. 275; https://www.archivesportaleurope.net/ead-display/-/ead/pl/aicode/ES-28079-AHN9/type/fa/id/ES-AHN-28079-UD-172315/unitid/ES-AHN-28079-UD-172315+-+ES-AHN-28079-UD-2745414).

Cuando en la noche del 19 de octubre se ejecutó la operación combinada del arresto de los tres jefes de la conspiración, los tres oficiales y 10 soldados que vinieron a sacar a José de Peñaranda de su cama eran de su propio cuerpo de Marina. Aquel pelotón cargó con Peñaranda y con sus papeles hacia el Arsenal —entonces controlado por la Marina—, donde lo instalaron «en un cuarto cerrado con llave y con centinelas que lo rodeaban en número de dos de día y cinco de noche». Así permaneció el reo cinco días hasta ser llevado a la casa del comandante del apostadero para presenciar con él el examen de los papeles confiscados llevado a cabo por el oidor José Antonio Ramos y un escribiente público. El día 28 Peñaranda fue trasladado a su propia casa bajo prisión domiciliaria y sujeto a «dar declaración y concurrir a las actuaciones judiciales» que le exigiera el oidor Ramos. El llamado llegó varios días después y fue entonces que finalmente Peñaranda fue interrogado sobre la conspiración contra el gobierno —de lo cual dijo no tener conocimiento—, y sobre la masonería. Peñaranda trató de evadir tal interrogatorio alegando que ese cargo, a diferencia del de alta traición, no era «de desafuero» y que, por tanto, «las exenciones y privilegios» de su cuerpo lo hacían «independiente en semejante caso de otra autoridad que la de» el comandante del apostadero.[125]

Esta situación aumentó la tirantez entre la Capitanía General de la Isla de Cuba y las Floridas y la jefatura de Marina en La Habana que, en el caso específico de José Peñaranda, complicaría cada etapa del proceso y contribuiría a demorar su resolución. Sin embargo, Peñaranda parecía protegido por la ley española pues, ya en 1793, «para cortar de raíz las disputas de jurisdicción», el Rey Carlos IV había decretado que los casos civiles y criminales contra miembros de su ejército serían decididos «privativa y exclusi-

---

[125] Peñaranda a Juan de Herrera Dávila de 6 de noviembre de 1809, AGI, Ultramar 113, ff. 6-7.

vamente» por jueces militares;[126] poco después este decreto se había hecho extensivo a los miembros de la Real Armada. Una serie de oficios de Peñaranda instaban al general Herrera Dávila a defender el fuero de la Marina y a obtener concesiones para mejorar las condiciones de su detención.[127] Un dictamen del Auditor de Marina tranquilizaría a Peñaranda; le indicaba que no debía resistirse a que Ramos le interrogara sobre cualquier tema como parte de su investigación, incluso sobre masonería, porque «el acto de averiguar no es el de juzgar, ni prorroga la jurisdicción.»[128] También Herrera relajó un poco las condiciones de la prisión de Peñaranda permitiéndole salir de su casa de día y regresar de noche.[129] Pero la posición asumida por el general Herrera Dávila ante el Presidente de la Audiencia fue mucho más diáfana y firme. Someruelos se quejó al Consejo en Cádiz que, aunque había consentido en pasarle al general Herrera el «testimonio de lo actuado contra él [Peñaranda] sobre el delito de Masonería», sin embargo

> «insiste aquel Jefe en que debe conocer también del de infidencia, sentando que aún en este crimen, y en los de perturbador de la tranquilidad pública no puede perder su fuero; y que en toda duda debe declarar el Jefe de Peñaranda si son o no causas que se sujetan a extraña jurisdicción...»[130]

---

[126] Real decreto de 9 de febrero de 1793 (Antonio Vallecillo, *Ordenanzas de S.M. para el régimen, disciplina, subordinación y servicio de sus ejércitos*, Imprenta de las Señores Andrés y Díaz, Madrid, 1852, t. III, pp. 1-3); Real orden de 5 de noviembre de 1793 (Alejandro de Bacardí, *Nuevo Colón o sea Tratado del derecho militar de España y sus Indias*, Establecimiento Tipográfico de Narciso Ramírez, Barcelona, 1857 (1ª ed. 1851), t. I, pp. 410-6).

[127] Peñaranda a Herrera Dávila de 6, 9, 15, 20, 29 de noviembre y 5 de diciembre de 1809, AGI, Ultramar 113, ff. 6-13.

[128] Herrera Dávila a Peñaranda de 9 de noviembre de 1809, AGI, Ultramar 113, ff. 7-8.

[129] Herrera Dávila a Peñaranda de 29 de noviembre de 1809, AGI, Ultramar 113, f. 12.

[130] Copia sin firma de la carta de Someruelos al Consejo con fecha de 3 de marzo de 1810, AGI, Ultramar 113, ff. 14-21.

Es decir, Herrera sostenía que, con respecto a los miembros de ese cuerpo, no solamente tenía la Marina jurisdicción sobre el delito de masonería, sino que también la tenía sobre los de infidencia y perturbación de la tranquilidad pública y que correspondía al Jefe del apostadero de La Habana decidir lo que pudiese corresponder a la justicia civil. En esta confrontación con el Capitán general, el general Herrera Dávila apoyaba sus argumentos en la asesoría legal que recibía del Auditor de Marina, Antonio Ponce de León. Esto pudiera parecer temerario por parte del Auditor Antonio ya que la suerte de su hermano, el regidor Francisco, estaba en las manos del Gobernador. Para explicar la conducta de Antonio podemos descartar la indiferencia pues las relaciones entre los hermanos eran tan coligadas que se habían nombrado herederos el uno del otro desde 1787.[131] Más probable sería que Antonio confiaba en que el bienestar de su hermano no estaba en riesgo porque Someruelos no expondría al vecindario al escandaloso —y potencialmente desestabilizador— espectáculo de encausar a un respetado regidor criollo acusándolo de conspirar a favor de la independencia de la Isla.

A pesar de la protección que las ordenanzas parecían ofrecerle, José Peñaranda temía que la tenacidad que mostraban Someruelos y Ramos les llevara a remitir su caso por infidencia a un tribunal gaditano para esquivar la resistencia del comandante del apostadero y su Auditor de Marina. Por ese motivo, cuando se enteró que un barco pronto «a dar la vela» hacia la Península llevaría la sumaria contra él, envió por el mismo correo «una representación reverente a S.M.» con copia de sus papeles para ser utilizada «en caso necesario y se evite por ese medio ser sentenciado sin oírseme.»[132] No estaban mal fundados los temores de Peñaran-

---

[131] Santa Cruz, *op. cit.*, t. 1, pp. 275, 279.

[132] José Peñaranda a Miguel de Lardizábal y Uribe de 19 de diciembre de 1809, AGI, Ultramar 113, f. 5. Evidentemente Peñaranda ignoraba que Lardizábal, mexicano de origen vasco, quien había sido recientemente designado representante de Nueva España en la Junta Central y Gubernativa, era un defensor a ultranza de la monarquía. Lardizábal fue coautor del decreto Real de 4 de mayo de 1814

da pues Someruelos, sin certeza sobre la posición que el gobierno de Cádiz asumiría en el debate contra Herrera y su Auditor de Marina, sometió la cuestión al Consejo de Indias. Como sabemos, la respuesta tardó más de un año, pero para satisfacción del Capitán general —y haciendo caso omiso de las ordenanzas—, el Consejo y las Cortes dictaminaron que Peñaranda no gozaba «de fuero alguno militar en esta clase de excesos» y aprobó su remisión a Cádiz.[133]

Años después, cuando en España fue abolido "el Tribunal de la Inquisición", cientos de ciudadanos firmaron el 4 de febrero de 1813 en Cádiz una representación felicitando a las Cortes por esa decisión; entre ellos estaba José Peñaranda.[134] Otro claro indicio de su continuada actividad —tanto política como masónica—, se ve en octubre de ese año cuando fue nombrado albacea y apoderado por José Mejía de Lequerica, un masón quiteño y destacado diputado a Cortes; Lequerica falleció dos días después de haber testado y Peñaranda se ocupó de sus asuntos.[135] Coincidiendo con el regreso del absolutismo a España, las últimas noticias que te-

---

en que Fernando VII denunciaba el «democratismo» y el «modo de pensar revolucionario y sedicioso» (José L. Orella Unzué, "Manuel y Miguel de Lardizábal y Uribe en el Estatuto de Bayona", *Revista internacional de los estudios vascos, Cuaderno 4, 2009*, San Sebastián, pp. 233-254).

[133] Consejo de Indias a Someruelos de 25 de junio de 1811, AGI, Ultramar 113, ff. 61-4. Para que no actuara con contemplaciones en casos similares en el futuro, esta comunicación también instruía al gobernador a derogar «todo fuero privilegiado» en casos de francmasonería.

[134] *Diario de sesiones de la Córtes generales y extraordinarias*, Imprenta de J. A. García, Madrid, 1870, t. VII, pp. 4688-4692

[135] Gloria de los Ángeles Zarza Rondón, "La última voluntad del diputado quiteño José Mexía de Lequerica", *Estudios Humanísticos. Historia* N° 10, Universidad de León, 2011, pp. 151-76; Víctor Manuel Guzmán Villena, "Historia del origen de la masonería en Ecuador", 2009, http://fenix137rls.blogspot.com/search/label/Masoner%C3%ADa%20Historia%20origen%20%20masoner%C3%Ada%20%20Ecuador, consultado el 3 de abril de 2016.

nemos del teniente de Navío José Peñaranda lo ubicaban en Puerto Rico en 1814, aún activo en la masonería.[136]

El Decano de Cánones

Para las autoridades, el segundo miembro en importancia del trío dirigente de la conspiración descubierta en 1809 era el Dr. Manuel García Coronado a quien se tenía por redactor de la protesta por el cierre del puerto. Ciertamente, García Coronado estaba eminentemente capacitado para tal tarea. El joven de Puerto Príncipe había alcanzado el grado de Doctor en Sagrados Cánones y Decano de esa Facultad en la Real y Pontificia Universidad de San Jerónimo de La Habana siguiendo los pasos de distinguidos predecesores como, Francisco Ponce de León y Maroto —su conacusado en 1809—, y don Nicolás Martínez de Campos, futuro Conde de Santovenia. Desde 1801 había entrado García a formar parte del prestigioso tribunal gobernante de la Universidad, primero como comisario, luego fue fiscal y finalmente tesorero, cargo este recién ocupado por dos reconocidos intelectuales: el Presbítero José Agustín Caballero Rodríguez y el sabio Dr. Tomás Romay

---

[136] José Martínez Millán, "La masonería bonapartista: las logias de Almagro y Manzanares (1809-1814)", José Antonio Ferrer Benimeli (coord.), *La masonería en la España del siglo XIX*, Junta de Castilla y León, Salamanca, 1987, v. 2, p. 443; esta información es cortesía del investigador Fernando Soto (http://ocultismo cadiz3000.blogspot.com/2013/07/la-masoneria-gaditana-mito-o-realidad.html, consultado el 15 de febrero de 2016).

En Ronda en 1812, un José Peñaranda era uno de los «policías afrancesados» que reprimían a los patriotas rondeños pero no es probable que sea el mismo pues a nuestro Peñaranda se le había respetado su bien remunerado empleo de teniente de Navío —con sueldo de 660 pesos anuales—, a pesar de su participación en la conspiración de 1809 (Marion Reder Gadow, "Vida cotidiana en Ronda durante la Guerra de la Independencia (1810-1812)", *Baetica. Estudios de Arte, Geografía e Historia* Nº 29, Universidad de Málaga, Málaga, 2007, p. 404).

Chacón.[137] Aunque las cátedras en la Universidad se obtenían por oposición y por un período de seis años, los oficios —fiscal, tesorero y otros—, eran seleccionados por elección en septiembre de cada año. El nombre del Dr. Manuel García Coronado dejó de figurar en la nómina de la rectoría de la Universidad desde 1808.[138]

Según la investigación del oidor Ramos, se había comprobado que tanto el Dr. García Coronado como Román de la Luz habían planeado atentar «contra el gobierno para constituirlo independiente» y que con ese fin habían diseminado propaganda subversiva. Someruelos había sentenciado al Dr. García Coronado a ser desterrado a la península a disposición de la justicia metropolitana y el Consejo de Indias refrendó la sentencia en el verano de 1811.[139]

---

[137] Rafael A. Cowley Valdés-Machado, "Relación de los Tribunales académicos y demás oficios que ha tenido la Real y Pontificia Universidad desde su fundación, hasta su reforma", trabajo inserto en Arrate, *La llave...*, pp. 334-8, 352. En 1809 García Coronado aparece como catedrático de Vísperas de la Facultad de Sagrados Cánones de la «Muy Ilustre, Real y Pontificia Universidad de San Gerónimo de La Habana» (*Calendario manual... 1809*, p. 92)

[138] Juan M. Dihigo Mestre, *La Universidad de La Habana, 1728-1928*, Talleres Tipográficos de Carasa y Cía., La Habana, 1930, pp. 19-20.

[139] Consejo de Indias a Someruelos, 25 de junio de 1811, AGI, Ultramar 113, ff. 61-4.

Cuartel de las Milicias de Blancos, Pardos y Morenos en la esquina de las calles Empedrado y Monserrate

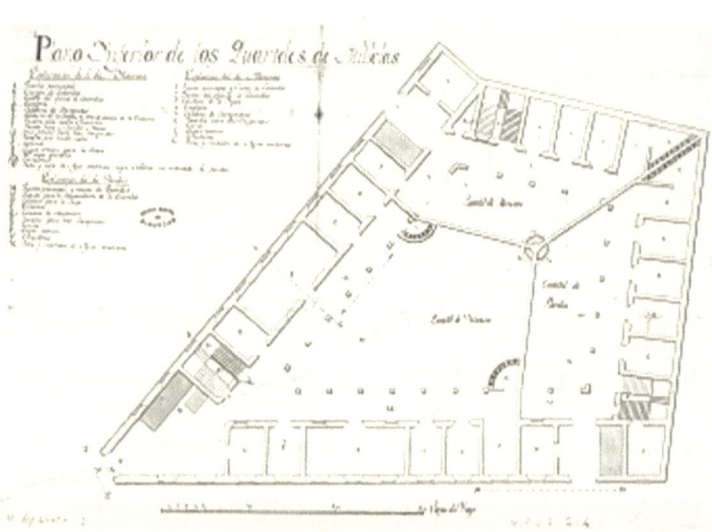

Plano de la primera planta de los Cuarteles de las Milicias de La Habana

Román de la Luz

La imagen del jefe principal de estas primeras conspiraciones por la independencia de Cuba llega difusa a nuestros días. No hay retrato que muestre la apariencia física de Román de la Luz y, aunque en algunas ocasiones la historiografía ha adoptado efigies de cuestionable veracidad para cubrir la falta de un retrato, misericordiosamente, este no ha sido el caso de don Román.[140]

Román José de la Luz y Sánchez Silveira descendía de una familia de origen portugués que ya en 1809 rondaba un siglo de estar establecida en La Habana con la llegada de Antonio de la Luz y do Cabo, un activo visionario quien en poco tiempo creó una fortuna; entre sus empresas contaba un molino de tabaco en la ciudad y un ingenio por Marimelena, del otro lado de la bahía.[141] Don Antonio, el abuelo de Román, llegó a ser Magistrado y Síndico Procurador General; uno de los hijos de su unión con María Meireles, José Cipriano, fue Regidor perpetuo y Correo Mayor de la Habana, cargo que ocuparían varios de sus descendientes «hasta que se reformó el ayuntamiento»;[142] otro, Antonio Claudio de la

---

[140] Esto ha sucedido con José Antonio Aponte quien ya cuenta con varios retratos "reconstruidos" para ilustrar artículos y libros (p. ej.: ilustración de cubierta de la edición de 2011 de Editorial Oriente de la obra de Matt D. Childs, *La rebelión de Aponte de 1812 en Cuba y la lucha contra la esclavitud atlántica*). Similarmente, el debate sobre cual —o si alguno—, de los retratos de Gabriel de la Concepción Valdés, "Plácido", representa al infortunado poeta se remonta a 1885 (Domingo Figarola-Caneda, "Sobre un retrato dicho 'de Plácido'", *Revista de la Biblioteca Nacional*, 1909, núm. 3-4, pp. 75-87 y núm. 9-10, pp. 135-140) y continúa en nuestros días (Daisy Cué Fernández, *Plácido. El poeta conspirador*, Editorial Oriente, Santiago de Cuba, 2007, pp. 26-53).

[141] José María de la Torre y de la Torre, *Lo que fuimos y lo que somos o La Habana antigua y moderna*, Colección Cubana de Libros y Documentos Inéditos ó Raros, Vol. I, Librería Cervantes, La Habana, 1913, [1ª ed. 1857], pp. 65-6; Santa Cruz y Mallen, *ob. cit.*, t. II, pp. 253-4.

[142] Hasta su muerte en 1807, un primo de Román de la Luz, el teniente coronel de milicias y capitán del Regimiento Fijo de La Habana, Antonio José María de la Luz y Poveda, ocupó el cargo de Regidor Correo Mayor de la Isla de Cuba, Al-

Luz, fue Comisario del Santo Oficio. Del mismo matrimonio nació el padre de Román, Pedro José de la Luz Meireles quien a su vez casó con María del Carmen Sánchez Silveira y, el 18 de agosto de1769, les nació el hijo que nombraron Román José. Don Pedro de la Luz había alcanzado el puesto de sargento mayor del Castillo de San Severino de Matanzas y sirvió de Ayudante del batallón de Pardos libres de La Habana hasta sus últimos días. Los Luz dejaron huellas indelebles en la capital de la Isla pues dos calles habaneras fueron nombradas en su honor, Luz, por el radiante apellido familiar, y la llamada Inquisidor por el sombrío oficio del tío. También la Plazoleta de Luz y el muelle de Luz deben su nombre a esta familia.[143]

El 21 de noviembre de 1785, el joven Román de la Luz sentó plaza de cadete en el Inmemorial del Rey, un regimiento de infantería del ejército regular que estaba entonces de guarnición en La Habana; cuando el Inmemorial se dispuso a regresar a España, Román de la Luz prefirió permanecer en la Isla y el 15 de noviembre de 1787 aceptó el traslado al regimiento voluntario de Caballería de las milicias disciplinadas.[144] Los cadetes eran candidatos a oficiales pero esas plazas en la milicia eran pocas y las

---

calde ordinario y Regidor perpetuo (Cornide, *op. cit.*, pp. 224, 406; Pezuela, *op. cit.*, t. III, pp. 182-3; Vázquez, *La Junta...*, p. 121n).

[143] De la Torre, *op. cit.*, pp. 57,63; Manuel Pérez-Beato, *Habana antigua. Apuntes históricos*, Seoane, Fernández y Ca., La Habana, 1936, pp. 113, 141; Emilio Roig de Leuchsenring, *La Habana. Apuntes históricos*, Editora del Consejo Nacional de Cultura, La Habana 1963 [1ª ed. 1940], t. II, p. 42; Cornide, *op. cit.*, pp. 404-7; Arrate, p. 230; Miguel Lobo, *Historia general de las antiguas colonias hispanoamericanas*, Imprenta Librería de Miguel Guijarra, Madrid, 1875, t. 2, p. 415. La Plazoleta perdió el nombre Luz al ser rebautizada Aracelio Iglesias. Un pariente, el regidor Joseph Eusebio de la Luz, fue un pionero de la ecología en Cuba (Marrero, t. 15, p. 5).

[144] Sargento mayor José González al coronel Conde de Buena Vista, 19 de julio de 1789, "Milicias de La Habana. Empleos", AGS, SGU, leg. 6871, 69, f. 408. Otros cadetes compañeros de Román de la Luz decidieron trasladarse a España con el regimiento y continuar allá sus carreras, entre ellos Anastasio Arango y Núñez del Castillo, primo de Francisco de Arango y Parreño (Calcagno, *op. cit.*, p. 43; Hernández González, *Liberalismo criollo...*, p. 21).

vacantes creadas por retiro o defunción tardaban muchos años entre una y otra; la antigüedad era el factor más importante para los aspirantes, pero si a quien le correspondía un ascenso no lo recibía, entonces era probable que quedara postergado de por vida.

Con el fomento de los campos aledaños a la ciudad se crearon zonas rurales con suficiente población para atraer la presencia del gobierno y este fue el origen de los denominados partidos, como unidades de administración territorial. Se estima que por esta época ya existían unos veinte partidos en las cercanías de La Habana.[145] El regimiento de voluntarios de Caballería mantenía compañías en varios partidos, entre ellos, San Miguel del Padrón, San Francisco Javier de los Quemados, el Guatao y el Jubajay (hoy Wajay).[146] Con motivo de defunciones y retiros, en 1789 surgieron cuatro vacantes en el regimiento para subtenientes —el primer puesto en la escala de oficiales—, en las compañías de los partidos de San Miguel, Quemados, Guatao y el Jubajay. El regimiento tenía tres portaestandartes quienes gozaban de prioridad para el ascenso y esto dejaba sólo una subtenencia para ser asignada a uno de los cinco cadetes de ese cuerpo; de estos, con sus casi cuatro años de servicio, Román de la Luz era el de mayor antigüedad. Las propuestas de los capitanes de cada compañía y la lista del sargento Mayor servían de base para las recomendaciones del coronel quien debía presentarlas al Capitán general para ser sometidas a la decisión del ministro de Indias en la Península. El nombre de Román de la Luz aparecía con la debida preeminencia y el respaldo incondicional del sargento Mayor y de los capitanes del Guatao y de Quemados; no así en las propuestas del jefe

---

[145] Julio J. Le Riverend Brusone, *La Habana (Biografía de una provincia)*, El Siglo XX, La Habana, 1960, pp. 221-3.

[146] El regimiento consistía de 650 plazas repartidas en doce compañías de caballería ligera y una de carabineros con cincuenta hombres cada una incluyendo a un capitán, un teniente y un subteniente (Kuethe, *op. cit.*, p. 181).

superior del regimiento, el coronel Francisco José Calvo de la Puerta y O´Farrill, segundo conde de Buena Vista.[147]

Por enfermedad del capitán Rafael Ignacio de Morales, el propio coronel conde de Buena Vista hubo de preparar las propuestas de la compañía del Jubajay y acerca del cadete Luz opinó que este era «de muy corta aplicación y haberes y tibio en el cumplimiento de sus obligaciones.» A ojos del coronel la baja cuantía de «haberes» era suficiente para descalificar a un aplicante a oficial pues no tendría «caudal suficiente para mantenerle la correspondiente decencia que exigen estos empleos.» En su recomendación al Capitán general, el coronel enfatizó que todos los indicados para la consideración del secretario de Marina e Indias eran dignos de ser atendidos exceptuando a Luz por su «tibieza» y falta de bienes. La razón de esta impugnación de las calificaciones de Román de la Luz se hizo evidente cuando, en el mismo documento el conde de Buena Vista dedicó un largo párrafo enumerando los motivos que conferían especial atención al cadete Miguel de Cárdenas quien podría sufragar no sólo las obligaciones de oficial subalterno sino también las de los capitanes «cuya clase sostiene los excesivos gastos que se ofrecen para lucimiento del Cuerpo». Miguel de Cárdenas heredaría un considerable mayorazgo por ser hijo de los marqueses de Prado Ameno, y estaba casado con la hija del marqués Jústiz de Santa Ana del consejo de Hacienda «cuya dote pasa de doscientos mil pesos», esto sin olvidar que el cadete Cárdenas también era aplicado y exacto en cumplir sus obligaciones. Miguel de Cárdenas cumplía entonces sólo «cinco meses y

---

[147] Lista del sargento Mayor José González al Conde de Buena Vista, 19 de julio de 1789, propuestas del capitán Sebastián de la Cruz de la compañía del Guatao a González, 28 de julio de 1789 y propuestas del capitán Pedro Julián de Morales de la compañía de Quemados a González, 28 de julio de 1789, Milicias de La Habana. Empleos, AGS, SGU, Leg. 6871, 69, ff. 408, 409 y 410, respectivamente.

veinte tres días» de servicio al Rey.[148] Domingo Cabello aprobó las recomendaciones del coronel y las despachó a la Península a principios de septiembre. La decisión final sobre los ascensos estaría en manos del ministro de Marina e Indias, Antonio Valdés, quien gozaba de autorización Real para dictaminar en estos asuntos.[149] Los nombramientos emitidos el 11 de febrero de 1790 fueron siete; de estos, seis estaban conforme a las expectativas: los tres portaestandartes fueron ascendidos a las primeras dos subtenencias y dos cadetes y un sargento pasaron a ocupar sus puestos de abanderados.[150] Sin embargo, para la subtenencia de la compañía del partido del Jubajay el ministro Valdés desconoció las recomendaciones del conde de Buena Vista y del Capitán general Cabello y ascendió al cadete Román de la Luz.[151] Las objeciones del conde de Buena Vista

---

[148] Buena Vista a González, 28 de julio de 1789 y Buena Vista al Capitán general interino Domingo Cabello, 14 de agosto de 1789, Milicias de La Habana. Empleos, AGS, SGU, Leg. 6871, 69, ff. 411 y 407, respectivamente.

[149] El Capitán general de Marina y Bailío frey Don Antonio Valdés y Fernández Bazán (1744-1816) era ya ministro de Marina cuando en 1787 Carlos III lo nombró también secretario de Estado y del despacho universal de Indias en cuyo desempeño fue «un modelo de honor, rectitud y probidad» según su biógrafo. En 1789 era teniente General de Marina (Pavía, *Galería...*, t. III, pp. 681-696).

[150] Nombramientos de subtenientes de las compañías de los partidos de Quemados, San Miguel y el Guatao a los portaestandartes Manuel Recio de Morales, José de Pereda [Perea], e Ignacio de Herrera, respectivamente, y para reemplazar a estos, nombramientos de portaestandartes del regimiento al sargento segundo Baltazar Oliva y los cadetes Juan de Cabrera y Juan de la Cruz Sotolongo, dados en Madrid el 11 de febrero de 1790, Milicias de La Habana. Empleos, AGS, SGU, Leg. 6871, 69, ff. 413,414,416, 415, 418,419.

[151] Nombramiento de subteniente del regimiento de voluntarios de Caballería para Don Ramon [sic] de la Luz, dado en Madrid el 11 de febrero de 1790, en Milicias de La Habana. Empleos, AGS, SGU, Leg. 6871, 69, f. 417. Antonio Valdés dio otra muestra de su alto sentido de la justicia atendiendo la protesta de varios oficiales negros del batallón de Morenos de La Habana por abusos verbales y físicos atribuidos al subinspector Antonio Seidel y su ayudante; los negros pedían también coroneles y teniente coroneles negros y la creación de otro batallón de morenos. Valdés inició una amplia investigación, pero el esfuerzo fue abandonado cuando Valdés fue remplazado en su puesto por el conde del Campo de Alange

merecieron además un mordaz comentario del ministro Valdés sobre «la pobreza que se le imputa a Luz para postergarle». Valdés ordenó que en la carta que acompañara los nombramientos se incluyera una prevención al Capitán general interino «que la pobreza no debe servir de demérito a los cadetes» para negarles los ascensos que les correspondan. Esta muestra de la nobleza de Antonio Valdés lo enaltece y nos place rescatar del olvido este pequeño pero edificante acto de justicia.

El ascenso a subteniente había sido una victoria para Román de la Luz pero la carrera militar no parecía muy prometedora a largo plazo. Esto se hacía evidente al considerar que el hombre a quien Luz reemplazaba se había retirado por enfermedad luego de veinticuatro años en el mismo empleo.[152] Cuando su padre murió en 1782, Román había recibido su parte de la herencia y también se benefició del legado de su tío el Inquisidor, fallecido ese mismo año, pero como hemos visto, su situación económica pocos años después distaba de ser holgada.[153] En 1793 Román de la Luz se casó con doña Francisca de los Dolores Núñez del Castillo y Molina. Existía una marcada diferencia de edad en esta unión pues Román de la Luz había recién cumplido 24 años de edad y su esposa ya contaba 35; no obstante, doña Francisca era hermana de don Juan Clemente Núñez del Castillo y Molina, el IV marqués de San Felipe y Santiago, conde del Castillo y Grande de España;[154] Román de la Luz había entrado en los selectos círculos de la nobleza criolla. Es probable que fuese por esta época cuando Luz dejó la milicia pues uniendo la dote de la esposa a su propio capi-

---

(Allan J. Kuethe, *Cuba, 1753-1815. Crown, Military, and Society*, The University of Tennessee Press, Knoxville, 1986, *op. cit.*, pp. 123-6).

[152] Cédula de retiro de Tomás Borrego, 3 de octubre de 1788, Tomás Borrego. Retiros, AGS, SGU, Leg. 6869,35, ff. 286-292.

[153] Manuel I. Mesa Rodríguez, *José de la Luz y Caballero (Biografía documental)*, Editorial Lex, La Habana, 1947, pp. 18-21. Un hermano de Román de la Luz, José Cipriano, fue el padre del prócer, José de la Luz y Caballero.

[154] Francisco J. Ponte Domínguez, *La masonería...*, p.18; Cornide, *op. cit*, pp. 363-8.

tal «fomentó un ingenio» nombrado el *Espíritu Santo* en Quivicán, jurisdicción que estaba bajo el control de la familia de su esposa y reputada por su gran fertilidad; no obstante, parece que Luz «perdió bastante dinero» en aquella empresa.[155] El propio Román de la Luz se describiría después como «un propietario rico» con «bienes raíces de mucha consideración» que incluían «haciendas del campo».[156] Román y Francisca tuvieron hijos y durante su destierro en España Luz mostró preocupación porque el daño que sufría su nombre y su honor sería «trascendental a su sucesión».[157] Sabemos, sin embargo, que en 1819 falleció no sólo su esposa, doña Francisca Núñez del Castillo, sino también «una hija, única que le

---

[155] José Manuel de Ximeno Torriente, "Genealogía de las ideas separatistas en Cuba", *Anales de la Academia de la Historia*, tomo XVI, 1934, Imprenta El Siglo XX, La Habana, 1935, p. 97; una hiperbólica cita atribuida al gobernador Don Luis de las Casas ilustra la fama de la tierra quivicanera: «temía poner aquí la punta de su bastón en el suelo, porque no le naciera» (Manuel Mariano Acosta, "Memoria sobre la ciudad de San Felipe y Santiago del Bejucal", en *Memorias de la Sección de Historia de la Real Sociedad Patriótica de La Habana. Tomo 1*, Imprenta de las viudas de Arazoza y Soler, La Habana 1830, p 386; el ingenio se ha vinculado al marquesado de San Felipe y Santiago (Esteban Pichardo, *Caminos de la Isla de Cuba. Itinerarios*, Imprenta Militar de M. Soler, La Habana, 1865, p. 272; *Boletín del Archivo Nacional*, t. V, núm. 1, Imprenta y Papelería Francesa, La Habana, 1906, p. 14; http://cubapeopletopeople.blogspot.com/2013/02/ the-irish-and-celtic-heritage-of-cuba.html consultado el 4 de enero de 2016).

[156] Estos comentarios aparecen en una súplica en que don Román pedía permiso para regresar a La Habana y ofrecía la necesidad de atender sus intereses como una de sus razones; naturalmente, mientras más cuantiosos fuesen sus intereses en la Isla, más fuerza tendría su argumento. Por tanto, la posibilidad de alguna exageración no se puede descartar (Román de la Luz al consejo de Regencia, 3 de agosto de 1813, Expediente de Román de la Luz, AGI, Ultramar, 328, N. 44, f. 421).

[157] Súplicas de Román de la Luz al Rey de 21 de junio de 1816 y 15 de septiembre de 1817, AGI, Ultramar 27, N. 33; Román de la Luz, *Representación que hace Don Román de la Luz Sánchez de Silveira, á S. M. las Cortes generales y extraordinarias de la nación Española manifestando la ilegalidad del proceso que le formó en la Havana el Marqués de Someruelos...*, Imprenta de Niel, Cádiz, 14 de mayo de 1812.

restaba» y que por tanto, Román de la Luz no dejó descendencia —al menos de este matrimonio.[158]

Un sujeto de distinción

En palabras del marqués de Someruelos, Luz era «un sujeto de distinción en esta ciudad" que, como se ha visto, se hallaba "enlazado estrechamente por los vínculos de sangre con las primeras familias y con personas que ocupan empleos honoríficos en la Habana».[159] Pero las opiniones que sobre el carácter de Román de la Luz nos han llegado fueron emitidas con motivo de sus actividades conspirativas y el propio Capitán general, en el mismo párrafo en que elogiaba su estatus social, ofreció una severa opinión sobre su comportamiento personal:

«... su conducta no corresponde a sus principios y conexiones: su inmoralidad es pública y notoria: carece de ocupación o destino que le retraiga de sus descarríos y empresas amorosas, tanto más criminales, cuanto tiene casi abandonada una consorte virtuosa».[160]

Aunque Luz hubiese sido tan mujeriego como alegaba Someruelos, que su inmoralidad fuese «pública y notoria» no se ajusta a la imagen del hacendado criollo que —hasta pocas semanas antes de su arresto—, gozaba de suficiente respeto y simpatía entre sus vecinos como para serle confiada la sensible misión de solicitar firmas para la protesta contra el cierre del puerto. También resulta cuestionable atribuirle carencia de ocupación o destino pues, si bien es cierto que algunos propietarios por herencia permanecían desvinculados de sus haciendas, esa actitud sería rara por parte de

---

[158] Luz al secretario de Estado y del despacho de Gracia y Justicia, 9 de agosto de 1819, AGI, Ultramar 113, ff. 184-6.
[159] Someruelos a Nicolás María de Sierra de 6 de diciembre de 1810.
[160] Ibidem.

quien, como Román de la Luz, funda y trata de impulsar una fábrica de azúcar. Un descubrimiento del acucioso historiador José Manuel de Ximeno puede ayudar a juzgar la confiabilidad de ciertos comentarios acerca de Román de la Luz y sus actividades. Ximeno descubrió los antecedentes de un pleito legal que se suscitó a la muerte de la esposa de Román, doña Francisca, entre la familia de Luz y la de su cuñado, el marqués de San Felipe y Santiago, por la división de los intereses económicos conyugales. Esta querella familiar parece haber afectado la opinión que de Román de la Luz nos dejaron sus más tempranos cronistas: Juan Clemente Zenea y José Gabriel del Castillo, emparentados ambos con las familias litigantes; Zenea con los Luz y Castillo con la difunta doña Francisca.[161] Sus opiniones sobre los hechos de octubre de 1809 estaban tan reñidas como la disputa legal entre sus respectivos parientes. Ni Zenea ni Castillo conocieron a Román de la Luz, es decir que sus opiniones estaban basadas en los comentarios de sus mayores; para Zenea, Luz había sido el jefe «activo, inteligente y de ánimo varonil» que organizó «la primera tentativa revolucionaria en la Isla de Cuba», mientras Castillo describió aquello como «la descabellada intentona, ó más bien calaverada, del rumboso y popular» Román de la Luz.[162] También hay que considerar que —como veremos más adelante—, el padre de José Gabriel, don José del Castillo Pérez, junto a Judas Tadeo Aljovín, fue llamado a declarar durante el proceso de 1810 y que las autoridades conside-

---

[161] Una hermana de Román, María Justa de la Luz, era abuela de Juan Clemente Zenea (Ximeno, *op. cit.*, p. 99); el padre de José Gabriel del Castillo Azcárate, José del Castillo Pérez, era nieto del II, sobrino del III y primo del IV marqués de San Felipe y Santiago (Vidal Morales y Morales, "Dos escritores cubanos, *Cuba y América* Núm. 89, 20 de agosto de 1900, pp. 4-10).

[162] Ximeno, *op. cit.*, p. 99; Morales, *Iniciadores...*, p. 12; José G. del Castillo, "Notas históricas II", *El Triunfo, diario liberal*, 2 de enero de 1883, 2:1. Una semana antes, con más circunspección, Castillo se había referido al mismo movimiento de Román de la Luz como «un proyecto de insurrección separatista» que había abortado [copias de estos artículos fueron facilitados al autor por gentileza de David Fernández-Barral].

raron su testimonio útil para sellar el caso contra Luz y para implicar a otros.

Sin embargo, además de Someruelos, otro contemporáneo crítico de Román de la Luz también lo describió como «díscolo» y «dilapidador», calificativos que evocan una imagen análoga a la del Marqués aunque, como veremos, en este caso también la declaración era interesada.[163] Con más benevolencia, alguno lo ha llamado «jarifo y decidor».[164] El peso de la evidencia disponible —aunque ciertamente poca, deficiente y contradictoria—, sugiere que don Román se las arreglaba para llevar una vida social decididamente interesante y activa sin perder la bienquerencia de sus vecinos.

Un proceso dilatado

El proceso iniciado por el Gobierno en octubre contra la conspiración independentista de 1809 duró varios meses. Había comenzado con rumores y con aquella misteriosa «denuncia reservada» inicial que —según don Salvador de Muro y Salazar—, no especificaba nombres ni dirección, pero aseguraba que algunos, en algún lugar, tramaban «una conspiración contra el Gobierno para constituirlo independiente». Bien para proteger al denunciante o por proclividad al autobombo, el marqués de Someruelos no tuvo empacho en acreditarse a sí mismo la feliz deducción de que «tales atentados sólo podían concebirse en una Logia» masónica, y el haber orientado la vigilancia en esa dirección.[165]

---

[163] Instancia de Luis Francisco Bassave de 28 de febrero de 1811, AGI, Ultramar 113, ff. 59-60.

[164] Néstor Carbonell Rivero, *Los protomártires de la independencia de Cuba*, Academia de la Historia, El Siglo XX, La Habana, 1926, p. 9.

[165] Consejo de Indias a Someruelos de fecha 25 de junio de 1811, AGI, Ultramar 113, ff. 61-4.

Someruelos admitió que, a pesar de haber puesto en práctica «las más exquisitas diligencias», la investigación «nada pudo conseguir ni averiguar con certeza» aunque los rumores continuaban circulando por la ciudad. Mientras se llevaba a cabo la infructuosa pesquisa, las «inquietudes» del Gobernador aumentaron cuando aparecieron en la ciudad varios pasquines subversivos «fijados en los parajes públicos» y un «anónimo y cartas» cuyo contenido coincidía con las anteriores noticias. Quizás temiendo que los afiches fuesen el preludio a la acción, y con los nombres de los presuntos jefes de la conspiración ahora en mano gracias al citado anónimo, Someruelos ordenó las detenciones de los complotados y el registro de sus papeles personales. Actuando como presidente de la Real Audiencia territorial, Someruelos confió «la formación de la causa al Oidor Decano» José Antonio Ramos quien, como se ha visto, ya había alcanzado cierta notoriedad.[166] Tras esas aparatosas detenciones —que habían coincidido con la quema de los papeles frente al Palacio de los Capitanes Generales y con la lectura de la protesta en el Ayuntamiento—, la causa contra los separatistas avanzaría mucho más lentamente.

El caso contra los complotados de 1809 resultó peculiar también por el procedimiento escogido para dirimir la causa. Don Salvador de Muro y Salazar confesó en su informe que temía que, si las acusaciones se dilucidaban públicamente siguiendo «un orden común judicial» y resultaban comprobadas, sería imposible evitar exponerse a «una explosión sensible por el mal ejemplo que prestarían a toda la América». En su lugar, Someruelos optó por instituir un proceso reservado en que los reos no tendrían oportunidad de presentar testigos ni de defenderse de sus acusadores; el oidor Ramos y Someruelos, este último en su triple papel de presidente de la Audiencia, Gobernador y Capitán general, decidirían la culpabilidad de los acusados y dictarían las medidas a tomar contra ellos —sujetas sólo a la aprobación del Consejo de Indias. Pero aún este discreto procedimiento llegó a parecerle demasiado

---

[166] Ibídem.

arriesgado al marqués de Someruelos quien eventualmente optó por «suspender la continuación del Proceso» sin imponer penas a los reos; en su lugar prefirió pasar los expedientes y las pruebas documentales al Consejo para que este determinara explicando que, aunque el proceso era imperfecto «con respecto a los trámites ordinarios de los Juicios», opinaba que sería suficiente para «recibir la resolución» del Consejo. De esta manera, el Capitán general explicaba a sus superiores que, con respecto a las actividades independentistas de los conjurados, consideraba «muy peligroso» continuar ese proceso en La Habana pues le constaba «por experiencia, que no conviene se diafanicen en el público» las informaciones que se traten en la actuación. Asimismo, creía que —a pesar de considerar muy dañinas tales hermandades—, sería sensible proceder contra el crimen de masonería «porque estando comprendidas en él muchas familias principales y enlazadas con todas las demás de la ciudad, sería causar disgustos y descontentos en la clase más distinguida» y que sería mejor hacer sólo «alguna demostración con los que están más convencidos en el Proceso».[167] Todas estas prevenciones revelan cuán volátil consideraba el Capitán general el ambiente político en la Isla y el resto de América.[168]

Contemporáneamente —pero sin vínculo alguno con los habaneros—, se suscitó un caso en Puerto Príncipe que también involucró a una persona distinguida de aquella sociedad y que fue también despachado con benevolencia. El 27 de octubre de 1809,

---

[167] Copia sin firma de la "consulta" de Someruelos al Consejo con fecha de 3 de marzo de 1810, AGI, Ultramar 113, ff. 14-22. Según afirmara años después Bartolomé Cabezas, un abogado que «había entendido en la causa criminal de Román de la Luz», el Obispo de La Habana aparecía en las listas de los francmasones que Someruelos envió al Consejo de Indias (Alegación fiscal del proceso de fe de Juan José Díaz de la Espada, Obispo de La Habana, seguido en el Tribunal de la Inquisición de Corte, por sospechoso de francmasonería, AHN, Inquisición, 3722, Exp. 211).

[168] La profesora Mildred de la Torre Molina ha recopilado información sobre la diseminación y efecto de la propaganda del continente que clandestinamente llegó a varias poblaciones a través de la Isla por esta época (*op. cit.*).

apareció un pasquín en que su autor, el delegado de Marina Diego Antonio del Castillo Betancourt, desbarraba contra los funcionarios de la Audiencia comparándolos con «los mismos carniceros que asesinaron a Hatuey» y anunciando a los camagüeyanos «el deseado día de vuestra emancipación». Betancourt no fue arrestado hasta meses después y Someruelos asignó su caso al oidor José Francisco Heredia quien al no hallar evidencia de conspiración y, consciente de lo inconveniente que resultaría publicitar el acto de Betancourt, recomendó desestimar los cargos contra el acusado y dejarlo en libertad. Dos años después, Betancourt serviría como alcalde ordinario de Puerto Príncipe.[169]

Debido a las reservas e irresolución de Someruelos sobre cómo lidiar con el complot de Román de la Luz y sus compañeros, la formación de la causa había consumido lo que quedaba del año 1809 y algunos meses del siguiente. El inconcluso proceso no fue finalmente despachado para ser evacuado en el Consejo de Indias hasta el 3 de marzo de 1810.[170]

A la carta del Gobernador se había adjuntado el «expediente criminal reservado» preparado por el oidor Ramos, los papeles incautados a los acusados, los pasquines subversivos, las cartas y el anónimo denunciando la conspiración —6 piezas con 469 hojas en total—, y «un cajón con diferentes efectos aprehendidos a los Reos».[171] Ninguno de estos «papeles» y «efectos» parece estar hoy en su sitio en los archivos. Sólo disponemos de una especie de

---

[169] Santovenia y Rivero, "Desavenencias...", pp. 130-2; Sigfrido Vázquez Cienfuegos, "La comisión de Heredia de 1810: la preocupación cubana ante el inicio del proceso independentista venezolano", Rogelio Altez (ed.), *Las independencias americanas: un debate para siempre*, Universidad Industrial de Santander, Bucaramanga, 2012, pp. 232-4. Barcia da la fecha como «11 de octubre de 1809» (*Cuba:...*, p. 11). Al pasquín de Betancourt —quizás por haber sobrevivido—, se le ha llamado "el primer cartel separatista" sin tomar en cuenta su carácter unipersonal e intrascendencia ni los anteriores pasquines en que los conspiradores habaneros vertían «especies de revolución» (Consejo de Indias a Someruelos de fecha 25 de junio de 1811, AGI, Ultramar 113, ff. 61-4).

[170] Someruelos a Sierra a 6 de diciembre de 1810, AGI, Ultramar 113, ff. 37-42.

[171] Piezas que compone el expediente reservado..., AGI, Ultramar 113, ff. 20-2.

sumario o resumen detallado del contenido de la carta del 3 de marzo en que se identificaba a Román de la Luz, Manuel García Coronado y José Peñaranda entre los «autores del complot» y se afirmaba que el plan de Luz consistía en

> «reunir gente que coadyuvara a sus locos designios de apoderarse del Gobierno de la Isla, en caso de perderse la Metrópoli, desconociendo la Autoridad de V.M. y vertiendo especies aún más sospechosas y revolucionarias.»[172]

A García Coronado se le achacaba igual participación que a Luz en la difusión de propaganda subversiva; se acompañaba una proclama que se le había ocupado a García que tendría por objeto «levantar cizaña en el público» con fines «solapados». El expediente nombraba a otras siete personas en la causa: Pedro Agustín García; Manuel Ramírez, escribano y 2º Celador de la Logia; Francisco Barrutia, contador en el tribunal de cuentas,[173] Tesorero de la Logia; Manuel de Aguilar Jústiz, Celador 1º; el francés José Claret; Antonio Álvarez, Diácono 1º; Juan José de Presmo, Subteniente del Regimiento de Cuba, Secretario de la Logia.

Entre los castigos aplicados contra conspiradores en las colonias de Tierra Firme por esta época no eran raros el cadalso, el desmembramiento y la hoguera. En esta ocasión, como en la de los motines de los negros en marzo de 1809, el marqués de Someruelos parecía inclinado a aplicar el tercero de los preceptos contenidos en la frase que utilizaba para describir su «sistema» o *modus operandi* para evitar desórdenes: «procurar saberlo todo, disimular mucho y castigar poco».[174] Los acontecimientos futuros le obligarían a modificar esta norma.

A siete de los detenidos no se les había abierto causa por el crimen de infidencia sino sólo por masonería. Por la sensibilidad

---

[172] Copia sin firma de la "consulta" de Someruelos al Consejo con fecha de 3 de marzo de 1810, AGI, Ultramar 113, ff. 14-22.

[173] *Calendario manual, y guía ... 1800*, p. 44; *Calendario manual y guía ... 1809*, p. 135.

[174] Vázquez, *Tiempos...*, p. 465.

de esa cuestión, Someruelos decidió renunciar a los cargos contra ese grupo y permitirles reintegrarse a su vida normal luego de amonestarlos severamente y prevenirlos contra alguna reincidencia. El Consejo de Indias consentiría al sobreseimiento de esas causas. La suerte de los tres reos principales quedaba a merced del Consejo.

Por un lado, el Capitán general deseaba neutralizar a los principales promotores de la protesta en demanda de la libertad para comerciar con los norteamericanos quienes quedaron en angustiosa espera por sus sentencias; por el otro, aliviaría poco después el malestar causado por el cierre del puerto haciendo uso de sus prerrogativas especiales para permitir el comercio con barcos norteamericanos aprobándolos individualmente bajo su firma y justificando —mediante consulta al Cabildo—, que cada caso era necesario para el bienestar de la colonia. Así, con una de cal y otra de arena, Someruelos logró reducir los precios, aumentar la salida de los productos del país y relajar en algo las tensiones, por un tiempo.

En marzo de 1810, Someruelos no sabía que en la Península no existía entonces un Consejo de Indias que pudiera actuar sobre los conspiradores habaneros pues, como se conoce, en junio de 1809 había desaparecido y —con otros tres consejos—, había quedado fundido en el pomposamente nombrado Consejo y Tribunal Supremo de España e Indias, más conocido como Consejo reunido. En realidad, durante sus quince meses de existencia, «los asuntos de justicia fueron los menos que ocuparon» a aquel Consejo y la consulta sobre el caso de los conspiradores habaneros de 1809 permaneció en ese limbo burocrático hasta mediados de 1811.[175]

Mientras esperaba el veredicto de Cádiz, Someruelos permitió a «los autores del complot» gozar de libertad provisional, pero

---

[175] José Sánchez-Arcilla Bernal, "El Consejo y Tribunal Supremo de España e Indias (1809-1810) (Notas para su estudio)", *En la España Medieval*, t. V, vol. 9, Editorial de la Universidad Complutense, Madrid, 1986, pp. 1046-7,

a Román de la Luz se le confinó «a una finca rural» —probablemente en su ingenio *Espíritu Santo* en Bejucal. Según transcurría el tiempo sin llegar respuesta de la Península sobre su caso, la limitación impuesta a Román de la Luz se hacía más difícil de justificar y algún tiempo después el jefe sedicioso «paseaba libre» por La Habana, con el consentimiento —no sabemos si tácito o expreso—, del Capitán general.[176]

---

[176] Instancia de Luis Francisco Bassave de 28 de febrero de 1811, AGI, Ultramar 113, ff. 59-60.

Tercera Parte

1810 y la nueva conspiración de Román de la Luz

**Detalle de *Huracán en La Habana*
por Federico Mialhe**

Otro octubre tempestuoso

En octubre de 1810 el mar entró en La Habana. Un bote vacío fue impulsado por la corriente a lo largo de la calle del Obispo hasta el convento de Santo Domingo; otro navegó por San Isidro hasta la cuadra entre las calles del Obispo y de la Obrapía. La tormenta arreció entre los días 25 y 26. Las olas llegaron a alcanzar «más de ocho varas sobre las astas de las banderas» de las fortalezas. En el puerto cerca de 75 barcos fueron afectados, 19 destruidos o idos a pique y el resto con diferentes averías. La furia de los vientos derribó la ermita del Pilar, inundó el hospital de San Francisco, dejó caminos intransitables y «el número de casas caídas o deterioradas fue grande». Llovió por doce días y el daño a la agricultura en toda la zona de Vuelta Abajo —el occidente de la isla—, fue cuantioso quedando destruidos los campos de «cañas, cafetos y maíces» y derribados «infinidad de árboles frutales». A este ciclón se le llamó el de la *Escarcha salitrosa* porque los «árboles de la costa del norte perdieron sus hojas por el salitre marino, quedando los bosques y las sabanas áridos y secos.»[177]

La tormenta natural coincidió con otra borrasca de carácter político que conmovió a La Habana. Una ola de arrestos anunció que las autoridades habían descubierto una nueva conspiración independentista y a esta se le atribuían ramificaciones con militares blancos y de color. Entre los acusados sonaban algunos nombres ya conocidos, pero en esta ocasión la reacción del Capitán general sería mucho más expedita y rigurosa.

Entre los primeros detenidos se encontraba otra vez don Román de la Luz. El dictamen sobre su castigo por la intentona revolucionaria de 1809 no había llegado —y demoraría todavía muchos meses más—, pero el inquieto habanero había aprovechado ese ínterin para desarrollar nuevos planes con el fin de cambiar aquel gobierno colonial por uno independiente.

---

[177] Desiderio Herrera, *Memoria sobre los huracanes en la Isla de Cuba*, Imprenta de Barcina, La Habana, 1847, pp. 49-52.

Un funámbulo de la política

Desde el comienzo del conflicto galo-hispano en 1808, la situación de los funcionarios coloniales de España en América se había tornado incierta y peligrosa. Ya hemos visto las vicisitudes del propio marqués de Someruelos cuando sus enemigos aprovecharon su apoyo inicial al intento juntista de 1808 para poner en duda su fidelidad a la Corona y para alentar una campaña acusándolo de estar bajo la influencia del grupo de Arango y Parreño y sus criollos.[178] Someruelos extremó las precauciones para evitar nuevos cuestionamientos a su fidelidad durante tan delicado período pero periódicamente se suscitarían situaciones que pondrían a prueba su capacidad para navegar por las agitadas aguas de la política colonial.

Un nuevo peligro surgió antes de finalizar aquel memorable año de 1808. La ciudad de Santiago de Cuba, en el sureste de la isla, era ahora la capital de la jurisdicción del mismo nombre que en esa época llamaban simplemente "Cuba". Ante la declaración de guerra a Francia, algunos franceses que residían en aquella ciudad habían comunicado al gobernador Sebastián Kindelán O´Regan su deseo de trasladarse a Santo Domingo y éste acordó despacharlos en «un falucho español de nombre la Carolina» que saldría el 8 de octubre de 1808. En la parte oriental de la isla La Española, Santo Domingo estaba entonces en manos de Francia y su gobernador, el perspicaz general Louis Marie Ferrand, aprovechó aquella circunstancia para enviar a las autoridades de la Isla ciertas comunicaciones con que el gobierno de José I trataba de atraer a las colonias americanas al bonapartismo. Al recibir los pliegos franceses de manos del capitán de *La Carolina*, Kindelán cursó un enérgico

---

[178] "Representación original del Conde de Casa Barreto vecino de la Habana hecha á S.M. en 11 de Octubre de 1809, acompañando copias de las dirigidas a la Junta Central en 15 de Diciembre de 1808, á la de Sevilla en 28 de Agosto anterior, y al gobernador marqués de Someruelos en 27 de Julio del mismo año", en Gómez Roubaud, *op. cit.*, pp. 39-47.

rechazo a Ferrand por aquel «insulto insufrible», pero envió la estafeta a La Habana a su destinatario: el presidente, Gobernador y Capitán general marqués de Someruelos. Los pliegos consistían en una esquela dirigida personalmente al Capitán general de la isla de Cuba por el secretario de Indias josefino, Miguel José de Azanza Alegría, y una copia impresa de «la *Constitucion del reyno de España é Indias*» que se dijo habían causado «indignación y horror» en don Salvador de Muro y Salazar. Por decisión sumaria del marqués, la carta de Azanza y aquel «abominable código» —que aseguró no haber leído—, fueron quemados en una hoguera en el patio del palacio ante la plana mayor de civiles y militares. En su discurso el gobernador enumeró todas sus acciones y precauciones para proteger los territorios a su cuidado mientras su secretario tomaba nota de cada una de las palabras —y hasta los gestos—, de los participantes. Para documentar la escrupulosamente orquestada ceremonia, Someruelos ordenó la publicación de la crónica del evento.[179] Esta quema de papeles bonapartistas en 1808 resultó ser la primera de varias más.

Quienes Someruelos apodaría "los malévolos" no perdían oportunidad para socavar la imagen del Marqués. Así, la lentitud con que el gobierno habanero procesó —primero, la expulsión de los franceses, después, la confiscación de sus bienes, y por último la conmoción negra contra ellos—, dio motivos a los enemigos del gobernador para dirigir alarmantes denuncias a sus aliados en Cádiz quienes utilizaron esa información para cuestionar las motivaciones del gobernador y exigir el envío a Cádiz del importe de las confiscaciones. El conde de Casa Barreto, uno de los más activos críticos de Someruelos, afirmaba que se había «dexado los franceses» entre quienes «no ha faltado quien se exprese con una suble-

---

[179] *Aurora. Correo político-económico de la Havana*, 14 de diciembre de 1808, pp. 927-36, Archivo Histórico Nacional, Estado, 59, K, pp. 157-62; Vázquez, *Tan difíciles...*, p. 262.

vación de nuestros esclavos».[180] En su indispensable obra sobre la gestión de Someruelos en Cuba, el profesor Sigfrido Vázquez Cienfuegos ha señalado la presencia de amigos del Marqués en puestos importantes en el gobierno de la Junta Central y cómo estos, no sólo por amistad sino también por intereses propios, sin duda ayudaron por esta época a protegerlo de la propaganda negativa dirigida por sus críticos.[181] Pero el gobernador don Salvador de Muro sabía que estaba bajo asedio y calculaba sus pasos con extrema precaución.

Por ese motivo, cuando en junio de 1809 circuló en La Habana la noticia del nombramiento de su padrastro, el conde Montarco, para un alto cargo en el gobierno bonapartista, el Capitán general comprendió que esta información sería utilizada contra él por sus enemigos.[182] Salvador de Muro y Salazar, tomó el toro por los cuernos dirigiendo una carta al Secretario de Estado en funciones de la Junta Central Suprema en Cádiz, don Martín de Garay, ofreciendo su renuncia y relevo de «todo mando y destino» para quedar a salvo de las sospechas de los «malévolos» sobre su conducta. Pocas semanas después se recibió un Real decreto en que aparecía el nombre de Montarco entre quienes quedaban sujetos a la confiscación de todos sus bienes y Someruelos decidió circular públicamente un panfleto en que reproducía el texto de su carta renuncia; una copia del impreso se incluyó en el Libro del Cabildo habanero. Además de ofrecer la renuncia, el marqués enumeraba en la misma misiva cada una de las medidas que había tomado para exigir la fidelidad de los funcionarios de los territorios bajo su mando y proteger los intereses de la Corona; asimismo hacía

---

[180] Gómez Roubaud, *op. cit.*, pp. 45-6. El tema de la disposición de los bienes de los franceses en las provincias se discutió después en las Cortes de Cádiz (véase el Decreto XLVI de 22 de marzo de 1811).

[181] Vázquez, *Tan difíciles...*, p. 457.

[182] Este no fue el único vínculo de Someruelos con el gobierno de José I pues dos de sus superiores jerárquicos durante la guerra contra la Convención, el marqués de las Amarillas y el príncipe de Castelfranco, también formaban parte de la dirigencia bonapartista de Madrid (Vázquez, *Tan difíciles...*, p. 456).

relación de sus donaciones personales al esfuerzo bélico y sus promesas de futuros sacrificios personales. Por su contenido patriótico y los leales sacrificios que enumeraba, a este oficio de Someruelos se le reconoció valor propagandístico y se reprodujo en varias publicaciones fernandinas.[183]

En realidad, más que una renuncia, la carta de Someruelos bien podría considerarse una solicitud indirecta de un voto de confianza para continuar en su puesto. En efecto, en septiembre de 1809 la Junta Central rechazó la renuncia, le reiteró su confianza y confirmó al marqués de Someruelos en sus «cargos y empleos» lo cual —según opinara su esposa—, le permitía mantener su buen nombre y lo ponía «a cubierta sin que puedan herirle los malévolos».[184] En este caso había prevalecido la corriente liberal que coexistía en la Junta Central con quienes coincidían en buena medida en las ideas y los intereses del sector fidelista de La Habana liderado por el conde de Casa Barreto; estos "malévolos" continuaban al acecho y ellos también tendrían su turno.

Otra situación delicada para el Capitán general se suscitó el 18 de julio de 1810 con la llegada a La Habana del bergantín *San Antonio,* procedente de Norfolk con destino a Campeche. En él viajaba el joven mexicano Manuel Rodríguez Alemán y Peña quien fue inmediatamente cuestionado bajo sospecha de ser un agente bonapartista. Someruelos sabía que emisarios del "usurpador" José I habían cruzado el Atlántico para sonsacar a los indianos pues, al hacer escala en el puerto norteamericano de Norfolk, funcionarios españoles allí los habían detectado y mandado aviso

---

[183] El marqués de Someruelos, *Fidelísima nación española*, La Habana, 19 de julio de 1809, Archivo Histórico Nacional (AHN), Estado, leg. 59, N. 52; Felipe Abad León, "Los marqueses de Someruelos y La Rioja", *Berceo: Boletín del Instituto de Estudios Riojanos*, Núm. 90, 1976, pp. 103-28; "Noticias de España", *Correo de Tenerife*, Núm. 67, 2 de noviembre de 1809, pp. 529-32.

[184] "Contestación de la Junta Suprema á la representación del Marqués de Someruelos", *El Patriota compostelano*, N. 107, 30 de octubre de 1809, pp. 427-8; la marquesa de Someruelos a Garay, [¿?] de octubre de 1809, AHN, Estado, leg. 59, N. 66.

a La Habana. Traído ante el propio gobernador, Rodríguez Alemán demostró durante la entrevista gran ecuanimidad y destreza para ocultar su secreto, pero Someruelos decidió encarcelarlo y nombrar a un juez instructor para investigar el caso más a fondo. El gobernador favoreció con su selección al abogado Francisco Filomeno, hijo natural de Antonio Ponce de León, el auditor de Marina.[185]

Aunque Francisco de Santa Rita Filomeno había sido expuesto en la Casa Cuna en 1777, gozó de una crianza y educación privilegiada gracias a la atención de su progenitor; estudió Leyes en la Universidad de La Habana y después pasó a Madrid de donde regresó en 1805 como «Abogado de los Reales Consejos» y con permiso para ejercer la profesión de abogado en «su Patria», una dispensa difícil de obtener en esa época.[186] En Madrid, Filomeno manifestó una veta literaria cuando publicó una obrita comedia moralista y luego en La Habana procuró establecer un periódico.[187] Aunque no podía eludirlo siempre, trató de evitar el estigma social que representaba el apellido Valdés que se asignaba a los expósitos utilizando solamente sus nombres de pila hasta 1818.[188] En 1824 su padre, Antonio Ponce de León Maroto, reconoció legalmente como su hijo a Francisco Filomeno Ponce de

---

[185] *Calendario manual y guía ... 1809*, p. 184.

[186] Antonio L. Valverde Maruri, *Jurisconsultos cubanos. Biografías y retratos,* Cultural, S.A., La Habana, 1932, pp. 105-16; pasaporte emitido el 18 de agosto de 1805 por Miguel Cayetano Soler a Francisco Filomeno, AGI, Ultramar, 327, N 13.

[187] Francisco Filomeno, *El matrimonio casual: comedia original en tres actos,* Imprenta de Repullés y Vidal, Madrid, 1802; en la Biblioteca Nacional de Cuba José Martí existe un número prospecto sin fecha (c. 1820) de un "Diario liberal y de variedades de La Habana" de Francisco Filomeno y Ponce de León y Tiburcio Campe.

[188] En el registro de la propiedad no pudo Filomeno escapar al uso del apellido Valdés (Archivo Nacional, *Catálogo de los mapas, planos, croquis y árboles genealógicos existentes en el Archivo Nacional de Cuba, 6 tomos,* Imprenta del Archivo Nacional de Cuba, La Habana, 1961, p. 125.

León y Criloche.[189] Filomeno había formado parte de la comisión nombrada por Someruelos para identificar los autores de los tumultos contra los franceses en 1809.[190] A la llegada del mexicano Manuel Rodríguez Alemán, Francisco Filomeno era juez general de bienes de difuntos y ocupaba una oficina en el Palacio del gobernador.[191]

La cárcel pública estaba en el mismo edificio de la Capitanía General —al fondo, en la planta baja por la calle Mercaderes—, y allí en presencia del viajero, de Someruelos y su escribano, comenzó Filomeno ese mismo día el registro de los baúles donde encontró escritos y dibujos que aumentaron las sospechas de que estaba lidiando con un agente de Pepe Botella —como apodaban al Rey José Bonaparte sus enemigos. Delante de los mismos testigos, durante la sesión del día siguiente Filomeno trajo un carpintero a quien ordenó desarmar el más grande de los cofres y, ante el inminente descubrimiento de su secreto, Rodríguez Alemán abandonó su simulación y pidió hablar a solas con Someruelos; rechazada esa petición, él mismo extrajo de un falso fondo treinta tres pliegos que el ministro de José I, Miguel José de Azanza, dirigía a

---

[189] El caso de Filomeno (Ponce) sería citado como precedente cuando José de Arango y Núñez del Castillo y María Concepción Manzano, marquesa del Prado Ameno, solicitaron en 1837 la legitimación de los tres hijos que tuvieron producto de su relación extramarital «antes de enviudar ella de su marido» (Manuel Hernández González, *Liberalismo criollo y sacarocracia en Cuba. José Arango y Núñez del Castillo (1765-1851)*, Ediciones Idea, Santa Cruz de Tenerife, 2014, p. 31).

[190] Súplica de Filomeno al Rey de 7 de diciembre de 1810 solicitando la plaza que abandonaba por jubilación el oidor decano José Antonio Ramos (AGI, Ultramar 113, ff. 43-7).

[191] El juez de bienes de difuntos tomaba custodia del patrimonio que quedara sin titular por muerte de su dueño y debía liquidar y remitirlo a la Casa de Contratación en Sevilla para beneficio de los herederos o del estado, según las circunstancias (La institución está más ampliamente estudiada en: María Belén García López, "Los autos de bienes de difuntos en Indias", *Nuevo Mundo Mundos Nuevos* [En línea], Guía del investigador americanista, publicada el 30 de mayo de, 2010, párrafo 34, consultado el 7 de noviembre de 2016. URL: http://nuevomundo. revues.org/59829).

otros tantos funcionarios coloniales para atraerlos a su causa. Armado ahora con el cuerpo del delito, Filomeno presentó el caso ante un tribunal que condenó al reo a la horca. Recientemente autorizado por Cádiz para aplicar la pena capital a agentes enemigos, Someruelos firmó la sentencia y el día 30 se ejecutó a Rodríguez Alemán mientras los pliegos ofensivos ardían al pie del patíbulo.[192] José Antonio Saco recordó este caso como la «primera pena capital por infidencia a la patria impuesta en Cuba en el siglo XIX.[193]

La reputación del marqués de Someruelos quedó a salvo de este segundo intento bonapartista por socavar su lealtad al gobierno fernandino pero el riojano se benefició en esta ocasión de una cierta irregularidad, fortuita en apariencia. Para evitar suspicacias el asesor Filomeno había dispuesto que los pliegos sellados se guardaran en «el archivo secreto del escribano» hasta el momento de su inspección y antes de abrirlos se examinaron «á presencia del reo las obleas con que estaban cerrados». Con excepción del pliego dirigido al virrey de Nueva España, que incluía instrucciones para recompensar al emisario Rodríguez Alemán, los otros contenían los mismos papeles impresos: la Constitución de Bayo-

---

[192] Vázquez, *Tan difíciles...*, pp. 358-62; Francisco Filomeno, "Manifiesto de la causa seguida a Manuel Rodríguez Alemán y Peña, estractado substancialmente de los autos por el asesor que los formó licenciado don Francisco Filomeno, abogado de los Reales Consejos, juez general de bienes de difuntos de la ciudad de la Habana, e individuo de su Real Sociedad Económica" [La Habana y México, 1810], *Memorias de la Sociedad Patriótica de la Habana, Tomo XIV*, Imprenta del Gobierno y Capitanía General, La Habana, 1842, pp. 21-35; J. T. Medina, *La imprenta en La Habana (1707-1810). Notas bibliográficas*, Imprenta Elzeviriana, Santiago de Chile, 1904, p. 175. Álvaro de la Iglesia, ("Secreta venganza", *Tradiciones completas*, Editorial Letras Cubanas, La Habana, 1983 [1ª ed. 1915], pp. 206-9) ubica la horca «frente a las ursulinas», mientras Valverde (*op. cit.*, p. 110) afirma que la sentencia se ejecutó «en la Punta»; en efecto, José María de la Torre (*op. cit.*, p. 38), explica que el patíbulo de la plaza de las Ursulinas en «1810 se trasladó a la plaza de la Punta». Al desconocer la fecha exacta del traslado, no hemos podido resolver esta contradicción.

[193] José Antonio Saco y López Cisneros, *Papeles sobre Cuba*, 3 tomos, Ministerio de Educación, La Habana, 1960, t. I, p. 387.

na, dos papeles con noticias favorables a los franceses, una orden de José I sobre retención de los empleados públicos en sus puestos, y el oficio de remisión personalizado y firmado por Azanza. Este último era el único papel, además del propio sobre, en que se identificaba al destinatario. Para sorpresa de los examinadores —y gozo de Someruelos—, en el pliego dirigido al Gobernador y Capitán general de la isla de Cuba faltaba ese oficio de remisión. El asesor Filomeno comentó —a modo de explicación—, que la falta podría atribuirse a «la precipitación con que se disponían tales paquetes», pero dejó claro que «fuese este el verdadero motivo, ó bien que de intento se suprimiese, lo cierto es, que solo en el sobrescrito se dirigió el gobierno intruso al Capitán general.»[194]

En compensación a sus esfuerzos, se asignaron trescientos doce pesos fuertes al asesor Filomeno quien «los cedió generosamente para las urgencias del estado».[195] El folleto en que Francisco Filomeno describió aquel dudoso incidente del papel perdido se publicó en La Habana poco después que concluyera aquel proceso, pero para entonces ya los vecinos y el gobernador de La Habana tenían otros asuntos de que preocuparse.

Un relevo indeseado

La primera noticia del remplazo del marqués de Someruelos llegó a La Habana el 24 de mayo de 1810. El oficio notificaba al intendente de ejército, Juan de Aguilar, del nombramiento por real orden de 16 de abril del teniente general José Heredia y Velarde para sustituir a don Salvador de Muro como gobernador de La Habana, Capitán general de la Isla de Cuba y presidente de la Real Audiencia. La medida había sido tomada por el Consejo de Regencia que en enero había remplazado a la Junta Central en el gobierno de la España fernandina, y decía apoyarse en la renuncia

---

[194] Filomeno, "Manifiesto...", pp. 27.28; Vázquez, *Tan difíciles...*, pp. 361-2.
[195] Filomeno al Rey, 7 de diciembre de 1810, AGI, Ultramar 113, ff. 43-7

que Someruelos ofreciera en julio de 1809 —a pesar de que esta había sido rechazada por la Junta en septiembre. El cambio de gobierno coincidió con su establecimiento en la ciudad de Cádiz y su creciente dependencia de los intereses mercantiles gaditanos que se sentían frustrados ante el incumplimiento por parte de Someruelos de la prohibición del comercio con los norteamericanos con su sistema de aprobaciones individuales basado en las necesidades de la ciudad según le informara el Ayuntamiento. En junio llegó una nueva Real orden que el Consejo de Regencia había emitido el 30 de marzo imponiendo más restricciones a los barcos norteamericanos.[196]

Sin esperar la llegada de la notificación oficial —que demoraría hasta el 15 de julio—, Salvador de Muro reaccionó al anuncio de su relevo apelando la decisión basado en que su situación personal había cambiado pues la separación familiar que había sufrido por tantos años estaba pronta a terminar con el inminente arribo de su esposa e hijos a La Habana. Enumeró también sus muchos logros en la Isla y la región, las cuantiosas ayudas que él y su gobierno remitían a la Península y la tranquilidad que reinaba en el territorio a su cargo y «la lealtad de sus naturales».[197] En efecto, las contribuciones personales de los isleños a los gastos de la guerra eran cuantiosas y provenían de casi todos los ciudadanos distinguidos cuyos nombres se publicaban en Cádiz en largas listas en que se exaltaba la fidelidad de los habitantes de la Isla de Cuba.[198] La devoción al Rey alcanzó niveles inauditos cuando cuatro habaneras escribieron «al Consejo supremo de Regencia solicitando formar una compañía de 100 plazas entre las de su

---

[196] Vázquez, *Tan difíciles...*, pp. 347-50.

[197] Juan A. Patrón Sandoval, "La defensa de Tarifa durante la Guerra de la Independencia", *Al Qantir. Monografías y Documentos sobre la Historia de Tarifa*, núm. 13, Proyecto Tarifa2010, Cádiz, 2012, p. 212; Vázquez, *Tan difíciles...*, pp. 457-9.

[198] España, *Gazeta de la Regencia de España e Indias*, nos. 87, 89, 93, 104, 110, 118, 123, 127, 129, 133, 141 y 149, desde el 2 de julio hasta el 14 de noviembre de 1811.

sexo» para ser entrenadas en el manejo de armas y unirse a los ejércitos en la Península en defensa de «los derechos de nuestro soberano D. Fernando VII» costeándolo todo de su propio peculio.[199]

Luego de una década de ser regidos por el Marqués la población se había acostumbrado a su estilo de gobierno y la perspectiva de cualquier cambio le resultaba preocupante. Desde la protesta de los hacendados y los arrestos por la conspiración de 1809, el gobernador y el Ayuntamiento habían ideado un sistema que permitía el comercio con los norteamericanos a pesar de la prohibición impuesta por Cádiz y se temía que esta importante concesión cesaría con el remplazo de Someruelos (como en efecto ocurriría en 1812). Algunos habaneros estaban dispuestos a impedir por la fuerza la sustitución del Marqués; otros vieron en las tensiones creadas por el anuncio del relevo una nueva oportunidad para llevar a cabo cambios radicales. Entre los primeros estaba un veterano oficial de las milicias disciplinadas llamado Luis Francisco Bassave. Entre los segundos estaba de nuevo el irreprimible Román de la Luz.

---

[199] Las damas habaneras eran Juana Núñez de Villavicencio, Getrudis González de Urra, María Gregoria de Aranda y Buenrostro y María Dominga de los Reyes (España, *Gazeta de la Regencia de España e Indias*, n. 52, 7 de agosto de 1810, p. 486).

Casa de los Bassave
en Mercaderes esquina a Amargura

Firma de Luis Francisco de Bassave y Cárdenas

Un Capitán de "cortas luces"

Luis Francisco Bassave y Cárdenas[200] era un niño de ocho años cuando los ingleses tomaron La Habana, un suceso que afectó profundamente a su familia. Su padre, el coronel Luis Francisco Bassave y Espellosa, había formado y financiado una compañía de dragones que se distinguió en la defensa de la ciudad contra los ingleses en 1762; una vez perdida la plaza el Coronel pasó con su tropa a Cádiz hasta el final del conflicto. Por su parte, su madre, María de Jesús de Cárdenas y Castellón permaneció cuidando a su prole en La Habana donde, arriesgando vida y hacienda, escondió de las fuerzas de ocupación «porción considerable de los intereses» de la Corona hasta el restablecimiento del control de España con la llegada del nuevo gobernador y Capitán general, conde de Ricla.[201] Con la enérgica ayuda del general Alejandro O'Reilly, Ricla emprendió una enorme labor de construcción y reparación de fortalezas y reorganización de las fuerzas militares dirigidas a evitar otra pérdida de la plaza. Para mejorar el nivel de preparación de los futuros oficiales de la milicia, O'Reilly creó «la compañía de cadetes nobles» de La Habana. Contando sólo diez años de edad, Luis Francisco Bassave y Cárdenas obtuvo —seguramente comprada por su padre—, una preciada plaza de cadete en la compañía a la ingresó el 2 de junio de 1764; cuatro años después obtuvo una comisión en las milicias disciplinadas y el 3 de marzo de 1778 alcanzó el grado de Capitán del regimiento

---

[200] «Luis de Bassabe y Cárdenas, bautizado en La Habana el 18 de Octubre de 1753» (Endika, Irantzu y Garikoitz de Mogrobejo, *Diccionario hispanoamericano de heráldica, onomástica y genealogía*, Editorial Mogrobejo-Zabala, Erandio, s/f, v. XXV, p. 425). Aunque este apellido aparece a veces como *Basave*, *Bassabe* y más comúnmente como *Basabe*, aquí se escribe como lo hacía el propio Luis Francisco.
[201] Ambrosio Funes Villalpando Abarca de Bolea, conde de Ricla, gobernó la isla de Cuba de 1763 a 1765 (Pezuela, *Diccionario...*, t. II, pp. 379-81).

de Voluntarios de caballería ligera; entonces su carrera militar se estancó.[202]

Por la vía materna, Luis Francisco Bassave y Cárdenas y sus hermanos menores, Francisco y Nicolás, formaban parte de una de las más importantes familias de la Isla; dos de sus tíos, Agustín y Nicolás inaugurarían los marquesados de Cárdenas y Montehermoso y de Prado Ameno, respectivamente. Uno de los hermanos de Luis, Francisco, ligó a los Bassave a otras dos poderosas familias criollas con su matrimonio en 1785 con María Felicia de Jaúregui y Aróstegui. La unión era endogámica pues la novia era su sobrina segunda, pero esto era algo tan común por esa época que no transgredía las buenas costumbres. El vínculo sanguíneo lo tenían a través de Tomasa Bassave Espellosa quien era tía carnal de Francisco y abuela de María Felicia. Tomasa se había casado con el navarro Martín Aróstegui Larrea quien se distinguió en la industria y el comercio y como fundador de la Real Compañía de La Habana que dominaría el comercio con la Península por varias décadas. Una hija de ese matrimonio, María Ana Aróstegui Bassave, produjo con su esposo el comerciante Juan Tomás de Jáuregui Mayora,[203] una extensa prole que incluyó a un futuro delegado habanero a las Cortes de Cádiz, Andrés de Jáuregui y Aróstegui y también a María Felicia.[204]

---

[202] Bassave al Rey, 30 de agosto de 1794, "Luis Francisco Basabe. Agregaciones", AGS, SGU, LEG. 6866,33, f. 272; Bassave al Rey, 28 de febrero de 1811, AGI, Ultramar 113, ff. 59-60; a pesar del nombre, la compañía no estaba limitada a la nobleza y aceptaba niños de entre diez y catorce años (Bibiano Torres Ramírez, "Alejandro O'Reilly en Cuba", *Anuario de estudios americanos*, 24, Sevilla, 1967, pp. 1382-4).

[203] Según el Dr. Pérez Cabrera, Juan Tomás de Jáuregui era también abogado pues como tal defendió en 1783 al ex-Capitán general Juan Manuel de Cagigal de algunos de los cargos que se le formularon al implicársele en el caso por contrabando contra su edecán Francisco de Miranda (*op. cit.*, p. 37n).

[204] Cornide, *op, cit.*, pp.131-2, 181-2, 358-60; Montserrat Gárate Ojanguren y Juan Luis Blanco Mozo, "Martín de Aróstegui (1698-1756), fundador de la Real Compañía de La Habana", *Revista Hispano Cubana*, No. 2, Madrid 1998, pp. 73-9; Santa Cruz, *op. cit.*, t. II, pp. 222-3; Vázquez y Amores, *op. cit.*,p. 121; Leonor

Ese Francisco, el segundo de los hermanos Bassave y Cárdenas, se distinguió social y políticamente; en 1791 ya era alcalde ordinario[205] de la ciudad y luego aparecía con otros representantes de las más distinguidas familias en una delegación enviada ante el Rey para su aprobación «de la Sociedad económica de amigos del país de S. Cristóbal de la Habana».[206] Su vínculo matrimonial con las influyentes familias Jáuregui y Aróstegui —que prometía fortalecer lazos familiares que auguraban a los Bassave grandes ventajas de índole profesional, económica y social—, resultó todo lo contrario pues el matrimonio fracasó y el divorcio implicó un largo y amargo litigio que derivó en disputa familiar en que los esposos intercambiaron serias acusaciones y algunas alcanzaron a otros miembros de la familia.[207]

Arlen Hernández Fox, *El divorcio en la sociedad cubana (1763-1878)*, Editorial de Ciencias Sociales, La Habana, 2007, pp. 43-4, 52.

[205] Los alcaldes ordinarios eran funcionarios honorarios del Cabildo que eran electos, dos cada año, entre las personas de más prestigio e influencia; tenían voz y voto en los cabildos, dispensaban justicia civil y criminal de primera instancia y presidían las sesiones en ausencia del Gobernador.

[206] Arrate, op. cit., p. 246; la delegación consistía de Francisco José Bassave y Cárdenas, «el Conde de Casa Montalvo, D. Juan Manuel O-Farrill y D. Luis Peñalver y Cárdenas» (Real cédula de 14 de diciembre de 1792, José María Zamora y Coronado, Registro de legislación ultramarina y ordenanza general de 1803 para intendentes y empleados de Hacienda en Indias, Imprenta del Gobierno y Capitanía general por S.M., La Habana, 1839, pp. 448-58).

[207] Alegando «sevicia cruel e inhumano trato» (cargos rechazados por Bassave) María Felicia solicitó la aprobación eclesiástica para apartarse de su esposo, «cuya separación llaman los Teólogos *Divorcio*» aunque no implicaba el cese del matrimonio (Antonio Lobera y Abio, *El porqué de todas las ceremonias de la Iglesia y sus misterios*, Imprenta de Higinio Reneses, Madrid, 1836 [1ª ed. 1760], p. 335); para detalles del litigio véase Leonor Arlen Hernández Fox, "Espacios y transgresiones. Familia y mujer en Cuba durante el siglo XIX", Imilcy Balboa Navarro [ed.], *La reinvención colonial de Cuba*, Ediciones Idea, Santa Cruz de Tenerife, 2012, pp. 333-68; Sherry Johnson, "From Authority to Impotence: Arango´s Adversaries and Their Fall from Power during the Constitutional Period (1808-1823)", María Dolores González-Ripoll e Izaskun Álvarez Cuartero, editoras, *Francisco Arango y la invención de la Cuba azucarera*, Universidad de Salamanca, Salamanca, 2009, p. 201.

Un incidente de esa época sugiere que el pleito pudo llegar a afectar el buen juicio de Francisco José Bassave. Desde hacía algún tiempo se reportaban en La Habana temores por una posible conmoción popular debido a las inquietantes noticias que llegaban de Francia, de Saint Domingue, de Santa Fé de Bogotá y de la Nueva España; por otra parte, pasquines y denuncias sugerían una amenaza por parte de franceses o sus simpatizantes. Un terrible hecho de sangre vino a aumentar el nerviosismo en los vecinos: un esclavo que parecía haber enloquecido había macheteado a varias personas, entre ellas a diez niñas en una escuela, de las cuales tres murieron a causa de las heridas. Según informó el Capitán general don Luis de las Casas Aragorri en 1794, se presentó un día ante él «Don Francisco Bassave, sujeto de buena familia, pero no de buenas costumbres», para acusar a dos canarios que dijo le habían hecho «cuestiones impertinentes en un Café sobre la Potestad Real» y quienes creía ser de la «cuadrilla» de otros seis o siete que la noche anterior habían reaccionado violentamente cuando los contravino por estar «hablando de los rumores de levantamientos». Por orden del Capitán general, su teniente de Gobernador, José Ilincheta, dirigió la investigación en su función de asesor de gobierno; interrogados los acusados y algunos testigos presenciales, Ilincheta determinó que los comentarios y preguntas de los hombres eran inocentes y al descubrir que «Bassave tenía contra uno de ellos motivo de resentimiento personal», opinó que éste «probablemente quiso vengarse» aprovechando la desconfianza reinante.[208]

En 1804, la muerte de Francisco puso fin a la escandalosa disputa marital convertida en pleito legal que había empañado el lustre social de los Bassave y Cárdenas que sus hermanos no lo-

---

[208] Luis de las Casas al conde de Campo de Alange (ministro de Guerra, Manuel de Negrete y de la Torre), 13 de noviembre de 1794, AGI, Estado, 14, N. 98. Debemos señalar que el español Ilincheta estaba identificado con los criollos del influyente grupo que giraba en torno a Francisco de Arango y Parreño en que también participaría don Andrés de Jáuregui, el enemistado cuñado de Francisco Bassave.

grarían restablecer.[209] Casi simultáneamente a la crisis íntima de Francisco, su hermano mayor, el capitán Luis Francisco Bassave, también parece haber experimentado problemas personales. Luis Francisco se había casado en 1771 con María Antonia de Cárdenas y Díaz-Pimienta,[210] y al enviudar algunos años después, Bassave tomó la extraordinaria medida de ceder el cuidado de sus dos únicos hijos, Luis Anastasio y Francisco Rafael, a su hermano Francisco otorgándole poderes de «tutor y curador de ellos» y administrador de «sus cortos haberes» para asegurar su educación y carrera. Según Francisco, su hermano Luis había experimentado «atrasos de fortuna» y su decadente salud lo obligaba «a estar retirado en el campo».[211] Motivado al parecer por sus dificultades económicas, Luis Francisco Bassave llegó a pedir licencia para ausentarse de su puesto por dos años para reclamar el derecho que creía poseer «al Mayorazgo de la Casa de Basave existente en la

---

[209] La viuda María Felicia contrajo matrimonio de nuevo en 1807 con Nicolás Taboada y Moscoso, Oidor Honorario quien había sido prior y vicario general del obispado habanero — posición esta segunda en importancia sólo a la del obispo Espada—, y había renunciado para casarse con la viuda de Francisco Bassave (Hernández Fox, "Espacios...", p. 336; Vázquez y Amores, "En *Legítima...*", p. 121).

[210] La boda se celebró en la Catedral de La Habana el 8 de septiembre de 1771. María Antonia era hija de Rafael de Cárdenas Vélez de Guevara y Pita de Figueroa y de María de los Ángeles Díaz-Pimienta y González de la Torre, todos naturales de La Habana. Hasta aquí dos respetados genealogistas, el conde de San Juan de Jaruco, y Mogrobejo, están en completo acuerdo, pero difieren en la progenie: Jaruco nombró cuatro hijos y Mogrobejo sólo dos (Santa Cruz, *op. cit.*, v. III, pp. 72-3; Mogrobejo, *op. cit.*, p. 425). Lo cierto es que en 1795 el propio Bassave se refirió a Luis y Rafael como sus «dos únicos hijos» (Bassave al Rey, 21 de noviembre de 1795, "Luis Francisco Basabe. Agregaciones", AGS, SGU, LEG. 6866,33, f. 275).

[211] Francisco envió a sus sobrinos a la Península a estudiar en el Real Seminario Patriótico de Vergara, una escuela laica creada por la Real Sociedad Bascongada de los Amigos del País de la cual era socio (carta de Juan [Francisco] José de Basabe a José Antonio de Olaeta de 20 de diciembre de 1788, Bergarako Udal Artxiboa, Fondo Real Seminario, caja 7007-02, citado en Álvaro Chaparro Sainz, "Educación y reproducción social de las élites habaneras (1776-1804)", *Revista Complutense de Historia de América*, v. 36, 2010, pp. 193, 202).

Villa de Bilbao» de donde era oriundo. Sin reparo de sus superiores, ni del Capitán general Luis de las Casas, su solicitud fue concedida por Real decreto de 21 de noviembre de 1791 pero el viaje nunca se realizó pues, según explicaría después, Bassave estuvo incapacitado por nueve meses debido a achaques físicos.[212] Los problemas del capitán Bassave continuarían en aumento hasta llevarlo a un desenlace trágico.

El desempeño estrictamente militar de Luis Francisco Bassave no dio motivos de quejas en el regimiento, sin embargo, algunos de sus superiores coincidían en que el Capitán demostraba poca inteligencia y que su conducta personal dejaba mucho que desear. Estas apreciaciones determinaron que aun siendo Bassave «el capitán más antiguo de su Regimiento» con 26 años en ese cuerpo, cuando en 1794 surgió una vacante en la comandancia del cuarto escuadrón, el ascenso se concedió al capitán Sebastián de la Cruz; y cuando de la Cruz falleció poco tiempo después, fue remplazado por el joven José Lorenzo Montalvo y O´Farrill, un capitán agregado con poca experiencia, pero futuro conde de Casa Montalvo y sobrino del teniente coronel y del coronel del regimiento. La decisión se basó en el dictamen de ese último tío, el coronel Francisco José Calvo de la Puerta y O´Farrill, conde de Buena Vista, quien opinó sobre Bassave que «la antigüedad no contrapesaba sus cortas luces y conducta desigual». Naturalmente disgustado por estos desaires y alegando encontrarse «inquieto sin poder con libertad continuar su carrera en su propio Cuerpo», durante los próximos cinco años Bassave trataría de conseguir pase a otras fuerzas. Pero tales solicitudes requerían la aprobación del propio Rey cuya decisión descansaba en gran medida en los co-

---

[212] Bassave al Rey, 27 de junio de 1791, con el visto bueno del subinspector Domingo Cabello y el coronel Francisco José Calvo de la Puerta y O´Farrill, Conde de Buena Vista, "Luis Francisco Basave. Licencias a España", Archivo General de Simancas, SGU, LEG. 6846, 77, f. 368; Luis de las Casas al secretario de Guerra, Manuel de Negrete y de la Torre, Conde del Campo de Alange, 13 de agosto de 1791 (AGS, SGU, LEG. 6846, 77, ff. 366-7).

mentarios y opiniones que los oficiales superiores debían añadir a cada instancia.[213]

La primera instancia fue presentada por Luis Francisco Bassave ese mismo verano —cuando todavía en España se dirimía en los Pirineos la Guerra contra la Convención—, y el criollo pedía pase para el ejército «en uno de los regimientos de caballería» destacados en el frente. A su favor Bassave recitaba los méritos adquiridos por sus padres cuanto los ingleses tomaron La Habana; el servicio que ahora prestaban sus hijos Luis Anastasio y Rafael como guardiamarinas en la plaza de Cádiz; una cesión de sueldos de su difunto padre que hizo con sus hermanos Francisco y Nicolás para gastos de guerra; y sus propios largos años de servicio en la milicia que le otorgaban «opción a la Comandancia del 4º Escuadrón». Bassave también creyó útil recordar que el Rey ya le había concedido una vez licencia para pasar a la Península con el fin de reclamar el mayorazgo de su Casa y que no había podido usarlo por razones de salud primero, y el comienzo de la guerra después y que ahora, concluida la actual guerra, podría finalmente ir a Bilbao a hacer valer ese derecho.[214] La instancia contó con el apoyo de los dos superiores jerárquicos inmediatos del capitán Bassave en la milicia, el sargento mayor Manuel Álvarez[215] y el teniente coronel José Ricardo O'Farrill, pero el subinspector de las tropas no estuvo de acuerdo.

Desde 1788 ocupaba la subinspección general de ejército y milicia el brigadier Domingo Cabello Robles quien también servía de teniente de Rey de La Habana. Cabello había asumido interinamente la Capitanía General y el gobierno de la Isla hasta la lle-

---

[213] Expediente de...Basabe,"Luis Francisco Basabe. Agregaciones", AGS, SGU, LEG. 6866,33, ff. 268-279; Kuethe, *op. cit.*, pp. 181-9.

[214] Bassave al Rey, 30 de agosto de 1794, "Luis Francisco Basabe. Agregaciones", AGS, SGU, LEG. 6866,33, f. 272.

[215] El gaditano Manuel Álvarez y Lebrún de los Ríos y Rojas, entró en la Orden de Alcántara en 1795 (Vicente de Cadenas y Vicent, *Caballeros de la Orden de Alcántara que efectuaron sus pruebas de ingreso durante el siglo XVIII*, Ediciones Hidalguía, Madrid, 1991, t. 1, pp. 44-6).

gada de don Luis de las Casas cuando quien lo ocupaba, el brigadier José de Ezpeleta, fue ascendido a virrey de Nueva Granada.[216] El castellano Cabello contaba más de medio siglo de servicio en el ejército y había sido gobernador de Nicaragua y de Texas. Viejo y achacoso, Cabello se hallaba ya al final de su larga carrera y sufría de una incurable hidropesía.[217] En el caso de Bassave, Cabello creyó a bien señalar que,

«...sin embargo de ser el capitán más antiguo y de las mejores familias de esta Ciudad, no se le ha consultado para Comandante de Escuadrón por su limitado talento y desigual conducta, circunstancias que unidas a la disipación que ha hecho del casi todo de su caudal las hago presente a V.M. para su soberana resolución.»[218]

A pesar de los claros indicios del importante papel que el nepotismo jugó en la elevación del capitán Montalvo por encima de Bassave, como veremos a continuación, esto no necesariamente significa que las críticas al capitán Bassave se deban considerar infundadas o caprichosas. Entre las cualidades a tomar en cuenta para cubrir vacantes de jefes en el Regimiento, el reglamento especificaba la conducta del pretendiente y que tuviese «caudal suficiente con que sostener la decencia del Empleo» y desde hacía varios años —según su hermano Francisco—, Luis Francisco Bassave sufría de «atrasos de fortuna» que hasta le impedían cumplir

---

[216] Cabello gobernó desde abril de 1789 hasta julio de 1790 (Emma Dunia Vidal Prades, "José Pablo Valiente y la pesquisa sobre defraudación en La Habana (1785-1791)", *La excepción americana. Cuba en el ocaso del imperio continental*, editores Imilcy Balboa Navarro y José A Piqueras Arenas, Centro Francisco Tomás y Valiente, Alzira, 2006, p. 136; Juan Bosco Amores Carredano, *Cuba en la época de Ezpeleta (1785-1790)*, Ediciones de Universidad de Navarra, S.A., Pamplona, 2000, p. 449)

[217] "Domingo Cabello, Empleos", AGS, SGU, LEG, 6841, 96, f. 484-5; "Domingo Cabello. Antonio Raffelin. Grados", AGS, SGU, LEG, 6843, 18, f. 27.

[218] Bassave al Rey, 30 de agosto de 1794, "Luis Francisco Basabe. Agregaciones", AGS, SGU, LEG. 6866,33, f. 272; un censo de 1786-1788 reportaba a un «Luis Basabe» con un ingenio de azúcar y quince esclavos (Amores, *Cuba...Ezpeleta*, p. 496).

con sus obligaciones paternales.[219] Recientemente se había seleccionado a un candidato a una capitanía porque además de su nobleza «posee uno de los mayores caudales de la isla...»; Cabello tampoco apreciaba los otros avales enumerados por Bassave: los veía como «méritos de sus antecesores sin añadir ninguno personal» y opinaba que su extenso servicio en las milicias «no supone nada en época de paz».[220] El día 23 de noviembre el Capitán general Luis de las Casas dio curso a la instancia de Bassave haciéndose eco de las objeciones del subinspector Cabello y el 21 de marzo de 1795, prediciblemente, Carlos IV rechazó la petición de Bassave.[221]

Luis Francisco Bassave hubo de esperar ocho meses exactos antes de someter una nueva súplica pidiendo ahora traslado a uno de los regimientos «de Infantería veterana del reino de México.» Aquí otra vez Bassave profesaba su obediencia y su deseo de «continuar su carrera bajo los Reales Estandartes» a pesar de haber sido postergado a favor de Montalvo en el ascenso a comandante; pero no podía pasar por alto «que siendo dicho Montalvo un Capitán agregado que aún no cuenta cinco años de servicio, y que el suplicante tiene casi el doble de antigüedad que el nombrado Montalvo de edad» no le sería posible continuar en ese regimiento. Sin objeción de parte de sus dos jefes inmediatos, la instancia de Bassave no recibiría la atención del subinspector hasta el 22 de abril de 1796 cuando Domingo Cabello repitió el mismo informe condenatorio. Evidentemente, Bassave se había esforzado por eliminar las objeciones de sus críticos, pero el riguroso Cabello había escrito en su hoja de servicio que «aunque ha reformado

---

[219] *Reglamento para las Milicias de Infantería y Caballería de la Isla de Cuba*, Imprenta de la Real Casa de Niños Expósitos, Lima, 1793, pp. 59-60 [1ª ed., Madrid, 1769]; Carta de Basabe a Olaeta de 20 de diciembre de 1788, en Chaparro Sainz, *op. cit.*

[220] Citado en Amores, *Cuba en la época...*, pp. 445-6.

[221] Luis de las Casas al conde de Campo de Alange (ministro de Guerra, Manuel de Negrete y de la Torre), 25 de noviembre de 1794, AGS, SGU, LEG, 6866, 33, f. 271; AGS, SGU, LEG, 6866, 33, f. 269.

su conducta, no puede ser atendido porque su poco talento ha dado motivo a que se halle reducido a la mayor pobreza.» Sin embargo, en esta ocasión el gobernador de las Casas modificó su postura anterior sugiriendo ahora que —a pesar de no considerar a Bassave apropiado para mandar tropas veteranas por su «conducta extravagante» —, por sus méritos militares vería con buenos ojos su ascenso al «grado de Capitán de Ejército, o el de Teniente Coronel de Milicias.» No obstante, esto no alteró el resultado: el Rey no le concedió pase ni ascenso. Parece que el infortunado capitán resultó perjudicado por uno de los últimos actos oficiales del subinspector pues, sólo cinco días después de haber reiterado aquella opinión adversa a Bassave, su enfermedad obligó a Domingo Cabello a cesar definitivamente en todas sus funciones.[222]

Luis Francisco Bassave no intentó una nueva apelación al Rey hasta abril de 1800, bajo el recién instalado gobierno del nuevo Gobernador y Capitán general: el marqués de Someruelos. Ya Bassave no solicitaba ser trasladado a otras tierras, ahora sólo pedía ser agregado al Escuadrón de Dragones de La Habana con el mismo grado, es decir que deseaba pasar de Capitán de milicias a Capitán del Ejército regular con tal de salir de aquel Regimiento en que creía haber sido humillado y en el cual decía no poder continuar «con la libertad necesaria» sometido a las órdenes de quien había sido su subordinado. Al dar curso a la instancia del Capitán, Someruelos se mostró opuesto a ella alegando que la propuesta solamente beneficiaba a Bassave y no al gobierno. La tercera denegación Real no se hizo esperar y el capitán Luis Francisco Bas-

---

[222] "Luis Francisco Basabe. Agregaciones", AGS, SGU, LEG, 6866, 33 ff. 274-6; "Conde San Juan Jaruco. Juan Bautista Prats. Domingo Cabello", AGS, SGU, LEG, 6874, 13 ff. 133-4; Cabello regresó a Nicaragua y allí murió en 1801 (Enrique San Pedro Xiqués, *Reseña cronológica muy abreviada de los gobiernos coloniales de la Isla de Cuba durante las dominaciones española, inglesa y norteamericana*, edición privada, Miami, 1979, p. 116).

save se vio aparentemente condenado a permanecer en la misma incómoda situación que tanto detestaba.[223]

Puesto que los Capitanes de milicias no gozaban de sueldo —a menos que fuesen llamados a las armas en caso de guerra—, el reglamento les permitía «admitir la Vara de Alcalde, ú otros Empleos de Cabildo» pero Luis Francisco Bassave no logró obtener ni el uno ni el otro para mitigar su penuria.[224] Sin embargo, algún alivio pecuniario pudo recibir cuando, a la muerte de su hermano Francisco, él y su otro hermano Nicolás, vendieron la casona familiar de Mercaderes 27 (hoy 213) por una cantidad importante para la época aunque se debía satisfacer varias deudas antes de beneficiar a los hermanos.[225]

Para los soldados las guerras ofrecen oportunidades de ascenso que no existen en la vida de campamento, pero a pesar de los frecuentes conflictos entre España y sus vecinos europeos, en La Habana no se olió la pólvora por muchos años. Cuando más cerca estuvo el capitán Luis Francisco Bassave de entrar en combate fue en 1808 cuando las autoridades temían una inminente agresión de los ingleses y desplegaron fuerzas para evitarla. Los británicos llegaron a efectuar pequeñas incursiones para capturar esclavos cerca de las costas y la más cercana a La Habana ocurrió en Bahía Honda, a unos setenta kilómetros de distancia al oeste. Con dos

---

[223] "Luis Francisco Basabe. Agregaciones", AGS, SGU, LEG, 6866, 33 ff. 275, 277.

[224] *Reglamento...*, *op. cit.*, p. 34.

[225] Nicolás Bassave y Cárdenas, nacido en 1762 casó primero con Francisca de Cárdenas y Díaz-Pimienta, hermana de la esposa de Luis Francisco quien, como aquella, también falleció; casó después con Úrsula de Alburquerque (Mogobejo, *op. cit.* pp. 424-5). Según se ha reportado, el precio de venta de Mercaderes 27 alcanzó los 30,000 pesos pero además de reducida por los gravámenes del fisco, esa cantidad debía cubrir también una hipoteca por unos 4,000 pesos de 1799; 2,000 pesos por una accesoria que Francisco había vendido con pacto de retro en 1803 y por el monto acumulado de dos capellanías (impuestos a favor de la Iglesia) donadas por la abuela María Felicia Espellosa en 1761 (Beatriz Rodríguez Basulto, "Dos Casas en tres siglos", *Gabinete de Arqueología 3*, La Habana, 2004, pp. 123-30).

compañías a su mando Bassave fue asignado a cuidar la costa de Boca Ciega, al este de la ciudad, donde reinó la más completa tranquilidad.[226]

En septiembre de 1809 los nombres de Luis Francisco Bassave y su hijo mayor, Luis Anastasio, aparecen entre los firmantes de la instancia que los productores habaneros esperaban sirviera de arma a Someruelos para conseguir la libertad de comerciar con los norteamericanos.[227] Este hijo, el teniente de fragata de la Real Armada, don Luis Anastasio Bassave y Cárdenas, era ya un veterano de seis años de la guerra anglo-hispana que duró hasta 1802 y había sobrevivido varios enfrentamientos navales, más recientemente un reñido combate en las costas de Castellón en que ayudó a salvar un convoy que se dirigía a Valencia. Ni Luis Anastasio ni su hermano Rafael habían sobresalido académicamente en el Seminario de Vergara, pero el alférez de fragata Rafael también se distinguió por su valor cuando formando parte de una unidad de quinientos hombres logró rechazar el desembarco de unos 12,000 ingleses que intentaban tomar la importante plaza de El Ferrol; Rafael Bassave resultó herido en esa acción y un año después murió cuando su navío, el *Real Carlos*, tomó por enemigo a su gemelo, el *San Hermenegildo*, y ambos se incendiaron y explotaron con un alto costo en vidas humanas. Las heroicidades de estos muchachos habaneros —ignoradas por la historiografía cubana—, enaltecieron el nombre de su ciudad natal.[228]

---

[226] Luis Francisco Bassave al Rey, 28 de febrero de 1811, AGI, Ultramar, ff. 59-60; Francisco J. Ponte Domínguez, *La Junta de La Habana en 1808*, Editorial Guerrero, La Habana, 1947, p. 17.

[227] Vázquez, *Tan difíciles...*, pp. 341-3.

[228] Álvaro Chaparro Sainz, *La formación de las élites ilustradas vascas: El Real Seminario de Vergara (1776-1804)*, director: José María Imízcoz Beunza, Tesis doctoral, Universidad del País Vasco, Barakaldo, 2009, pp. 260, 293; Agustín Ramón Rodríguez González, "Operaciones navales en la historia de Castellón", *Boletín de la Sociedad Castellonense de Cultura*, t. LXXVII, Castellón, 2001, pp. 369-378; del diario del jefe de la flota, el general Moreno, reproducido en F. P. Pavía, "Biografía del Teniente General de la Armada Juan Joaquín Moreno", *La Marina*. t. I, Madrid, 1856, pp. 335-6, 424; Santa Cruz, *op. cit.*, t. III, p. 73. Otro

Luego de toda una vida huérfana de reconocimiento oficial, un hecho realmente trivial resultó motivo de orgullo para Luis Francisco Bassave. Cuando se desató la «conmoción de los Negros» en la primavera de 1809 el capitán Bassave había sido el primero en dar la noticia a Someruelos —un hecho puramente fortuito pues aquella conmoción fue consecuencia de un incidente insignificante que devino espontáneamente en agresiones y saqueo contra los franceses. Más sustancial resultaría el desempeño de Bassave en la represión de aquel motín cuando hubo de salir «a contenerlos con su Compañía, donde se le reunieron tres más, las que tuvo bajo sus órdenes, desempeñando con puntualidad, lo que se le mandaba»; pero esto tampoco le deparó recompensa alguna. No obstante, Luis Francisco Bassave daría gran importancia al haber escuchado a Someruelos decir que él había sido «el primero que le avisó» de aquel suceso.[229]

La noticia llegada en mayo de 1810 anunciando el remplazo de Someruelos causó descontento a varios niveles en la Isla de Cuba y pronto «se hicieron representaciones al Consejo de Regencia por los ayuntamientos de las ciudades de La Habana y Santiago de Cuba, por la Junta Económica y de Gobierno del Real Consulado, por la Universidad de La Habana» a favor de la continuación del Marqués en sus cargos.[230] El capitán Luis Francisco Bassave asumió una posición más radical para demostrar su apoyo al Capitán general al manifestarse dispuesto a impedir por la fuerza el desembarco del nuevo gobernador procedente de la Península.

---

posible pariente de Luis Bassave, don «José María Basave» era por esa época oficial mayor de la Contaduría del ejército (AGI, Ultramar, 126, N. 21 y 61).
[229] Luis Francisco Bassave al Rey, 28 de febrero de 1811, AGI, Ultramar, ff. 59-60
[230] Someruelos a Gracia y Justicia de 30 de enero de 1811, n° 264, AGI, Cuba, 1752, citado en Vázquez, *Tan difíciles...*, pp. 462-3.

Otra vez Caracas

Junio de 1810 resultó ser un mes trascendental en La Habana pues, además del anuncio de la inminente destitución y reemplazo del Capitán general también se recibieron importantes nuevas de Tierra Firme.[231] De Caracas se reportaba que en abril una coalición de civiles y militares había creado una Junta Suprema de Gobierno en Caracas para remplazar y expulsar del país al Capitán general Vicente Emparan. Tal parecía que al problema que representaba la imposición de un nuevo Capitán general de la Isla de Cuba, la providencia proveía una solución: la toma de decisiones independientes del gobierno gaditano. Por su parte, el capitán Bassave ofreció a Someruelos el apoyo de las armas.

Luis Francisco Bassave comunicó a Someruelos su rechazo al reemplazo y su determinación a resistir «la entrada de un nuevo Gobernador». Naturalmente, Salvador de Muro y Salazar trató de disuadir al Capitán, pero no tomó medidas para interrumpir la labor proselitista que Bassave desarrollaba entre militares y civiles. No hay que dudar que Someruelos haya hecho la vista gorda con Bassave pendiente de las gestiones que se hacían a su favor en Cádiz y en La Habana y de la elección de delegados a Cortes por la Isla de Cuba quienes también se opondrían a su destitución.[232]

---

[231] Someruelos a Gracia y Justicia, 5 de junio de 1810, AGI, Cuba, 1752, n° 226 citado en Vázquez, "La comisión...", p. 235. En un aparente desliz se ha dicho erróneamente que en mayo de 1810 la junta de Caracas envió una invitación a una inexistente «Cuban *junta superior*» (Hugh Thomas, *Cuba. The Pursuit of Freedom*, Harper & Row, New York, 1971, p. 90; Rosario Sevilla Soler, "Cuba: los primeros enfrentamientos políticos (1808-1826)", Arbor CXLIV, marzo 1993, p. 86, http://digital.csic.es/bitstream/10261/5003/3/Cuba-Arbor.pdf, consultado el 16 de enero de 2017).

[232] Entre los aliados de Someruelos en la Península se hallaban el antiguo Intendente de La Habana y ahora ministro del Consejo de España e Indias, José Pablo Valiente y su discípulo, el teniente coronel Claudio Martínez de Pinillos. Pinillos, futuro segundo conde de Villanueva quien recibió la medalla de Honor por su comportamiento en la batalla de Bailén y en 1810 era apoderado del Ayuntamiento y Consulado de La Habana (Manuel Ovilo y Otero, *Biografía del Excmo. Señor Don Claudio Martínez de Pinillos, Conde de Villanueva*, Imprenta del Tiem-

Las noticias de Caracas contribuirían también a la incertidumbre del Gobernador; al enterarse de los sucesos de Venezuela, Someruelos había reclutado al recientemente nombrado Oidor de la Audiencia de Caracas, José Francisco Heredia y Mieses para que contactara con los rebeldes, tratase de mediar en el conflicto y lo mantuviese informado de la situación en aquella convulsa colonia.[233] Como Someruelos no tenía poder jurisdiccional sobre Venezuela, su marcado interés por lo que allí sucedía hace pensar que el Gobernador exploraba las posibilidad de que el precedente caraqueño pudiese ofrecerle nuevas opciones ante su indeseado relevo. Esa esperanza de Someruelos se tornaría en preocupación con la llegada a La Habana del depuesto Capitán general de Venezuela.

El 9 de septiembre de 1810 llegó a La Habana el mariscal de campo Vicente Emparan y Orbe, recién embarcado hacia Filadelfia por los regidores caraqueños.[234] Emparan había actuado con mucha moderación para reprimir una conspiración militar que le fue denunciada en los primeros días de abril. En algunas versiones españolas, se afirmaba que la denuncia provino de las filas de los propios conspiradores. No obstante, pocos días después, el Cabildo exigió su renuncia y tomó el control del gobierno.[235] Con este relato de Emparan aún fresco en su mente, cuando una denuncia similar llegó a oídos de Someruelos pocas semanas después, el

---

po, La Habana, 1851, p. 4). Los diputados suplentes que pedirían el relevo de Someruelos eran el marqués de San Felipe y Santiago y Joaquín Santa Cruz (Elías Entralgo Vallina, *Los diputados por Cuba en las Cortes de España durante los tres primeros períodos constitucionales*, Imprenta El Siglo XX, La Habana, 1945, pp. 14-6).

[233] Vázquez, "La comisión ...", pp. 227-8; Rafael Esténger, *Heredia. La incomprensión de sí mismo*, Editorial Trópico, La Habana, 1938, pp. 166-7.

[234] Vázquez, "La comisión...", p. 253.

[235] Arístides Rojas, "Recuerdos de 1810", José Félix Blanco y Ramón Azpurúa, *Documentos para la historia de la vida pública del Libertador de Colombia, Perú y Bolivia*, Imprenta de La Opinión Nacional, Caracas, 1876, pp. 423-30.

gobernador abandonó su política de «disimular mucho y castigar poco» para tomar en su lugar medidas inmediatas y rigurosas.

Luego de una separación de más de once años Salvador de Muro y Salazar pudo finalmente reunirse con su familia en el verano de 1810. Desde que tropas francesas ocuparan por segunda vez su terruño de Logroño, la esposa, María de la Concepción Vidaurreta y Llano, su hijo Joaquín José y su hija Petra, de 12 y 10 años, respectivamente, habían sufrido todo tipo de escaseces mientras vagaron durante dos años tratando de alcanzar territorio fernandista.[236] Reunido ahora con su familia, Someruelos tenía aún más razones para querer permanecer en su puesto y las circunstancias pronto le ayudarían a conseguirlo.

En Cádiz la situación se inclinaba decididamente a favor de don Salvador de Muro y Salazar según avanzaban los preparativos para la inauguración de las Cortes Generales y extraordinarias que finalmente celebraron su primera sesión el 24 de septiembre de 1810. Esa misma noche, los delegados declararon que la soberanía residía en ellos y exigieron a los miembros del Consejo de Regencia formalizar su sometimiento en sesión pública, hincados de rodillas ante los delegados y con la mano sobre la Biblia, hacer «reconocimiento y juramento de obediencia a las Cortes Generales de la Nación».[237] Los regentes pidieron en repetidas ocasiones que se les concediese la renuncia a lo cual las Cortes finalmente accedieron el 28 de octubre.[238] Mientras esperaban ser relevados, los regentes se habían retractado de su decisión de unos meses atrás

---

[236] "Noticias de España", *Correo de Tenerife*, Núm. 67, 2 de noviembre de 1809, p. 531; Filomeno, *Elogio...*, p. 19;

[237] Los regentes humillados fueron Francisco de Saavedra, Xavier de Castaños, Antonio de Escaño y Miguel de Lardizábal y Uribe; el quinto miembro y a la sazón Presidente del Consejo, el Obispo de Orense, Pedro Benito Antonio Quevedo y Quintano, alegando estar indispuesto no participó en aquel espectáculo (España, *Diario de sesiones...*, v. I, pp. 3-4).

[238] España, *Colección de los decretos y órdenes que han expedido las Cortes Generales y extraordinarias desde su instalación en 24 de septiembre de 1810 hasta igual fecha de 1811*, Imprenta Real, Cádiz, 1811, p. 11.

cuando habían elegido al teniente general José de Heredia para sustituir al marqués de Someruelos; ahora —sin siquiera mencionar al Capitán general de Cuba—, el Consejo designaba al general Heredia para asumir la secretaría de Estado y del despacho universal de la Guerra.[239] Poco tiempo después, el nuevo Consejo de Regencia ratificó oficialmente a Someruelos en sus cargos.

Una pareja dispareja

La pequeña hija del marqués de Someruelos había sobrevivido las penurias de la guerra y la travesía desde la Península pero a poco de su llegada a La Habana la niña de diez años de edad contrajo una «fiebre maligna» que le arrebató la vida en muy corto tiempo. La noche del 4 de octubre de 1810 el cadáver de la infortunada Petra fue expuesto en una de las salas del Palacio que había sido habilitada para ese propósito. Por lo lamentable de tan sentida pérdida y la alta posición del padre, al velatorio concurrieron «las autoridades del pueblo y los vecinos más condecorados» a acompañar a la familia en sus sentimientos.[240] Mas no todos los visitantes vinieron a ofrecer su pésame.

Aquella noche de velorio en Palacio, Román de la Luz se acercó al teniente de Rey Manuel Artazo con noticias alarmantes: «la gente de color» estaba fomentando una insurrección contra el gobierno para el día 7, en sólo tres días. Luz explicó que «sabía dónde se hallaban reunidos los sediciosos» y pidió al gobierno «gente armada para salir autorizado a su frente, reunir después otras de su facción» y con ellas «dispersar la rebelión». La grave-

---

[239] España, *Gazeta de la Regencia de España e Indias*, n. 80, 11 de octubre de 1810, p. 782.

[240] Filomeno, *Elogio...*, pp. 19-20. Cinco años después de los hechos, Filomeno dio el día 3 de octubre de 1810 como la fecha del velatorio, pero ambos Román de la Luz (seis años después) y Someruelos (sólo 12 días después) lo sitúan en el día 4 (Román de la Luz al Rey, 21 de junio de 1816, AGI, Ultramar, 27, N. 33; Someruelos a Sierra, 16 de octubre de 1810, AGI, Ultramar 113, ff. 27-8).

dad de la noticia le hizo obviar la importunidad y Artazo no perdió tiempo en buscar a Someruelos para reportar el incidente.[241]

En mayo de 1804, al veterano coronel del regimiento de Luisiana, Manuel Artazo Torre de Mer, se le había concedido pasaporte para trasladarse de Cádiz a La Habana acompañado de su criado.[242] En agosto de 1805, probablemente con la recomendación del propio marqués de Someruelos, Carlos IV designó a Artazo «Teniente de Rey de la plaza de la Havana, y Cabo subalterno del Capitán General de la Isla de Cuba».[243] Desde 1807, ya con el grado de brigadier, Artazo ocupaba también el puesto de Inspector General de infantería y caballería de la Isla de Cuba que equivalía a la jefatura militar de la plaza. El teniente de Rey debía asumir el mando del gobierno por ausencia o incapacidad del Capitán general, y así Manuel Artazo se había convertido en el segundo hombre más importante en el gobierno isleño.[244]

Salvador de Muro y Salazar tenía a su vista el cadáver de su única hija cuando Manuel Artazo se le acercó para informarle de la denuncia que había hecho Román de la Luz de una conjura sediciosa.[245] La similitud con los hechos de Caracas que pocos días antes había relatado el destituido Capitán general de Venezuela era innegable y esto pudo influir en la reacción del marqués de

---

[241] *Ibídem*, p. 20; Someruelos a Sierra, 6 de diciembre de 1810, AGI, Ultramar 113, ff. 37-42; Román de la Luz, *Representación*....

[242] Pasaporte expedido al coronel Manuel Artazo, 2 de mayo y licencia de embarco de 14 de mayo, de 1804, AGI, Arribadas, 439B, N. 275.

[243] España, *Gazeta de Madrid* del martes 6 de agosto de 1805, La Imprenta Real, n. 63, p. 674.

[244] *Guía de forasteros de la siempre fiel Isla de Cuba para el año 1873*, Imprenta del Gobierno y Capitanía General, La Habana, 1873, p. 47; Serapio Baqueiro, *Reseña geográfica, histórica y estadística del estado de Yucatán desde los primitivos tiempos de la península*, Imprenta de Francisco Díaz de León, México, 1881, pp. 46, 59. Artazo fundió su segundo apellido en «Terredemer» en sus publicaciones como gobernador de Yucatán de1812 a 1815 (J. T. Medina, *La imprenta de Mérida de Yucatán (1813-1821)*, Imprenta Elzeviriana, Santiago de Chile, 1904, p. 17).

[245] Someruelos a Sierra, 6 de diciembre de 1810, AGI, Ultramar 113, f. 37.

Someruelos en esta ocasión. Considerado «tardo en resolver» hasta por sus admiradores, ahora Someruelos no titubeó en «dar sus disposiciones para indagar y contener la conspiración que se le había denunciado.»[246]

Para dirigir las investigaciones Someruelos nombró al propio teniente de Rey Manuel Artazo y para asesorarle designó al licenciado Francisco Filomeno.[247] Ambos, el militar Artazo y el abogado Filomeno, habían obtenido permiso para viajar a La Habana en agosto de 1805 por lo que es muy probable coincidieran en el mismo barco. De lo que no hay duda es que, a poco de su llegada, los dos comenzaron a servir a Someruelos hasta llegar a convertirse en muy cercanos colaboradores y hombres de confianza del Capitán general; una condición que no se adquiere sin saber reconocer los deseos del Jefe, y respetarlos. Artazo y Filomeno habían contribuido a restaurar el orden cuando en marzo de 1809 «una parte de la chusma de negros y mulatos» —al decir de Someruelos—, se había amotinado contra los franceses. Asignados al campo y las barriadas de color en extramuros, Artazo había reprimido a los revoltosos con la fuerza, y Filomeno con la pluma, investigando los hechos y llegando a iniciar más de veinte procesos criminales contra los participantes. Más recientemente, el juez general de bienes de difuntos Filomeno había demostrado sus poderes de deducción en el caso del infortunado agente bonapartista Rodríguez Alemán y, fiel a la parte de su lema de «procurar saberlo todo», Someruelos aprovechó a menudo esas dotes detectivescas de Filomeno para formar «sumarias indagatorias de la conducta de varias personas que se han hecho sospechosas».[248] Pocas horas

---

[246] Filomeno, *Elogio...*, pp. 21, 24.

[247] Según Someruelos, los nombramientos de Artazo y Filomeno fueron hechos «[a]l momento»; por su parte, Filomeno recordaría haber sido comisionado el día 5 de octubre (Someruelos a Sierra, 16 de octubre de 1810, AGI, Ultramar 113, f. 27; Filomeno a las Cortes, 7 de diciembre de 1810, AGI, Ultramar 113, f. 46).

[248] Someruelos a Sierra, 6 de diciembre de 1810, AGI, Ultramar 113, ff. 37-42; Jacobo de la Pezuela, *Ensayo histórico de la Isla de Cuba*, Imprenta Española de

después de la visita de Román de la Luz, el soldado y el sabueso se dieron a la tarea de reprimir la nueva conspiración.

Ya en 1810 Manuel Artazo era un viejo militar que había servido en la Luisiana y las Floridas antes de ser nombrado teniente de Rey en Cuba.[249] Cuando dos años después Artazo pasó a la Capitanía General de Yucatán, allí se dijo que no conocía «otros libros que los que tenían relación con su carrera» y carecía de voluntad propia, aunque tenía la virtud de la obediencia.[250] Mientras a Artazo se le achacaba pocas entendederas, el asesor Filomeno era todo lo contrario. Filomeno se distinguía por su inteligencia y habilidad y se había granjeado el respeto de sus vecinos. Sus relaciones con el estamento clerical eran también excelentes; durante su estancia en España Filomeno había trabado amistad con Juan José Díaz de Espada —quien fuera nombrado Obispo de La Habana desde 1800—, y era amigo íntimo del prior y vicario general de la diócesis de la ciudad, Juan Bernardo O´Gavan y Guerra.[251] Aunque estaba apenas comenzando su carrera, ya Filomeno contaba una impresionante cadena de éxitos que auguraba una pronta represión de la conspiración.

Doce días después de la proposición de Román de la Luz a Manuel Artazo, el Capitán general de la Isla de Cuba pudo redactar un breve informe sobre la proyectada «conspiración contra el Gobierno y los vecinos honrados del pueblo» informando que, gracias a la actividad desplegada por Artazo y Filomeno, muchos de los autores estaban ya presos y que el pueblo permanecía «en la

---

R. Rafael, New York, 1842, p. 421, *Historia de la Isla de Cuba*, Cárlos Bailly-Bailliere, Madrid, 1868-1878, t. III, p. 397.

[249] Correspondencia al gobernador de la Luisiana (entre 1788 y 1807, AGI, Cuba, 142.

[250] Eligio Ancona del Castillo, *Historia de Yucatán desde la época más remota hasta nuestros días*, Imprenta de Jaime Jepús Roviralta, Barcelona, 1889 [1ª ed. 1881], pp. 35-6. Artazo falleció en Mérida en 1815.

[251] Miguel Figueroa y Miranda, *Religión y política en la Cuba del siglo XIX. El Obispo Espada visto a la luz de los archivos romanos (1802-1832)*, Ediciones Universal, Miami, 1975, pp. 18, 124, 140-1.

mayor tranquilidad y sumisión.»[252] Solamente el ciclón de *La escarcha salitrosa* que sacudió la ciudad el 25 y 26 de octubre pudo interrumpir momentáneamente las diligencias que acumulaban datos sobre las posibles ramificaciones de la conjura hasta crear un voluminoso expediente contra los implicados. El procedimiento legal fue decididamente unilateral pasando de la etapa investigativa directamente a la sentencia sin semblanza de juicio en que los acusados tuviesen oportunidad de defenderse de las acusaciones; los reos no tuvieron representación legal y ni siquiera pudieron presentar testigos a su favor.

El 29 de octubre Someruelos decretó la formación de «una Junta de Letrados condecorados y de crédito» para avalar la decisión a tomar sobre la conspiración. El grupo consistía del auditor de Guerra, Domingo Santibáñez, y los licenciados Luis Hidalgo Gato y José María Sanz.[253] Los dos últimos eran respetados abogados criollos que había asesorado a varias entidades del gobierno y poco después compartirían de nuevo responsabilidades en la Junta de Censura que se creó para lidiar con la libertad de prensa que promulgaron las Cortes en noviembre de 1810 y evitar «los desmanes» de algunos publicistas.[254] Por petición de Someruelos, al grupo se incorporó también el oidor Decano José Antonio Ramos cuya misión era compartir con la Junta sus conocimientos acerca de los conspiradores de 1809 para que aquellos precedentes sirvieran de agravantes contra los reincidentes.

El 5 de noviembre, «en las Salas Capitulares» que estaban ubicadas en la propia Capitanía General, se reunieron el comisionado Manuel Artazo, el asesor Francisco Filomeno, el oidor José Antonio Ramos, los letrados de la Junta Domingo Santibáñez, Luis Hidalgo Gato y José María Sanz, en presencia de José de Salinas, el escribano. Según el informe que firmaron todos, allí se leyeron las doscientas cincuenta y nueve hojas de papel que con-

---

[252] Someruelos a Sierra, 16 de octubre de 1810, AGI, Ultramar 113, ff. 27-8.
[253] Someruelos a Sierra, 6 de diciembre de 1810, AGI Ultramar 113, ff. 37-42.
[254] Valverde, *ob. cit.*, pp. 33-43

tenían «las confesiones de los reos, y demás diligencias» y luego de «prolijo examen» —que no parece haber consumido mucho tiempo—, y de «reflexionar cuanto parece oportuno», se llegó a una decisión unánime. Pero del informe de la Junta se trasluce una marcada distinción entre dos grupos de reos: uno consistía de quienes, con Román de la Luz a la cabeza, conspiraban por separar la Isla de España y declararla independiente, y el otro reunía a aquellos que aceptaron el plan del capitán Luis Bassave a favor de la permanencia del marqués de Someruelos en el gobierno. Unos a favor y otros en contra del gobierno de la Isla, pero todos caprichosamente encausados en el mismo proceso. Como dato inquietante para los reos debemos recordar que tres de los cinco miembros de la Junta que ahora presidía Artazo —Filomeno, Ramos y Sanz—, habían conformado el "tribunal" que unos meses antes había dictado la primera condena a muerte por motivos políticos en la Isla de Cuba.[255]

Las 259 hojas que, según se dijo, contenían las diligencias y declaraciones de reos y testigos están perdidas y con ellas gran parte de los pormenores de las conspiraciones de Luz y de Bassave. Las cartas que acompañaron las diligencias en su trayecto de La Habana a Cádiz, eran tres: el informe de Junta, otro informe de Junta de carácter reservado y el de 6 de diciembre de 1810 que el propio Someruelos añadió al paquete. Estos tres informes componen una abreviada versión oficial de los hechos en que se ofrecen pocos detalles que fueron obviamente seleccionados para justificar las sentencias dictadas. No obstante, con ellos y con algunas pistas adicionales halladas en las manifestaciones de los reos en el destierro, se pueden atar algunos cabos.

---

[255] Filomeno, "Manifiesto...", p. 31.

Francisco Filomeno
Ponce de León y Criloche

La intentona independentista de 1810

Como hemos dicho, la noche del velorio de la hija de Someruelos —cuando era de pensar que el Gobernador no estaría disponible—, Román de la Luz se acercó a quien, en ausencia o indisposición del propietario, era el Jefe civil y militar de la Isla, el teniente de Rey Manuel Artazo. Don Román explicó que conocía el lugar dónde se reunía «gente de color» que planeaban una conmoción popular para coincidir, el domingo 7 de octubre, con la fiesta del Santísimo Rosario de Nuestra Señora. Román de la Luz se ofreció para dirigir algunos hombres armados que Artazo le pudiera facilitar para, unidos a otros patriotas con quienes podía contar, «dispersar la rebelión». Quizás un militar con más iniciativa propia hubiese tomado alguna decisión, pero Manuel Artazo optó por pedir instrucciones aun a costa de interrumpir al Marqués cuando «lloraba retirado la sensible pérdida que experimentaba». Someruelos dijo haber reconocido en el acto que, con «el velo de buen ciudadano y procurando la salvación de la patria» del peligro de una sublevación de negros, Román de la Luz planeaba utilizar la fuerza armada que requería para, junto a los suyos, atacar «al Gobierno y a los ricos propietarios» —la inclusión por Someruelos de los ricos propietarios como blanco de la conspiración servía para alinear los intereses de estos con los del Gobierno. Allí mismo Someruelos facultó a Manuel Artazo para reprimir los planes subversivos y luego nombró a Francisco Filomeno como su asesor para dar inicio a las diligencias judiciales pertinentes.[256]

Al no disponerse de indicios de la existencia de aquella conspiración de gente de color que Román de la Luz "denunció", debemos aceptarla —como lo hizo el propio Someruelos— como una invención con el propósito de conseguir tropas para derrocar al gobierno. Salta a la vista que, planteado de esa manera, el pro-

---

[256] Filomeno, *Elogio...*, p. 20; Someruelos a Sierra, 6 de diciembre de 1810, AGI, Ultramar 113, ff. 37-8; Filomeno a las Cortes, 7 de diciembre de 1810, AGI, Ultramar 113, f. 46.

yecto de Luz parece descabellado y condenado al fracaso lo cual sugiere que podrían existir otros componentes que lo harían viable al punto de ofrecer confianza en su éxito a quienes lo idearon y lo pusieron en marcha arriesgándolo todo. Los elementos complementarios que ignoramos podrían haber incluido alianzas con algunos militares y civiles influyentes que pudieran ser convocados en apoyo del movimiento independentista.

Según concluyó la Junta, el objetivo de tal acción armada sería la independencia porque a ella se exhortaba en el papel sedicioso «que salió de la botica de José María Montano» y que se utilizó para reclutar adeptos; se aseguró que, al menos desde quince días antes de su conversación con Artazo, Luz había estado propalando «papeles sediciosos».[257] Tres importantes funcionarios admitieron tener conocimiento «del papel sedicioso en que se exhortaba a la independencia», el Administrador de la Real Fábrica de Tabacos de la Isla y Ministro honorario del Consejo de Hacienda, don Pedro Antonio de Gamón[258], el contador principal de la misma Fábrica, don Antonio Daza Maldonado y el comisario de Guerra honorario, don Andrés López de Armesto.[259] Entre los

---

[257] Someruelos a Sierra, 6 de diciembre de 1810, AGI, Ultramar 113, ff. 37-9; Acuerdo reservado de la Junta a Someruelos, 5 de noviembre de 1810, AGI, Ultramar 113, ff. 34-6.

[258] Gamón había llegado a Cuba en 1789 nombrado interventor general de la Fábrica de Tabacos de la Isla de Cuba. Lo acompañó en ese viaje un pariente de Daza que precedió a éste en el puesto de contador de la Fábrica (Licencia de pasajero a Indias, AGI, Contratación 5533, N. 3. R. 5). Gamón y el intendente interino, Rafael Gómez Roubaud, se habían denunciado mutuamente, pero Gamón prevaleció con el apoyo de Someruelos; Roubaud continuó la vendetta desde Cádiz por mucho tiempo después. Roubaud citó el papel de Gamón en el proceso contra los independentistas como ejemplo de su «conducta criminal» (Gómez Roubaud, *op. cit.*, p. 28). Gamón se codeaba con el marqués de Cárdenas de Montehermoso, el conde de Casa Bayona, y el Obispo Espada como asesores en la Junta de gobierno de la Casa de Beneficencia que presidía el propio Salvador de Muro y Salazar (*Calendario manual... 1809*, p. 99).

[259] Andrés López de Armesto había servido por muchos años en Luisiana y en la Florida Occidental de secretario de Gobierno y en ocasiones de intérprete de inglés; fue indistintamente calificado por distintos personajes como infatigable,

arrestados estaban también don Gabriel Pantaleón Ercazti y don Francisco Álvarez, quienes fueron vinculados al boticario Montano, el custodio de las proclamas independentistas.[260] Entre 1800 y 1803, Gabriel Pantaleón Ercazti había estudiado en St. Mary's College, escuela fundada en Baltimore en 1799 por iniciativa de la marquesa de San Felipe y Santiago por estar prohibido tal empeño en Cuba. La marquesa había prometido al director que le enviaría treinta muchachos que seleccionaría entre sus «familias amigas». Muchos condiscípulos de Ercazti eran ahora distinguidos miembros de la sociedad habanera; uno de ellos, don José del Castillo Pérez , declararía como testigo de cargo en este proceso.[261] Francisco Álvarez estaba empleado en la tesorería de la Real Renta de Tabacos.[262] Otro implicado resultó ser el mismo escribano Manuel Ramírez que había compartido con Román de la Luz sus «planes de independencia y rivalidad entre españoles europeos y americanos» en la intentona de 1809. Para que aquella causa sirviera de agravante en esta, la Junta invitó al oidor José Antonio Ramos para presentarles la información del proceso que él había formado el año anterior. A pesar de las advertencias que recibiera en 1809, Ramírez había reincidido en sus empeños subversivos y la Junta decía disponer de «indicaciones constantes» de ello en el proceso actual. Someruelos se lamentó de haber tratado a Manuel Ramírez con «excesiva indulgencia» en el 1809 pues el escribano no se

---

excelente secretario, así como de ser incapaz de guardar un secreto «por su debilidad característica» (AGI, Santo Domingo 2611; Juan Vicente Folch a Someruelos c. 1804, Roscoe Hill, *Descriptive Catalogue of the Documents relating to the History of the United States in the Papeles Procedentes de Cuba deposited in the Archivo General de Indias at Seville*, The Carnegie Institution, Washington, 1916, p. xix)

[260] Informe de la Junta a Someruelos, 5 de noviembre de 1810, AGI, Ultramar 113, f. 32.

[261] Miguel Valdés Rodríguez, "Consideraciones histórico-críticas sobre la segunda enseñanza en Cuba", *Revista de la Facultad de Artes y Ciencias*, v. 5, n. 1, Imprenta "Avisador Comercial", La Habana, 1907, pp. 326-329.

[262] *Calendario manual, y guía ... 1800*, p. 55; *Calendario manual y guía ... 1809*, p. 154.

había «reformado en lo más leve» y su conducta continuó siendo sospechosa, se asociaba siempre con los «sectarios» y, según la voz pública, todavía era «uno de los patronos y corifeos» de la masonería.²⁶³ Estos fueron todos los comprehendidos en el proceso contra los independentistas a excepción de quienes aún no habían podido ser encontrados por las autoridades. Uno de estos independentistas prófugos, a pesar de que su nombre apareció sólo una vez en el informe de la Junta, es sin duda el más conocido de los conspiradores de esta época: un abogado bayamés de 35 años llamado Joaquín Infante.²⁶⁴

Joaquín Infante e Infante, había logrado escapar hacia los Estados Unidos de donde pasó a la convulsa Venezuela donde desde diciembre de 1810 estaba el general Francisco de Miranda. El año de 1812 resultó ser trascendental para Infante pues fue entonces que se hizo tan notorio por su desempeño como auditor de Guerra y Marina de Puerto Cabello cuando esta plaza estaba a cargo de Simón Bolívar. Cuando aquella ciudad fue recuperada por los realistas al mando de Domingo de Monteverde y Rivas, Infante fue encarcelado bajo acusación de haber demostrado excesiva crueldad en sus sentencias y estuvo a punto de ser enjuiciado, pero se salvó al ser protegido por las condiciones negociadas durante la capitulación de Miranda.²⁶⁵ En los «últimos días de 1811 o prime-

---

²⁶³ Informe de la Junta a Someruelos, 5 de noviembre de 1810, AGI, Ultramar 113, f. 33; Someruelos a Sierra, 6 de diciembre de 1810, AGI Ultramar 113, ff. 40-1. Ramírez había sido secretario del Real Colegio de Escribanos de La Habana (*Calendario manual, y guía ... 1800*, p. 42).

²⁶⁴ Los datos sobre el nacimiento de Joaquín Infante están reportados por dos historiadoras cubanas (Olga Portuondo, "Los umbrales del constitucionalismo en Cuba, 1808-1812", *Revista Brasileira do Caribe*, Vol. X, n° 19, jul-dic 2009, Brasilia, pp. 11-52. Portuondo cita de AGI. *Ultramar*, leg. 22, 2 de abril de 1812; Barcia, en "Otra vuelta...", también cita de *Ultramar*, leg. 22).

²⁶⁵ El oidor José Francisco Heredia se enfrentó a Monteverde por violar los términos de la capitulación de San Mateo que protegía a los revolucionarios; es probable que Joaquín Infante haya resultado beneficiado por esa actitud del enviado de Someruelos (Enrique Piñeyro, *Biografías americanas*, Garnier Hermanos, París, 1906, pp. 305-7).

ros de 1812» Joaquín Infante había dado a la luz su Proyecto de Constitución para la Isla de Cuba, un texto reputado como el primero de esa índole en el proceso independentista cubano. Uno de los acusadores de Infante fue un cubano realista, José María Merlín, capitán de fragata mercante que ahora estaba en servicio de la marina española;[266] Merlín denunció la participación de Infante en la revolución que se tramó en La Habana, que al ser «descubierta en su cuna» había motivado su salida nocturna.[267] En junio de 1813 Infante fue embarcado hacia La Habana a responder por la causa pendiente por la conspiración de 1810 en la cual fue tratado con benevolencia por el fiscal y puesto en libertad, pero una nueva acusación por el delito de masonería lo mantuvo ocupado por algún tiempo más en la Isla.[268]

Infante llegó a La Habana el 20 de agosto de 1813 para ser investigado por separatismo, pero no tardó en hacer un despliegue de sus ideales independentistas.[269] El día 24 Infante firmó un artículo que fue publicado en la edición del 28 del diario *La Cena* que publicaba entonces Antonio José Valdés.[270] En su escrito, Infante justificaba a los revolucionarios venezolanos que sólo habían asumido el gobierno «pacíficamente» cuando dejaron de tener Rey, y castigaba a «varios europeos» que, al introducir la violencia en aquel proceso, habían animado a «los caraqueños a la

---

[266] España, *Derrotero de las islas de las Antillas, de las costas de Tierra Firme, y de las del Seno Mejicano*, La Imprenta Nacional, Madrid, 1837, pp. 268, 418.

[267] Key Ayala, "Proyecto…", p. 26.

[268] Trelles, "Apuntes biográficos del Dr. Joaquín Infante", Academia de la Historia de Cuba, *Joaquín Infante. Homenaje a este ilustre bayamés, autor del primer proyecto de Constitución para la Isla de Cuba*, El Siglo XX, La Habana, 1930, pp. 9-14.

[269] Barcia, *Cuba: acciones…*, p. 82.

[270] Esteban Roldán Oliarte (*Cuba en la mano. Enciclopedia popular ilustrada*, Imprenta Úcar, García y Cía, La Habana, 1940, p. 657) opinó que a Valdés se le permitió publicar hasta 750 números de La Cena por ser este diario «insípido, incoloro e inofensivo» pero, esta descripción no se ajusta a los números que incluyeron el artículo de Infante y la defensa que de él escribió después el propio Valdés.

independencia en que todavía no habían pensado».[271] Esta temeraria actitud pública de Infante —en vísperas de la revisión de su caso por infidencia—, puede darnos una idea de la radicalización que había alcanzado su pensamiento político.

El 15 de septiembre de 1813 Infante firmó en La Habana un acta de interrogatorio en que negó haber formado parte de una conspiración y sobre sus innegables reuniones con Luz, Ramírez y Montano alegó que se trataba de tertulias literarias en que «solo conversaban acerca de sus respectivas profesiones.» Uno de los condenados era el pardo amanuense de Infante, José Doroteo Bosque, y se dijo que Infante había leído papeles sediciosos en su presencia; Infante restó importancia a la acusación alegando que Bosque era distraído y no prestaba atención más que a su trabajo. También condenado por su asociación con Infante lo fue un esclavo suyo llamado Laureano que le servía de calesero. Para esta época el infortunado Laureano —cuya única culpa puede haber sido el ser esclavo de un conspirador—, ya había recibido doscientos azotes antes de ser remitido a presidio en Ceuta. Laureano había sido el único acusador de Infante, pero Infante ofreció una razón para sus acusaciones explicando que al enterarse que Laureano estaba implicado en la conspiración de la gente de color lo había comunicado a Andrés Zayas y a José Echegoyen. En el Ayuntamiento estos eran los dos funcionarios más apropiados para recibir aquel "aviso" de Joaquín Infante pues Andrés de Zayas y Jústiz[272]era el síndico procurador general y José Ignacio de Eche-

---

[271] Joaquín Infante e Infante, artículo sin título reproducido en Key Ayala, *op. cit.*, pp. 57-9.

[272] Acuerdo del Ayuntamiento de La Habana de 6 de agosto de 1810 (Francisco de Arango y Parreño, *Obras de Don Francisco de Arango y Parreño*, 2 tomos, Ministerio de Educación, La Habana, 1952, t. I, pp. 126-8.); Andrés de Zayas fue elegido alcalde ordinario el siguiente año de 1811 (Miguel Díaz Álvarez, *Memoria acerca del estado y adelantos del Excmo. Ayuntamiento de La Habana*, Imprenta La Tipografía, La Habana, 1897, p. xxvii).

goyen y Aróstegui[273] ocupaba el cargo de primer alcalde ordinario; es decir, eran el abogado y el juez de primera instancia de la ciudad, respectivamente, ambos responsables por el mantenimiento del orden y la legalidad.

En su declaración del día siguiente, Infante reiteró que había alertado a la justicia sobre la conspiración de los negros en que se había involucrado su siervo Laureano, pero se tuvo que defender de la imputación de haber facilitado «la huida del esclavo».[274] Esta acusación revela que el Gobierno sospechaba de la veracidad e intención del aviso de Infante sugiriendo, implícitamente, que el bayamés había ayudado a la fuga de Laureano para evitar que éste fuese arrestado y, sometido a interrogatorio por las autoridades, revelase la falsedad de la denuncia de Infante. Resulta enteramente factible que aquella "denuncia" de Infante estuviese diseñada para coincidir con la "denuncia" que Román de la Luz hizo a Artazo con el propósito de que las autoridades recibieran la misma información sobre los supuestos planes de la gente de color por distintas vías y así dar más credibilidad a su estratagema para adquirir hombres y armas para derrocar al gobierno.

El interrogatorio a Infante continuó el día 16 y allí el declarante aprovechó para desacreditar de nuevo las acusaciones de Laureano que constituían la única evidencia en su contra. El esclavo tenía razones bien fundadas para sentir resentimiento hacia su amo. Infante había acusado a Laureano para ofrecerlo a las autoridades como evidencia palpable de la existencia de la falsa con-

---

[273] *Ibídem*. Echegoyen nació en 1766 (Carlos Manuel Trelles y Govín, *Bibliografía cubana del siglo XIX, Tomo segundo (1826-1840)*, Imp. Quirós y Estrada, Matanzas, 1912, p. 310) y sirvió después a Francisco de Arango y Parreño como administrador de sus bienes lo cual dio lugar a un largo litigio entre ambos (José Ignacio de Echegoyen, *Esposición fundada que presenta a este sensato público D. José Ignacio de Echegoyen en la cuestión que sobre pureza en manejo de intereses...*, Imprenta Imparcial, La Habana, 1821).

[274] La información acerca de estas declaraciones de Infante se debe agradecer a la historiadora María del Carmen Barcia quien examinó los interrogatorios encontrados en el legajo Ultramar 95 en el Archivo General de Indias (Barcia, *Cuba: acciones...*, pp. 83-5).

jura de la gente de color ya que el temor creado por la supuesta inminencia de tal conjura era parte integral del ardid para conseguir la fuerza armada necesaria para remplazar al gobierno. Es probable que Infante haya utilizado a Laureano —denunciándolo por un lado y escondiéndolo de las autoridades por el otro—, confiando en que, con el triunfo del plan independentista, Laureano podría salir de su escondite y reintegrarse a sus labores sin sufrir consecuencia alguna. Naturalmente, el fracaso del plan tuvo graves consecuencias para todos los implicados y, quizás habiendo participado inconscientemente, Laureano fue procesado como uno de ellos.

Esgrimiendo argumentos legales, el Dr. Infante señaló que la declaración del esclavo en contra del amo no debía ser reconocida por ser ilegal pues sólo el amo podía autorizar a un esclavo a prestar declaración en un proceso.[275] El testimonio de Laureano sería eventualmente descartado pues las autoridades determinaron que «no había contra Infante más que la declaración de un testigo que resultó perjuro en el progreso de la causa».[276] Laureano había perdido credibilidad cuando nombró también como conspiradores al conocido realista, el conde de Casa Barreto,[277] a «los Estrada,[278] al

---

[275] *Ibídem*, pp. 84-5

[276] Manuel García Herreros, secretario de Gracia y Justicia, a Ramón Gil de la Cuadra, secretario de la Gobernación de Ultramar, de 12 de septiembre de 1820, AGI, Ultramar 339, N. 136, ff. 652-6; Anónimo, *Los ministros de España desde 1800 á 1869. Historia contemporánea por uno que siendo español no cobra del presupuesto*, J. Castro y Compañía, editores, Madrid, 1869, t. II, pp. 861-2.

[277] Casa Barreto era enemigo de Someruelos, pero era también un peninsular recalcitrante que rechazaba cualquier movimiento que aumentara el poder de los criollos.

[278] Sobre «Los Estrada» de La Habana no tenemos noticias y sólo encontramos a un Juan de Estrada que fue sargento Mayor del Regimiento de infantería Cuba (*Calendario manual...1800*, p. 173). En el área de Bayamo en 1795, el abogado Manuel de Estrada y el cadete Gabriel José de Estrada, miembros de una numerosa y respetada familia, habían sido implicados por testimonio de oídas en un conato de revuelta de negros, mulatos e indios. El líder, Nicolás Morales, proponía reunir hombres para exigir a las autoridades locales poner en efecto una cédula Real que «tenía oculta» en la cual el Rey «concedía la igualdad entre los Pardos y

Padre Font[279] y otros varios». El juicio contra Infante se celebró en diciembre de 1813 y el acusado salió airoso en esta causa por la conspiración de 1810 por falta de pruebas y porque el juez reconoció que, aunque hubiera sido hallado culpable de infidencia, estaría protegido por el indulto promulgado por las Cortes el 24 de septiembre de 1811; no así por el delito de francmasonería, por el que sería objeto de un nuevo proceso que resultaría en una condena a prisión en Ceuta.[280]

---

los Blancos»; el teniente Gobernador tendría también que oficiar al Rey los reclamos de tierra y reducción de impuestos de los aldeanos. Morales fue ejecutado (Llaverías, *op. cit.*). La Real cédula de 10 de febrero de 1795, además de fijar las tasas impositivas y costos de licencias en el imperio, establecía los precios para un pardo hacerse tratar como blanco (500 reales), para adquirir el «distintivo de Don» (1,000 reales) y otros privilegios; por este motivo la cédula encontró resistencia por parte de muchas autoridades en América.

[279] Los Font eran también improbables conspiradores independentistas. La referencia a un «Padre Font» seguramente se refiere a uno de los cuatro hermanos de ese apellido cuyo poder en el clero habanero se había establecido en época del obispo Felipe José de Trespalacios y Verdeja; como secretario de cámara del Obispo, el sacristán mayor Francisco Font había ejercido gran influencia para favorecerse él y a sus hermanos (Antonio, Gaspar y José María) copando los beneficios parroquiales: Antonio y Gaspar Mariano eran curas de la parroquias del Sagrario y del Espíritu Santo, respectivamente, y José María gozaba de una contaduría. Los Font fueron blanco de críticas en anónimos que acusaban al reaccionario Trespalacios y a sus colaboradores de corrupción (Consolación Fernández Mellén, *Iglesia, poder y reformismo en La Habana: el episcopado de Juan José Díaz de Espada (1802-1832)*, Universidad del País Vasco, Bilbao, 2012, pp. 66-7; "En mejor servicio de Dios y del Rey: el obispo Espada y la reforma eclesiástica de la iglesia habanera", *Los tiempos de Espada: Vitoria y La Habana en la era de las revoluciones atlánticas*, Juan Bosco Amores Carredano (director), Universidad del País Vasco, 2014, p. 154). Anteriormente, Antonio había ocupado el curato del Espíritu Santo y Gaspar el de la Guadalupe (*Calendario manual, y guía de forasteros en la Isla de Cuba, para el año de 1800*, Imprenta de la Capitanía General, La Habana, 1800, p. 9).

[280] Barcia, *Cuba: acciones...*, pp. 84-91

Las Cortes de Cádiz

El proyecto inmovilista de 1810

Tal como le había anunciado al Gobierno varios meses antes, el capitán Luis Francisco Bassave había estado reclutando adeptos para evitar, por la fuerza si fuese necesario, el remplazo del Capitán general Salvador de Muro y Salazar. El edificio de la milicia ocupaba la esquina de ángulo agudo que forman las calles Empedrado y Monserrate donde blancos, pardos y morenos tenían sus respectivos cuarteles, separados, pero bajo un mismo techo. Después de todo ese tiempo, y a pesar de que sus planes coincidían con los deseos de los ciudadanos más influyentes y poderosos de la ciudad, el resultado de los esfuerzos de Bassave no era muy alentador ya que sólo había logrado comprometer a cuatro milicianos. Los cuatro eran negros libertos integrados al «Batallón de Morenos»: el sargento primero Ramón Espinosa, el sargento segundo Juan José González, el primer cabo Buenaventura Cervantes y el soldado Carlos de Flores.[281] Otros dos artesanos de color, que también ocupaban plazas en las milicias, habían rechazado las proposiciones del capitán Bassave; «el capitán de Morenos Isidro Moreno y el sargento de Pardos Pedro Alcántara Pacheco». Moreno y Alcántara han sido injustamente señalados como traidores por denunciar a Bassave; como si esas actividades hubiesen sido un secreto para el gobierno.[282] Los artesanos simplemente admitieron, después de los arrestos, haber recibido y rechazado las propuestas del capitán Bassave.

El reclutamiento entre los blancos para esta empresa resultó tan infructuoso que los documentos no ofrecen certeza de la existencia de ninguno más allá del propio capitán Bassave. Sólo existe

---

[281] Artazo et al. a Someruelos de 5 de noviembre de 1810, AGI, Ultramar 113, f. 32.

[282] Franco, *op. cit.*, pp. 10-11. La iniquidad se repite en varias otras obras, véanse como ejemplo: William Luis, *Literary Bondage: Slavery in Cuban Narrative*, University of Texas Press, Austin, 1990, p. 252; Julia Cuervo Hewitt, *Voices Out of Africa in Twentieth-century Spanish Caribbean Literature*, Bucknell University Press, Lewisburg, 2009, p. 369.

alguna posibilidad sobre la existencia de dos; el primero, «Manuel Chacón», tiene el mismo nombre de un contemporáneo de Bassave con décadas de servicio en el mismo regimiento de caballería y también, como Bassave, estancado en el grado de Capitán. La investigación también reveló el nombre de «Pedro Sánchez» que pudiera ser Pedro Celestino Sánchez, un sub-teniente del regimiento de Voluntarios de infantería. Aunque estas suposiciones parezcan razonables, persiste la duda sobre la identidad de estos dos hombres porque en el caso de todos los otros militares siempre se señalaba el grado que ostentaban mientras «Pedro Sánchez y Manuel Chacón» aparecen en el informe de Artazo como civiles y sin el "don" que se usaba como distintivo de respeto, alto rango social y, casi exclusivamente, a los de raza blanca; la comunidad de los nombres también dificulta precisar su identificación. Por ejemplo, en otros documentos oficiales el miliciano Chacón es siempre descrito como el «Capitán D. Manuel Chacón». De todos modos, ni Chacón ni Sánchez fueron arrestados y cuando se dictó sentencia a los otros, ellos fueron considerados «ausentes».[283]

Además del caso de Pedro Sánchez y Manuel Chacón, tampoco ha sido posible determinar el bando en que deben ser colocados otros cuatro individuos: los negros libres José de Jesús Cabadeiro y Antonio José Chacón, el mulato Juan Caballero y el esclavo Juan Ignacio González. El hecho de ser personas "de color" no ayuda en su ubicación en el cuadro conspirativo pues, como se ha visto en el caso del Dr. Infante, esclavos y empleados de los conspiradores no estaban en libertad para incumplir órdenes y podían sufrir consecuencias —como de hecho las sufrieron—, por las acciones de sus amos o patronos blancos.[284]

---

[283] Artazo et al. a Someruelos, 5 de noviembre de 1810, AGI, Ultramar 113, ff. 32-34; Kuethe, *op. cit.*, pp. 186-7; Representación elevada por el Síndico D. Francisco Arango y Parreño, 22 de septiembre de 1795, Competencias entre Consulado de la Habana y Gobernador, AGI, Estado 3, N. 6.

[284] Artazo et al. a Someruelos, 5 de noviembre de 1810, AGI, Ultramar 113, ff. 31-36.

La falaz "conspiración combinada"

Aunque las autoridades creían en la existencia de otros «malvados que no ha sido posible descubrir», en la causa sólo se mencionan veinticuatro hombres en total que se dividen, de acuerdo con la falta que se les atribuyó, en once independentistas, siete inmovilistas y seis sin que se haya podido determinar su afiliación. Todos fueron encausados juntos, pero la sentencia emitida por el teniente de Rey Manuel Artazo y sus asesores de la Junta de Letrados no hizo mención de los crímenes específicos en que incurrieron; estos sólo los mencionan en un acuerdo reservado del mismo día en que la Junta no atribuyó al capitán Luis Francisco Bassave más propósito que la creación de un partido «con objeto a que no se recibiera aquí el nuevo Capitán General que está electo para la Isla». Por el contrario, en el mismo documento, la Junta no imputaba a Román de la Luz y su grupo otro motivo que «la independencia de estos dominios»; el acuerdo de la Junta tampoco ofrecía vínculo alguno de Román de la Luz y su grupo con Luis Francisco Bassave y el suyo.[285]

Entonces ¿cómo se las agenció Someruelos para mezclar a quienes querían evitar su relevo con quienes querían derrocar su gobierno? En la comunicación que llevaba adjuntos los acuerdos y los autos «sobre la sublevación que algunos insurgentes tenían tramada contra el Gobierno y la seguridad pública», introdujo la falacia de la existencia de una «conspiración combinada» entre Luz y Bassave:

> «...Don Román, fue el delator de la conspiración combinada para hacer su estrago el 7 de octubre último, día en que celebra esta ciudad la fiesta del Santísimo Rosario, reuniéndose todas las almas piadosas. La delación entraba en el plan subversivo, pues pretrestando [sic] que sabía dónde se hallaban reunidos los sediciosos, pidió al gobierno gente armada para salir autorizado a su

---

[285] Ibídem.

frente, reunir después otras de su facción, condecoradas con el nombre de patriotas y dispersar la rebelión.»[286]

Sobre el capitán Luis Francisco Bassave, luego de explicar que «sus luces son bien escasas, y ordinariamente se halla enajenado por el vicio de la embriaguez que lo domina», Someruelos afirmó que:

> «...Bajo el pretexto de sostenerme en el gobierno y resistir la entrada de mi sucesor, sobre cuyo particular le hice reprehender y conminar por medio del Teniente Rey, convocaba y excitaba a los negros y mulatos y a la hez del pueblo para sublevarse...»

Desde luego, Someruelos brindó aquí una nueva y conveniente interpretación de las intenciones de Bassave cuyo ofrecimiento para defender al gobierno y el *statu quo*, se presentaba como un «pretexto» para ocultar su intención de «sublevarse». Ahora tan sólo faltaba enlazar a Luz y Bassave en el mismo proyecto para justificar su inclusión en la misma causa y, a renglón seguido, Someruelos lo consiguió con simplemente decir que Bassave,

> «...hubiera sin duda cooperado al plan de Don Román de la Luz. Así pues, no es extraño que sabiendo este las gestiones de Basabe procurase acalorarlo contando con la fuerza que se iba adquiriendo en el populacho para atraérsela en su oportunidad.»[287]

¿Conocía Román de la Luz las gestiones de Bassave en el cuartel de las milicias? No hay que dudarlo. Habían transcurrido entre quince y veinte años desde que Luz había servido en el regimiento de Caballería, pero es probable que aún mantuviese relaciones con antiguos compañeros de cuartel que le permitieran conocer algo de lo que allí sucedía. Por otro lado, el capitán Bassave no tenía razón para pensar que estaba violando la ley pues había anunciado a Someruelos sus intenciones de defender al gobierno y

---

[286] Someruelos a Sierra, 6 de diciembre de 1810, AGI, Ultramar 113, ff. 37-9. La palabra subrayada aparece así en el original.
[287] Ibídem, f. 40

no había sufrido más que un regaño trasmitido por el teniente de Rey Artazo en términos tales que no le disuadió de su idea; nada sugiere que Someruelos —cuya máxima exigía «saberlo todo»—, haya informado a los superiores de Bassave sobre la intención del Capitán, ni que se les haya pedido que lo vigilaran. De hecho, el pobre resultado del reclutamiento seguramente se debió más a la poca estima en que sus compañeros de milicia tenían al capitán Bassave que a algún exceso de discreción en su gestión. De habérsele formalmente conminado al cese, es de creer que el veterano Bassave no hubiese desplegado su banderín de enganche para no exponerse a perder su jubilación o sufrir alguna otra sanción militar.

¿Es razonable suponer, como postulaba Someruelos, que Bassave se «hubiera sin duda» aliado a Román de la Luz? Altamente improbable. No hay antecedentes que lo justifiquen. Al contrario, a pesar de haber sido postergado por décadas, de ser menospreciado por sus superiores y de sufrir el rechazo de sus peticiones de alivio en múltiples ocasiones, el Capitán se había mantenido siempre fiel al gobierno. Solamente bajo la administración de Someruelos había Bassave experimentado algún reconocimiento a su gestión profesional; por esas razones estaba ahora dispuesto a rechazar el remplazo de su Capitán general hasta con las armas.

La decisión de implicar al capitán Luis Bassave en la causa por intento de sublevación sólo tiene sentido si el marqués de Someruelos ya sabía que su sustitución sería anulada con la creación de las Cortes. Aunque la noticia de la reubicación del sustituto designado, general José de Heredia, no se publicó hasta unos días después en Cádiz, ya hemos visto que las redes de información de Someruelos eran tan eficientes que a menudo se enteraba de noticias de la Península antes de recibirlas for vías oficiales. Desde ese momento, la existencia de un grupo con el propósito de evitar tal relevo por la fuerza dejaría de ser útil para convertirse en un comprometedor estorbo. Cualquier indiscreción de Bassave o los suyos revelaría que el plan estaba en vigor aún después de habérsele expuesto a Someruelos; el Marqués sabía que sus enemigos sabrían utilizar esa información en su contra. Por otro lado, el capitán Luis Francisco Bassave había estado dispuesto a desafiar con las armas una decisión oficial y aunque en este caso lo había hecho para defender al Capitán general Someruelos, ese era un precedente muy peligroso para un gobernante. Desacreditado por sus malos hábitos y conducta desordenada durante años, una vez condenado por incitar a negros y mulatos en una intentona de sublevación, Bassave perdería toda credibilidad y dejaría de representar un peligro para Someruelos.

Sin embargo, sí debemos considerar la posibilidad de que los quehaceres inmovilistas del capitán Bassave hayan resultado útiles en cierta forma al plan independentista. Frustrados sus esfuerzos para crear entre sus compañeros de las milicias blancas un grupo armado capaz de evitar por la fuerza el esperado desembarco del relevo de Someruelos, Bassave había enfocado su acción proselitista al reclutamiento de pardos y morenos. Esa actividad sirvió para ofrecer visos de veracidad a la existencia de la ficticia conjura de «gentes de color» cuya dispersión Román de la Luz se ofreció a llevar a cabo al frente de tropas del ejército.

Cádiz en un grabado de la época

Firma de Manuel Ramírez de Soto y Aparicio

El peculiar proceso judicial

Desde principios de octubre, el Capitán general Someruelos había comisionado al teniente de Rey Manuel Artazo para iniciar las averiguaciones sobre «cierta sublevación proyectada entre varias gentes de color» y nombrado al licenciado Francisco Filomeno para proveerle asesoría legal durante la investigación. Cuando Artazo y Filomeno creyeron haber recopilado suficientes datos, se reunieron con los letrados Santibáñez, Hidalgo Gato, Sanz, y con el oidor José Antonio Ramos para todos conformar la Junta creada una semana antes por decreto de Someruelos para juzgar y dictar sentencias contra los reos acusados de conspiración. El día 5 de noviembre, se celebró una reunión de la Junta en las salas capitulares del Ayuntamiento y José de Salinas, un escribano que tenía su oficina en los bajos del edificio redactó el reporte oficial.[288]

Durante el proceso legal brillaron por su ausencia el orden y las reglas establecidas por el derecho; no hubo fiscal, los acusados no tuvieron representación legal ni derecho a defenderse. Los cargos, evidencias y testimonios fueron presentados por Artazo, Filomeno y Ramos quienes también sirvieron de jueces como parte de la Junta. Los reos fueron sometidos a «solemnes confesiones», no en el sentido de admisiones de culpabilidad sino de interrogatorios con preguntas redactadas para ser contestadas con un simple sí o no.

Todo esto se llevó a cabo con marcada celeridad y en reuniones secretas para—en la medida posible—, limitar la diseminación de las peligrosas ideas que impulsaron a los conspiradores. Ya vimos ese deseo expresado el año anterior durante el proceso contra los independentistas en La Habana y también después, cuando el oidor Heredia desestimó los cargos contra el panfletista camagüeyano. En esta ocasión, a su regreso a la ciudad de un viaje campestre, un agente del gobierno americano nos dejó un informe

---

[288] Artazo et al. a Someruelos, 5 de noviembre de 1810, AGI, Ultramar 113, ff. 33-34; *Calendario manual y guía ... 1809*, p. 119.

que guarda una asombrosa similitud con los comentarios del inglés Hallam de un año atrás:

«...Durante mi ausencia se ha descubierto un complot revolucionario y hay unas trece personas arrestadas como consecuencia; varios de ellos tienen buena reputación y están bien relacionados, el resto y la mayor parte son hombres de color y vagabundos. Su plan se dibuja con los colores más odiosos, el robo y el asesinato son sus principales características, pero como el proceso contra ellos es secreto, el público no sabe más sobre él que lo que el gobierno quiere decir. Mientras tanto, las sospechas se han despertado. Fuertes patrullas se pasean por las calles todas las noches.»[289]

Aunque los reos no tenían derecho a testigos de descargo, el gobierno sí pudo presentar como testigos de cargo a los masones José del Castillo y al procurador Judas Tadeo Aljovín, quienes ya

---

[289] William Shaler al secretario de Estado Robert Smith, 24 de octubre de 1810 (citado en Portell Vilá, *op. cit.*, T. I, p. 163). Agente comercial y diplomático sin reconocimiento oficial por parte del gobierno español, Shaler llegó a Cuba el 1º de agosto de 1810 con instrucciones de conseguir pase en Cuba para llegar a Veracruz e informar a Washington sobre el estado de la rebelión mexicana; no pudo obtener el pasaporte y su estadía se prolongó hasta diciembre de 1811 cuando finalmente fue expulsado por Someruelos. Por aquel tiempo, la principal preocupación de Washington era evitar la penetración británica en el Golfo y, con respecto a Cuba, la posición del presidente Madison —la cual compartía Shaler— daba preferencia al mantenimiento de la Isla en manos de España y la anexión de la Isla no era algo que deseaban estimular durante este viaje; esto no ha sido óbice para que acerca de la presencia de Shaler —que amerita ser estudiada más a fondo—se elaboren todo tipo de ominosas lucubraciones. No se conoce información alguna que vincule a Shaler con los conspiradores de 1810 ("To James Madison from John Graham, 27 August 1810," *Founders Online,* National Archives, last modified March 30, 2017, http://founders.archives.gov/documents/Madison/03-02-02-0631. [Original source: *The Papers of James Madison*, Presidential Series, vol. 2, *1 October 1809–2 November 1810*, ed. J. C. A. Stagg, Jeanne Kerr Cross, and Susan Holbrook Perdue. Charlottesville: University Press of Virginia, 1992, p. 513.]; J. C. A. Stagg, "The Political Essays of William Shaler", *William and Mary Quarterly*, Vol. LVIV, N. 2, Omohundro Institute of Early American History and Culture, Williamsburg, 2002; Stephen Chambers, *No God but Gain. The Untold Story of Cuban Slavery, the Monroe Doctrine & the Making of the United States*, Verso, Londres, 2015, pp. 64-70).

han sido mencionados en capítulos anteriores. Sus testimonios impulsaron una reapertura de la causa de 1809 motivando una decisión de la Junta para compulsar «testimonio de todo lo pertinente a don Manuel Ramírez» sobre la conspiración de 1809 y sobre las propias declaraciones de Aljovín y Castillo. Asimismo, sin ofrecer más detalles, la Junta valoró mucho un «cargo que en confesión se hizo al referido Luz con la declaración de Aljovín» que ponía «cabeza y pie» a aquella causa. Nada más ha trascendido sobre las revelaciones de Aljovín y Castillo.[290] Pero esta caprichosa reapertura del antiguo caso de 1809 crearía confusión en algunos niveles del gobierno gaditano y así en octubre de 1811 la «comisión de causas atrasadas» de las Cortes un día presentaba informes sobre la causa de 1810 «contra el capitán D. Luis Francisco Basave [sic], D. Ramón [sic] de la Luz y otras personas» y el día siguiente informaba sobre la de 1809 «sobre infidencia de varios sujetos y establecimiento de una logia de francmasones en la Habana».[291] Las dos causas transitaban lentamente a través del dédalo oficinesco gaditano.

El dictamen de la Junta se formalizó el 5 de noviembre y, como era de esperar, en todas sus decisiones la Junta actuó «con unánime parecer de todos los Señores». En teoría, con excepción de los casos sujetos a fuero militar, «las decisiones y sentencias de los demás tribunales, incluidos los del Capitán general» eran apelables en segunda instancia ante la Real Audiencia de Puerto Príncipe.[292] No siempre se respetó este precepto: las sentencias a los civiles en los casos contra los conspiradores de 1809 y 1810 no se beneficiaron de ese proceso de apelación y fueron remitidas a España sin más trámite.

---

[290] Artazo et al. a Someruelos, 5 de noviembre de 1810, AGI, Ultramar 113, ff. 31, 33.

[291] España, *Diario de sesiones...*, t. III, pp. 2046, 2054.

[292] Juan Bosco Amores Carredano, "Reformas de la administración local en Cuba (1765-1845)", Manuel Torres Aguilar, coordinador, *Actas del XV Congreso del Instituto Internacional de Historia del Derecho Indiano*, Universidad de Córdoba, 2005, p. 67.

Muchos meses después, estos procedimientos fueron blanco de críticas ante las Cortes en Cádiz. La «comisión de Examen de causas atrasadas» —citando el caso contra Luz y Bassave—, criticó «la facilidad de enviar sujetos bajo partida de registro por causas que se podían y debían terminar en América» porque causaban demoras «y perjuicios las más veces irreparables»; la comisión también propuso a las Cortes que regularan la forma en que se sentencia «una causa en sumario sin audiencia de los reos como se ha verificado en esta».[293] En el caso de Ramírez, el 20 de agosto de 1813 el Tribunal Supremo de Justicia declaró su causa sin mérito y multó a los asesores que lo condenaron.[294] De todos modos, cualquier reforma legislativa llegaría demasiado tarde para los conspiradores habaneros.

El peso de la ley

Las condenas a los implicados fueron severas: cárcel, destierro, costas y azotes con diversos grados de tiempo y de rigor se repartieron y combinaron con liberalidad. Como jefe principal de la intentona independentista, Román de la Luz fue sentenciado a cumplir diez años de encarcelamiento en el remoto y ya antiguo presidio africano de Ceuta, con «absoluta y perpetua prohibición de residir en ambas Américas».[295] Manuel Ramírez fue condenado

---

[293] Sesión del día 11 de octubre de 1811 (España, *Diario de sesiones...*, t. III, p. 2045).

[294] Manuel Ramírez a las Cortes, 17 de octubre de 1820, AGI, Ultramar, 847, N. 34, f. 315.

[295] Más conocida en la historiografía cubana como destino de destierro durante las guerras independentistas del siglo XIX, el uso de Ceuta como presidio parece remontarse a principios del siglo XV por Portugal y por España desde 1580 (Manuel Tello Amondareyn, *Ceuta, llave principal del Estrecho. Apuntes para un estudio político-militar*, Imprenta de Fortanet, Madrid, 1897, pp. 70-1, 79; citado antes por Pablo de la Concepción y Hernández, *Prisioneros y deportados cubanos en la Guerra de Independencia, 1895-1898*, Imp. P. Fernández y Cía., La Habana, 1932, pp. 208-9, 213).

a destierro por cuatro años «a cualquier pueblo de la Península» con prohibición de retornar a Cuba sin permiso de Su Majestad. Los otros tres blancos encausados por independentismo recibieron condenas más leves: el boticario José María Montano fue condenado a tres meses de prisión en la Cárcel pública y Francisco Álvarez a un mes en la misma cárcel, ambos, junto a Gabriel Pantaleón de Ercazti, tendrían que pagar «de *mancomum et insolidum* la tercera parte de las costas del proceso» y quedaron advertidos de penas más severas en caso de reincidencia.[296]

A Laureano —el esclavo que Joaquín Infante había utilizado para avalar la inexistente conjura «de la gente de color»—, se le aplicó el castigo más cruel; «ciento y cincuenta azotes por las calles públicas y cincuenta atados a la Picota»[297] y ocho años de presidio en la cárcel Correccional de Cádiz «con grillete al pie»; una vez cumplida esa condena carcelaria, Laureano pasaría a ser propiedad de Su Majestad «perpetuamente». Los otros implicados —los funcionarios Gamón, Daza y López de Armesto—, a quienes se atribuyó «una verdadera complicidad, más o menos directa, y por consiguiente más o menos criminal» al descubrirse que habían tenido conocimiento del plan independentista sin denunciarlo a las autoridades, serían conminados a comparecer ante el propio Capitán general quien les haría entender la gravedad de sus faltas y les prevendría sobre su conducta futura; los tres continuaron en sus puestos. Por último, la Junta continuaría investigando hasta determinar si el amanuense del prófugo Infante, el mulato José Doroteo del Bosque merecía algún castigo por su conducta.[298]

---

[296] Artazo et al. a Someruelos, 5 de noviembre de 1810, AGI, Ultramar 113, ff. 31-6.

[297] La calle habanera Picota debe su nombre a esa columna en que se azotaba a los reos y que, según se cree, estuvo originalmente instalada en su entronque con la calle Jesús María y después en la Plaza Vieja (Pérez-Beato, *Habana antigua...*, p. 150).

[298] Artazo et al. a Someruelos, 5 de noviembre de 1810, AGI, Ultramar 113, ff. 33-34.

Acusado de tratar de formar un partido «con objeto a que no se recibiera aquí el nuevo Capitán general que está electo para la Isla», el capitán Don Luis Francisco Bassave recibió una condena poco menor que la de Román de la Luz: ocho años de prisión en Ceuta y extrañamiento absoluto de la Isla. En conformidad con el carácter racista de la época, los negros enganchados por Bassave, a pesar de ser actores secundarios, fueron castigados con mayor rigor que el propio oficial blanco que los reclutó. Los sargentos Juan José González y Ramón Espinosa, el cabo Buenaventura Cervantes y el soldado Carlos de Flores fueron condenados a diez años de prisión en Cádiz «con grillete al pie», a ración limitada y los tres primeros sin sueldo; a los cuatro se les prohibió el regreso a la Isla bajo amenaza de sanciones aún más severas. El capitán de Morenos Isidro Moreno y el sargento de Pardos Pedro Alcántara Pacheco, quienes admitieron haber recibido pero rechazado las propuestas de Bassave, serían solamente amonestados y prevenidos por Someruelos por no haberlo denunciado al gobierno. Ni Moreno ni Alcántara perdieron sus puestos en las milicias. Otro siervo, Juan Ignacio González, fue también condenado como Laureano a destierro perpetuo luego de recibir 200 azotes y cumplir ocho años de prisión en el Correccional de Cádiz para entonces pasar al servicio de Su Majestad; solamente escapó del «grillete al pie» que cargaría Laureano durante su cautiverio. El informe de la Junta a Someruelos no ofreció datos sobre la naturaleza de la acusación contra González, ni del nombre de su amo, que valgan para determinar si el infortunado esclavo fue implicado con el bando de Luz o con el de Bassave. Los prófugos Joaquín Infante, Pedro Sánchez y Manuel Chacón no aparecieron y las autoridades se vieron limitadas a emplazarlos «por edictos y pregones».[299]

El 10 de noviembre de 1810, con rimbombante oficiosidad y profusión de mayúsculas, el escribano José de Salinas recibió del «Excelentísimo Señor Don Salvador de Muro y Salazar, Marqués de Someruelos, Teniente General de los Reales Ejércitos, Presi-

---

[299] Ibídem

dente de la Real Audiencia del Distrito, Gobernador y Capitán General de esta dicha Ciudad e Isla» su conformidad y aprobación de la sentencia y demás recomendaciones de la Junta. Para evitar demoras en el caso de los milicianos procesados que gozaban de fuero militar, Someruelos, en su capacidad dual de juez supremo civil y militar, dio por «suplidos y evacuados» los auxilios que conllevan tales privilegios. Recordando sin duda las complicaciones y aplazamientos causados por el reconocimiento del fuero del teniente de fragata Peñaranda por el auditor de Marina en la causa de 1809, ahora Someruelos cerraba el paso a cualquier reclamación explicando que había tomado su decisión con la intervención y consulta del Auditor de Guerra. Desde luego, el Auditor de Guerra era el mismo Domingo Santibáñez que formaba parte de la Junta que acababa de condenar a esos milicianos —cosas de la jurisprudencia colonial de aquellos tiempos.[300]

El marqués de Someruelos procedió a ejecutar las condenas sin pérdida de tiempo. Por orden de la Junta, el 8 de noviembre Manuel Ramírez fue arrestado y enviado al Castillo de San Carlos de la Cabaña[301] y el día 11, bajo partida de registro, el reo fue llevado a bordo de la fragata *Santa Ana*, conocida por la *Gaditana*, cuyo capitán y maestre Agustín Martelo y Otero, debía conducir hasta el puerto de Cádiz donde entregaría a Ramírez al juez de arribadas para ser encarcelado hasta que se le designara una ciudad donde cumplir su destierro. Como era de rigor, el escribano mayor de registro de la Real Hacienda, José Julio Álvarez, certificó la partida ante dos testigos.[302] La *Gaditana* llegaría finalmente a su destino en el mes de junio de 1811.

---

[300] Copia del "Auto de conformidad 1377 vuelta" firmado por Someruelos el 10 de noviembre de 1810, AGI, Ultramar 113, ff. 35-6.

[301] Decreto de la Junta de 8 de noviembre de 1810, AGI, Ultramar 113, f. 35.

[302] Partida de registro de 11 de noviembre de 1810, AGI, Ultramar 113, ff. 49-50; Someruelos al juez de arribadas de Cádiz, 14 de diciembre de 1810, AGI Ultramar 113, ff. 47-8; la salida de La Habana pudo demorarse varios días más —hasta el el 22 de diciembre—, pues Ramírez afirmó que estuvo «detenido en calabozo 44 días» (Manuel Ramírez a las Cortes, 17 de octubre de 1820, AGI, Ultramar,

En otra embarcación fueron despachados a la Península en diciembre los reos Román de la Luz y Luis Francisco Bassave quienes llegaron a Cádiz a principios de 1811 y fueron encarcelados en el Castillo de Santa Catalina.[303] El 19 de diciembre el Capitán general escribió al Intendente para encargarle el envío del resto de los convictos que debían pasar a Cádiz a purgar condenas; eran seis en total, todos negros, los dos esclavos y los cuatro milicianos. Acorde con las regulaciones de Marina en vigor, tendrían que ser llevados «uno o dos en cada embarcación» y los primeros, el cabo Buenaventura Cervantes y el esclavo Juan Ignacio González, serían transportados por el capitán Francisco López Sanz en la fragata *Oliva* que se dispuso a zarpar el 15 de enero[304]. A las pocas horas de la firma del auto de conformidad con las sentencias de la Junta, se ejecutó el suplicio de azotes que se había añadido a las otras condenas de los esclavos. Laureano y Juan Ignacio González habían sido flagelados ciento cincuenta veces mientras eran desfilados por las calles de la ciudad en camino a la picota a la que fueron atados para recibir 50 latigazos más.[305]

847, N. 34, f. 315). Las "partidas de registro" se utilizaban tanto para mercancías como para prisioneros y establecían «el reconocimiento de la obligación del maestre de presentar certificación de haberlos desembarcados en el puerto de destino», el escribano mayor de registros certificaba «que las partidas declaradas coincidían con las embarcadas.» (Pilar Lázaro de la Escosura, "El cargamento de la fragata Nuestra Señora de las Mercedes", http://www.mecd.gob.es/fragata mercedes/dms/museos/fragatamercedes/carga-mento/el-cargamento.pdf, consultado el 2 de mayo de 2017).

[303] Román de la Luz dijo luego haber sido internado primero en el castillo de San Sebastian (Ministro de Ultramar Ramón López Pelegrino al de Gracia y Justicia, Vicente Cano-Manuel Rodríguez de Arellano, 8 de agosto de 1821, AGI, Ultramar, 113, f. 230).

[304] Someruelos a Juan de Aguilar, 19 de diciembre de 1810 y Domingo Gui a Aguilar, 15 de enero de 1811 (Archivo Nacional de Cuba, Asuntos Políticos, legajo 212, signatura 144, según citados por Franco, *Las conspiraciones...*, pp. 79-81).

[305] Someruelos a Sierra, 14 de noviembre de 1810, AGI, Ultramar 113, ff. 29-30.

Carlos María de Alvear

Fray Servando de Mier

La Caballería Racional

El 10 de febrero de 1811, recién llegado a Cádiz, Román de la Luz había pedido que su caso pasase al Tribunal de Justicia para que designase un fiscal que le iniciase un proceso «como corresponde hacerse en estos casos» para poder defenderse y probar su inocencia. Su nueva morada era un calabozo en el castillo de Santa Catalina, una fortaleza en forma de pentagrama que mira al Océano Atlántico; otro inquilino cubano había comentado sobre:

> «...la rigurosa prisión del castillo de Santa Catalina, donde no acabaría si me detuviese a referir los trabajos que padeció, muy impropios de su calidad y carácter porque llegaría hasta la inhumanidad, la indigencia de lo más necesario, la desnudez y el desabrigo.»[306]

La situación económica de Luz le permitió ofrecerse a «dar fianza» si fuese necesario para que se extendiese su reclusorio a la ciudad y sus arrabales para así recobrar su «quebrantada salud» y mejor gestionar su defensa.[307]

Como es conocido, la inauguración de la Cortes el 24 de septiembre de 1810 representó un verdadero cambio de gobierno para España y sus Indias caracterizado por la reducida influencia de los productores peninsulares y un formal reconocimiento de las necesidades de las colonias con la participación de sus representantes en la toma de decisiones (aunque sólo representaban una tercera parte de los votos). Una de las primeras medidas de las Cortes favoreció a los americanos procesados por razones políticas cuando, el 15 de octubre de 1810, ordenaron que «desde el momento en que los países de ultramar, en donde se hallan manifestado conmociones, hagan el debido reconocimiento» a la autoridad de

---

[306] Tomado de la defensa de Juan Manuel de Cagigal Monserrat de 18 de agosto de 1796, según transcrito por el profesor Manuel Hernández González (*Francisco de Miranda y su ruptura con España*, Ediciones Idea, Santa Cruz de Tenerife, 2006, p. 180).
[307] Minuta, AGI, Ultramar 113, ff. 24-5.

las Cortes, «haya un general olvido de cuanto hubiese ocurrido indebidamente» allí.[308]

Los condenados cubanos pronto comenzaron a reclamar la protección de lo que todos llamaban el "indulto" y don Román estuvo entre los primeros. Ya en el verano de 1811 Luz había sido liberado de la prisión, pero sus movimientos quedaron restringidos a los límites de la ciudad de Cádiz. Luz comenzó las gestiones para obtener un pasaporte «para regresar a La Habana», un frustrante proceso que se prolongó por muchos años y nunca daría resultado.[309] A todo lo largo de su destierro, Luz se describía a sí mismo como una víctima inocente de la «arbitrariedad» de Someruelos y sus «paniaguados». Como argumento central de su defensa Román de la Luz continuaría apoyándose en la ficción de su "denuncia" de la conmoción que en La Habana se preparaba «por la gente de color», llegando en ocasiones a pedir recompensas por tan «señalado servicio».[310] Tales imposturas de Román de la Luz en sus tratos con las autoridades han sido erróneamente interpretadas por algunos como evidencia de un comportamiento impropio y hasta traicionero. Pero, mientras en sus súplicas al gobierno para conseguir un pasaporte Román de la Luz proclamaba su lealtad y sacrificios por el Rey, el patriota criollo colaboraba clandestinamente en Cádiz con otros americanos independentistas para revolucionar las Américas por medio de las armas.

Desde su celda en el Castillo de Santa Catalina Román de la Luz había entrado en contacto con miembros de una de las más misteriosas agrupaciones de aquella época, muy similar a la que Luz dirigió en La Habana: la Sociedad de Caballeros Racionales, una agrupación política secreta con una organización cuasimasó-

---

[308] Decreto V de 15 de octubre de 1810, *Colección de los decretos...*, 1820, pp. 9-10.

[309] La fecha de su liberación se deduce de su propia afirmación de agosto de 1813 cuando dijo estar gozando de libertad desde hacía «más de dos años» (Román de la Luz al Consejo de Regencia, 3 de agosto de 1813, Expediente de Román de la Luz, AGI, Ultramar 328, N. 44, f. 421).

[310] Expediente de Román de la Luz, AGI, Ultramar 27, N. 23.

nica pero sin vínculo conocido con esas hermandades más allá de los antecedentes francmasónicos de algunos de sus miembros. La Sociedad —cuya fundación parece haber coincidido con la llegada de Luz a Cádiz—, incluía entonces a los más señalados activistas hispanoamericanos residentes en aquella ciudad y a varios que se trasladaron de allí a distintos puntos de América a hacer uso de las armas a favor de la emancipación de las colonias. Uno de estos, el presbítero novohispano, Fray Servando Teresa de Mier, participaría en 1817 en la frustrada expedición de Javier Mina y Joaquín Infante. Mier fue capturado y, por su condición de religioso, se le sometió a un interrogatorio inquisitorial durante el cual tuvo que relatar sus andanzas en Cádiz.[311] El interrogatorio duró un año (septiembre de 1817 a agosto de 1818) pero las declaraciones relativas a la Sociedad de Caballeros Racionales son tres que los inquisidores designaron como decimosexta, decimoséptima y decimoctava. La primera parece más sincera y es la más extensa y más rica en detalles mientras en las siguientes Mier se torna más defensivo y cantinflea tratando de restar importancia a la Sociedad, pero sus testimonios son imprescindibles para el estudio de la SCR.

Servando Mier había ingresado en la Sociedad en septiembre de 1811, cuando ya Román de la Luz había salido de la prisión. Muchos americanos consideraban la guerra en la Península perdida y la entrega de Cádiz a Napoleón inminente, lo que dejaría a las colonias expuestas a pasar a manos de otro amo europeo; para evitarlo era necesario abandonar Cádiz y lograr la emancipación de la América española. Mier dijo haber sido «enganchado» por un español, comerciante en la Nueva Granada —probablemente el vizcaíno Manuel José Roche—, quien le dijo que la Sociedad contaba con un barco para ese propósito.[312] Los Racionales se reunían

---

[311] "Declaraciones de Fr. Servando Mier, del 22 de Setiembre de 1817 al 21 de Agosto de 1818", Juan E. Hernández y Dávalos, *Colección de documentos para la historia de la Guerra de Independencia de México de 1808 a 1821*, José María Sandoval, Impresor, México, 1882, t. VI, pp. 817-822.

[312] *Ibídem*; Marie-Laure Rieu-Millan, *Los diputados americanos en las Cortes de Cádiz (Igualdad o independencia)*, Consejo Superior de Investigaciones Científi-

en una casa situada en el barrio de San Carlos cerca de las murallas que protegían la costa septentrional de la ciudad de Cádiz. Allí vivía Carlos María de Alvear y Balbastro, un bonaerense de sólo 22 años quien era veterano de varias batallas contra los franceses como teniente de carabineros del ejército español. Alvear se había casado en 1809 con Carmen Quintanilla, una bella joven andaluza, y había comenzado a procrear una extensa familia; durante la primera mitad de 1810 Alvear decidió retirarse del servicio.[313] Alvear, Luz y algunos otros habían fundado en febrero la Logia número 3 de la Sociedad de Caballeros Racionales como una institución política de ayuda mutua destinada a agrupar y preparar activistas que debían regresar a América para «tomar parte activa» en la emancipación de aquellas colonias españolas. Reflejando la afiliación paralela de Alvear a la masonería, la Sociedad adoptó ritos y estructura similares a aquellas logias.[314]

Decían llamarse racionales «porque nada es más racional que mirar por la Patria y sus paisanos.» El padre de Carlos era el capi-

---

cas, Madrid, 1990, p. 381. Poco después se supo que «el hermano Roch[e] ha tenido la desgracia de perder su bergantín cerca de San Lúcar» (copia de copia de una carta de Carlos Alvear a Rafael Mérida, 28 de octubre de 1811, AGI, Estado, 69. N. 33 (1)).

[313] Carlos de Alvear, "Otras calumnias refutadas", *Colección de historiadores i de documentos relativos a la independencia de Chile*, Imprenta Cervantes, Santiago de Chile, 1901, t. VII, pp. 290-312; Sabina de Alvear y Ward, *Historia de D. Diego de Alvear y Ponce de León, Brigadier de la Armada*, Imprenta de D. Luis Aguado, Madrid, 1891, pp. 338-51.

[314] El estudio de las sociedades secretas es terreno fértil para los mitos y uno de ellos subordina las actividades en Cádiz a las coetáneas de Francisco de Miranda y su organización en Londres. Un respetado historiador ha señalado que sobre «...Miranda y su Gran Reunión Americana, el primer problema con la "versión oficial" es que no existe prueba documental alguna que confirme que haya verdaderamente existido como una logia, ni tampoco existen pruebas de su vinculación con la Sociedad de los Caballeros Racionales de Cádiz...» (Emilio Ocampo, "Inglaterra, la Masonería y la Independencia de América", revista *Todo es Historia*, núm. 463, Buenos Aires, 2006, disponible en https://entrelafabulaylahistoria. tumblr.com/post/23240140111/inglaterra-la-masoner%C3%ADa-y-la-inde pendencia-de?is_related_post=1, consultado el 22 de julio de 2017).

tán de la Marina Diego de Alvear y Ponce de León, poseedor del mayorazgo de Montilla y entonces gobernador político y militar de la Isla de León. El patrimonio de los Alvear incluía las bodegas que aún llevan su nombre y una fortuna de más de cien mil pesos que le permitió a Carlos financiar de su propio peculio las actividades de los Caballeros Racionales. En una ocasión, Carlos Alvear pudo conseguir «a fuerza de dinero» la fuga de un oficial francés para que llevara pliegos al jefe de las fuerzas que asediaban a Cádiz para que éste mediara en la liberación de los oficiales americanos prisioneros de los franceses para que se pudiesen trasladar a América a pelear contra España por la independencia de sus países.[315]

Entre los miembros de los Caballeros Racionales militaron el caraqueño Rafael Diego Mérida, el bogotano Domingo Caycedo, el habanero José Álvarez de Toledo, los españoles Prudencio Murgiondo y Juan Balbín González Vallejo (jefes de la Asonada de Montevideo de 1810), el militar español Francisco Chilavert, los rioplatenses José Matías de Zapiola y el teniente coronel José de San Martín, destinado a convertirse en uno de los grandes caudillos de la independencia suramericana; todos estos miembros de la Sociedad —al igual que Mier y el propio Alvear—, regresaron, tomaron las armas y participaron activamente en el proceso independentista.[316] Como veremos, Román de La Luz no sólo era un

---

[315] Carlos Alvear, *Refutación de la calumnia intentada contra don Carlos Alvear inserta en la extraordinaria de Buenos-Ayres del 28 de diciembre de 1818*, Imprenta Federal, Montevideo, 1819, p. 4; Alvear y Ward, *op. cit.*, 338-51.

[316] Entre otros "hermanos" en Cádiz estaban los quiteños José de Larrea y Gijón y José López Conde, el mexicano Wenceslao de Villaurrutia, el cura bonaerense Ramón Eduardo Anchoris, el comerciante gaditano establecido en Bogotá, Juan Manuel Roche y el rico habanero Anastasio Francisco de Armenteros (Mier, *op. cit.*, pp. 817-9; copia de copia de una carta de Carlos Alvear a Rafael Mérida, 28 de octubre de 1811, AGI, Estado, 69. N. 33 (1); Rieu-Millan, *Los diputados...*, pp. 381-2; Diego Javier Bauso, *Un plagio bicentenario: El "Plan de operaciones" atribuido a Mariano Moreno. Mito y realidad*, Sudamericana, 2015; José R. Guzmán, "Fray Servando Teresa de Mier y la Sociedad Lautaro", *Anales del*

importante miembro de este grupo revolucionario sino que había sido uno de sus fundadores.

Una lectura crítica de las declaraciones de Fray Servando de Mier demuestra su intención de ofrecer suficiente información fidedigna para establecer su credibilidad mientras evitaba incriminarse a sí mismo u a otros que estuviesen aún al alcance del poder colonial. Esto se manifiesta cuando Mier incurre en algún que otro anacronismo, dice olvidar algunos nombres o cambia otros. Por ejemplo, Mier se refirió al "tuerto" Diego de Mérida con «un abogado tuerto llamado Gracida». Este también parece ser el caso cuando Mier se refiere a Román de la Luz cuyo nombre nunca menciona, aunque el habanero probablemente estuvo presente en la ceremonia de inducción que Fray Servando describió con lujo de detalles. Mier contrastó su iniciación con la de otro miembro de la Sociedad llamado Vicente de Acuña que se había efectuado antes de su llegada a Cádiz. Según Mier, enterados los Racionales de la intención de su inquieto paisano Acuña de regresar a la Nueva España, el «americano Prada»[317] quiso reclutarlo «para propagar la Sociedad en el Reino de México» y como Alvear no estaba en la ciudad,

---

Instituto Nacional de Antropología e Historia, (Séptima época) Tomo I, 1967-1968, Secretaría de Educación Pública, México, 1969, pp. 275-88).

[317] No hemos podido encontrar al tal «americano Prada» en Cádiz por esta fecha, pero había un activo miembro de la Sociedad de apellido «Rada» que bien pudiera ser José Miguel de Rada, un habanero empleado entonces en el ministerio de Marina de Cádiz (Ivana Frasquet, "Junta, regencia y representación: la elección de los suplentes americanos a las primeras Cortes", *Revista de História* [en línea], núm. 159, diciembre, 2008, Universidad de São Paulo, São Paulo, p. 89). Alvear se refiere a Rada como «uno de los Hermanos más celosos y activos» (Copia de carta de Alvear a Mérida, 28 de octubre de 1811, AGI, Estado, 69. N. 33 (1). La primera noticia de la existencia de esa carta la ofreció en 1960 el contralmirante español Julio Guillén quien erróneamente transcribió el nombre de Rada como «Nada» ("Correo insurgente de Londres capturado por un corsario puertorriqueño, 1811", *Boletín de la Academia Chilena de Historia*, año XXVII, N.° 63, 1960, p. 126).

«...Prada llevó a Acuña al Castillo de Santa Catalina, donde estaba el Orador de la Sociedad que es Urriola Habanero, que le parece que ahora está en España, y éste (que estaba preso en dicho Castillo) admitió a Acuña a la Sociedad sin ceremonia alguna...»[318]

Aunque hemos podido identificar a más de cuarenta cubanos que por diversas razones se encontraban por esos días en Cádiz y la Isla de León, ninguno se llamaba Urriola y sólo conocemos a dos que estaban presos entonces en el Castillo de Santa Catalina; Luis Francisco Bassave y Román de la Luz. De estos solamente uno era un probado conspirador independentista, por tanto: el «Urriola» de Mier, el hombre que podía asumir las funciones del presidente de la Sociedad en ausencia del titular se puede deducir que es don Román de la Luz. Pero para establecer la afiliación de Luz a los Caballeros Racionales no tenemos que depender de deducción alguna pues un hecho fortuito que ocurrió en los primeros días del siguiente año no deja lugar a dudas.

Carlos de Alvear se trasladó de Cádiz a Londres a principios de octubre de 1811 para «salir del poder de los tiranos»; lo acompañaron en el viaje José de San Martín, Wenceslao de Villaurrutia, Francisco Chilavert, José Matías de Zapiola y Fray Servando de Mier. Reunido allí con otros Caballeros Racionales fundó la Logia

---

[318] Acusado en México de ser el autor de varios libelos sediciosos, Vicente de Acuña había sido detenido en junio de 1809 y enviado a Cádiz bajo partida de registro; acogido a indulto, Acuña aceptó la encomienda de los Caballeros de la Logia N.º 3 y llegó a Veracruz el 17 de noviembre de 1811 luego de hacer escala en La Habana donde dijo haber conocido a «varios hermanos de la logia americana». El intrépido Acuña logró establecer una filial de la Sociedad en Jalapa antes de ser fusilado por la espalda en 1812 por conspirar para tomar la Fortaleza de San Carlos en Perote. Parece que su inducción abreviada en la prisión de Santa Catalina, según el propio Acuña, se formalizó después en la casa de Alvear, (Mier, *op. cit.*, pp. 817-9, 821; Guzmán, p. 278; Francisco Javier Venegas, virrey de México, a ¿Gracia y Justicia?, 22 de abril de 1812, AGI, Estado, 69, N. 33 (1); Sumario de la causa seguida a Ramón Cardeña, [ca. 1817], AGI, Estado, 69, N. 33 (1a); Jaime del Arenal Fenochio, *Cronología de la Independencia (1808-1821)*, Instituto Nacional de Estudios de las Revoluciones de México, 2011, p. 21).

N.º 7, una filial de la Logia gaditana «para servir de comunicación con Cádiz, Filadelfia y [Caracas]». Poco después, Alvear preparó un informe sobre las actividades de los Caballeros Racionales desde la partida de uno de los «hermanos» de la Logia N.º 3 que había regresado a su tierra natal para incorporarse a la insurrección en aquella provincia. El destinatario era el caraqueño Rafael Diego de Mérida quien había escapado de Cádiz en julio en compañía de los diputados suplentes Domingo Caycedo y José Álvarez de Toledo antes que las autoridades ofrecieran recompensas por la captura de este último, vivo o muerto.[319] La carta de Alvear salió de Londres en un paquete de correspondencia que viajaba en el bergantín inglés *La Rosa* que fue «apresado el 3 de enero de 1812 por el corsario particular de Puerto Rico *San Narciso*» cuando se acercaba a la costa venezolana.[320] La estafeta insurrecta fue entregada al Capitán general de Venezuela, el santiaguero Fernando Miyares González, quien otorgó especial atención a la carta de Alvear sobre los Caballeros Racionales. Miyares envió el original a Cádiz e hizo copia para el virrey de la Nueva España quien a su vez la copió para beneficio de otras autoridades por ser, según dijo, «materia de tanta entidad, arduidad y trascendencia.»[321]

El reporte de Alvear incluía los nombres de todos los nuevos miembros que se habían sumado a la Sociedad desde el mes de julio en Cádiz[322] y en Londres desde la llegada de Alvear.[323] Entre

---

[319] En la versión de Mier, el nombre del compañero de Caycedo en su viaje hacia Nueva Granada era «Gracida», en lugar de Mérida (Mier, *op. cit.*, p. 819).

[320] Guillén, *ob. cit.*, p. 125; Mier, *op. cit.*, p. 819.

[321] Javier Venegas, virrey de México, a ¿Gracia y Justicia?, 22 de abril de 1812, AGI, Estado, 69, N. 33 (1); Copia de carta de Alvear a Mérida, 28 de octubre de 1811, AGI, Estado, 69. N. 33 (1).

[322] En Cádiz se habían sumado diez americanos, entre ellos los cubanos Antonio del Valle, José Sotolongo, Andrés Arango y Vicente Quesada; otras cuatro personas habían rehusado la invitación, entre ellas el marqués de San Felipe y Santiago, cuñado de Román de la Luz, aunque prestó su casa para algunas reuniones. No es despreciable la aseveración de quienes identifican a este Arango con Andrés Arango y Núñez del Castillo, parte de una poderosa familia habanera cuyo hermano, Anastasio, había sido cadete del Inmemorial del Rey en La Habana

otras ocurrencias pertinentes a la Sociedad, Alvear anunciaba a Mérida que,

«Nuestro Román de la Luz ha salido del Castillo y tiene la ciudad por cárcel, y lo estoy esperando de un momento a otro.»

Román de la Luz no pudo llegar a Londres para compartir con aquellos patriotas las peripecias de las luchas en sus países. Ramón Eduardo Anchoris quedó de presidente de la Logia N.º 3 de los Caballeros Racionales de Cádiz, pero la Sociedad como tal perdió fuerza con la salida del dinámico Carlos Alvear; seis meses después, Anchoriz también se iría a Londres.

Según Mier, Román de la Luz había formado parte de la decena de hombres que con Alvear «inventaron» la Sociedad en febrero de 1811.[324] No hay que dudar que la experiencia personal del veterano conspirador habanero contribuyera a dar forma a la Sociedad de Caballeros Racionales y a que sus fundadores le otorgaran un puesto en la dirigencia de la organización. No se ha encontrado documentación que revele la estructura de la Sociedad, pero cuando Alvear llegó a Buenos Aires un año después, fundó allí una sociedad similar —que luego se llamó Logia Lautaro—, y los estatutos de una filial de esa Logia, que incluyen «la constitu-

---

junto a Román de la Luz (Miguel Ángel Puig-Samper y Mercedes Valero, *Historia del Jardín Botánico de la Habana,* Ediciones Doce Calles, Madrid, 2000, p. 86).

[323] En Londres, Carlos Alvear reclutó a su compatriota Manuel Moreno, al mexicano José Francisco Fagoaga y Villaurrutia, marqués del Apartado, y a los comisionados de la Junta Revolucionaria de Caracas Andrés Bello y Luis López Méndez, quienes habían llegado a Londres con Simón Bolívar para entrevistarse con Francisco de Miranda (Copia de carta de Alvear a Mérida, 28 de octubre de 1811, AGI, Estado, 69. N. 33 (1)). Ni Bolívar ni Miranda participaron en la Sociedad. Bolívar había abandonado Londres desde el 16 de septiembre para trasladarse a Portsmouth desde donde embarcó el día 21 y zarpó el 22 hacia Venezuela. Miranda embarcó el 10 de octubre por lo que hubo de abandonar Londres varios días antes para viajar a Portsmouth. Alvear y sus compañeros salieron de Cádiz el 1º de octubre y luego de varios días de navegación llegaron a Falmouth desde donde viajaron a Londres en diligencia.

[324] Mier, *op. cit.,* p.. 819.

ción matriz», estipulan que el núcleo rector incluía al presidente, vicepresidente, dos secretarios, un orador y un maestro de ceremonias.[325] Como Orador de la Logia N.º 3 de Cádiz, Román de la Luz sería uno de «los hermanos del Quinto grado» quienes —según Alvear—, tomaban las decisiones en la Sociedad.[326]

Aunque limitados sus movimientos por su libertad condicionada y vigilado por sus antecedentes de infidencia, Román de la Luz continuó en sus labores conspirativas con algunos antiguos compañeros y con nuevos colaboradores.

Conspirando en Cádiz

En mayo de 1814, aun antes de llegar a Madrid para reasumir el Trono, Fernando VII había mandado a disolver las Cortes y abolir la Constitución despachando órdenes de arresto contra docenas de ciudadanos, entre ellos muchos delegados acusados de abusar de sus puestos y de usurpar la soberanía del Rey. Uno de estos era el delegado por la provincia de Coahuila en Nueva España, el presbítero Miguel Ramos Arispe a quien mantuvieron incomunicado mientras era investigado y sometido a interrogatorios. La situación de Ramos Arispe se agravó considerablemente cuando a principios de enero de 1815 el juez investigador le informó que un tal Pansioti le había implicado también en actividades conspirativas con «un habanero llamado don Román de la Luz», entre otros.[327] Naturalmente, Miguel Ramos Arispe rechazó la

---

[325] Benjamín Vicuña Mackenna, *El ostracismo del jeneral D. Bernardo O'Higgins*, Imprenta y Librería del Mercurio, Valparaíso, 1860, pp. 269-75.

[326] Copia de carta de Alvear a Mérida, 28 de octubre de 1811, AGI, Estado, 69. N. 33 (1)

[327] Sumaria general de las causas de Estado instruidas por el juez comisionado Manuel José Rubio, contra varios diputados de las Cortes de Cádiz, por los abusos cometidos en el ejercicio de dicho cargo, Rubio a Josef de Arteaga, Capitán general de Castilla la Nueva, 18 de enero de 1815, Archivo Histórico Nacional [AHN], Consejos, 6311, Exp. 1, f. 255.

acusación de Pansioti aunque admitió conocer a Román de la Luz y a otros de los acusados por el denunciante.[328]

Gaudencio Pansioti, aventurero italiano que se había unido primero a los franceses y después al ejército español, había sido arrestado con otro desertor cuando intentaban abandonar Cádiz en la fragata norteamericana *Nelson* en enero de 1813. Otro pasajero clandestino, el oaxaqueño Luis de Iturribarría, había logrado huir, pero en su equipaje las autoridades encontraron una comprometedora carta que desde Londres le había escrito Fray Servando de Mier y que después se utilizaría como prueba contra Ramos Arispe porque su nombre, malamente encubierto por Mier, figuraba como uno de los más prominentes conspiradores; la carta no se usó contra Luz porque las autoridades no sabían quién era «el Orador» de los Caballeros Racionales a quien Mier mandaba saludos. Durante meses el capitán de artillería Pansioti había negado todos los cargos, pero el 17 de septiembre de 1814 —con la promesa de un amplio perdón por sus delitos—, firmó ante el Capitán general de Cádiz una declaración en que revelaba los nombres y los planes de quienes lo habían reclutado.[329] Según Pansioti, otro soldado de fortuna, el teniente coronel Ducoudray,[330] le había

---

[328] Rubio a Arteaga, 18 de enero de 1815, AHN, Consejos, 6311, Exp. 1, f. 256.

[329] Marie-Laure Rieu-Millan, "Fray Servando de Mier en Londres y Miguel Ramos de Arispe en Cádiz (Su actividad política y propagandística según una carta inédita de Mier, 1812)", *Suplemento de Anuario de Estudios Americanos. Sección Historiografía y Bibliografía*, Tomo XLVI, Núm. 2, Consejo Superior de Investigaciones Científicas, Sevilla, 1989, pp. 58-60. En su carta Mier envió «memorias a Ro y al Orador»; Rieu-Millan creyó que "Ro" pudiese ser Román de la Luz porque no conocía quién era el Orador de la Logia. Creemos más probable que "Ro" se refiera a Manuel José Roche.

[330] Henri Louis Villaume Ducoudray Holstein, de origen franco-alemán, teniente coronel del ejército francés pasado al español; Ducoudray se enroló con Luz y Arispe y en 1813 pudo llegar a Luisiana. Luego operó con su amigo Louis-Michel Aury quien entonces operaba con una patente de corso de Venezuela y más tarde escoltaría la expedición de Mina en 1817; Ducoudray llegó a pertenecer al círculo íntimo de Simón Bolívar antes de separarse para dirigir un fallido intento comercial para ocupar la Isla de Puerto Rico. Pasó a la vida civil y murió en Albany, New York en 1839. Es autor de una biografía crítica de Bolívar. (Henri Du-

puesto en comunicación con Román de la Luz quien le ofreció la oportunidad de unirse a una expedición que se estaba organizando en la Luisiana para independizar a la Nueva España; allí debía ver a un tal Toledo quien organizaba una expedición del ejército revolucionario a la provincia española de Texas. Miguel Ramos Arispe y Román de la Luz le habían estado suministrando dinero al italiano —para sus gastos mientras esperaba su embarque y para mantenerlo callado después de su arresto—, y cuando el dinero dejó de fluir con el encarcelamiento de Arispe en mayo de 1814, Pansioti denunció la operación a cambio de su libertad.

Román de la Luz fue arrestado el 24 de septiembre de 1814 luego que Pansioti ratificara su declaración ante el comisario regio Diego María Vadillo. El habanero fue conducido otra vez al castillo de Santa Catalina donde fue internado en un calabozo «sin ventilación y sin luz». Tres días después los carceleros orquestaron un careo entre Luz y Pansioti durante el cual Román de la Luz negó la «delación calumniosa» del capitán y ripostó que aquel «extranjero advenedizo» estaba motivado por «haberle negado una demanda de metálico que impudentemente le hizo».[331] El comisario Vadillo no dio crédito a las refutaciones de Luz y procedió a in-

---

coudray Holstein, "Memoirs of my Life. By an Old Soldier", *The Zodiac*, vol. II, núm. 5, 6 y 7, Albany, 1836-1837, pp. 68-9, 86-8 y 101-2; Ducoudary, *Memoirs of Simon Bolivar, President Liberator of the Republic of Colombia and of his Principal Generals*, Goodrich & Co., Boston, 1829; Carlos Vidales, "Corsarios y piratas de la Revolución Francesa en las aguas de la emancipación hispanoamericana", *Iberoamericana*, v. XIX, núm. 2, Estocolmo, 1989, pp. 13-18.

[331] Luz al Rey, 21 de junio de 1816, AGI, Ultramar, 27, N. 33; Susana García León, "La causa de Estado contra el diputado a Cortes Miguel Ramos Arispe", *Cuadernos de Historia del Derecho*, núm. 5, Servicio de Publicaciones de la UCM, Madrid, 1998, pp. 209-49). Luz dijo también haber sido encarcelado en el castillo de Sancti-Petri en esta ocasión (Ministro de Ultramar Ramón López Pelegrino al de Gracia y Justicia, Vicente Cano-Manuel Rodríguez de Arellano, 8 de agosto de 1821, AGI, Ultramar, 113, f. 230).

coar una nueva causa contra el grupo de conspiradores; la lista la encabezaba don Román de la Luz.[332]

Evidentemente, la información revelada por Pansioti era verídica: los acusados habían estado operando una red de reclutamiento de oficiales veteranos y enviándolos a América como parte de un plan elaborado algún tiempo atrás por algunos hispanoamericanos en Cádiz. En septiembre de 1810, previendo que los diputados americanos demorarían aún algunos meses en llegar, se había estipulado que se seleccionaron suplentes entre los emigrados en Cádiz y sus inmediaciones. La representación de la colonia de Santo Domingo recayó en un cubano, el teniente de navío José Álvarez de Toledo y Dubois. Toledo se distinguió muy pronto por su fogosidad y firmes denuncias de los menguados derechos de los criollos en América y se colocó al lado de los llamados "diputados americanos" con quienes compartía dentro y fuera del Oratorio de San Felipe Neri en que sesionaban las Cortes. Toledo se ganó enemigos en el gobierno y en julio de 1811 tuvo que huir de Cádiz ante la inminencia de un arresto.[333] En Washington conoció y se unió a Bernardo Gutiérrez de Lara quien dirigía los esfuerzos de los emigrados mexicanos para contribuir a lograr su independencia de España; sus planes evolucionaron hacia la organización de un ejército para atacar la provincia de Texas desde New Orleans, un ejército que necesitaría oficiales veteranos como los que reclu-

---

[332] «Don Román de la Luz, don Miguel Ramos Arispe Diputado de las Cortes Extraordinarias, don Miguel Pérez Santa María, don Gaudencio Panseoti, don Luis Carbajal, don Fernando de la Serna y don Rafael Arango siendo los tres primeros los principales contra quienes se siguió esta causa.» (Del Secretario del despacho de Gracia y Justicia, Vicente Cano Manuel Ramírez de Arellano al secretario del despacho de Gobernación de Ultramar, Ramón López Pelegrín, 19 de agosto de 1821, AGI, Ultramar 113, f. 226).

[333] Carlos Manuel Trelles y Govín, "Un precursor de la independencia de Cuba: don José Álvarez de Toledo", *Academia de la Historia de Cuba. Discursos leídos en la recepción pública del Sr. Carlos M. Trelles y Govín*, El Siglo XX, La Habana, 1926, pp. 8-13; Julio Zárate, "La Guerra de Independencia", Vicente Riva Palacio, director, *México a través de los siglos*, Editorial Cumbre, México D. F., 1980ª [1ª ed. 1884], t. III, pp. 80-1;

taban entonces Román de la Luz y Miguel Ramos Arispe en Cádiz. De los vínculos entre Toledo y Arispe se intuía más de lo que se conocía en realidad: un biógrafo de Toledo estableció que desde Filadelfia éste «se puso en relaciones con el Diputado Arispe» sin poder ofrecer más detalles y —aunque no lo mencionó en su texto—, en su bibliografía reportó la existencia de un

> «Poder dado por los Representantes de las Provincias de México e Isla de Cuba, Puerto Rico y Santo Domingo a Don José Álvarez de Toledo, para que organice un Ejército y establezca un Gobierno en las Provincias internas del Norte de México. Julio 14 de 1811. Se encuentra en los Papeles del Virrey Callejas. 1815.»[334]

Algunos años después, un profesor de la Universidad de California, en Los Angeles, reveló que el enviado de España ante los Estados Unidos, Luis de Onís y González-Vara, había informado a su gobierno que «Toledo era el instrumento de un complot auspiciado por los diputados americanos en las Cortes con vista a alentar a las colonias a lanzarse a la independencia.»[335] Sobre el «Poder» dado a Toledo ese académico también descubrió que un segundo ejemplar existe en España y que ambos eran copias hechas por espías españoles en New Orleans que lograron reunir los pedazos del documento original que Toledo había roto en pedazos. Como tales copias no reproducen las firmas y no permiten certificar si el original era genuino, el historiador correctamente concluyó entonces que la conexión de Toledo con Cádiz debía permanecer en el ámbito de la duda.[336] Aunque esta información sobre el

---

[334] Trelles, "Un precursor...", pp. 28, 137.

[335] Cartas de Onís al secretario de Estado Eusebio Bardají y Azara, 25 de septiembre y 28 de diciembre de 1811, AHN, Estado, 5554, y otra del mismo al mismo, 20 de enero de 1812, AHN, Estado, 5638 (citadas por Joseph B. Lockey, "The Florida Intrigues of Jose Alvarez de Toledo", *The Quarterly Periodical of the Florida Historical Society*, Tallahassee, April 1934, v. XII, Núm. 4, p. 148).

[336] El fraile capuchino Antonio de Sedella —el legendario "Père Antoine" del folklore de New Orleans—, operaba allí una red de espionaje español con la asistencia de Juan Mariano Picornell, mallorquín sobreviviente de la conspiración de

apoyo que secretamente le brindaba la célula insurrecta dirigida por Román de la Luz y Miguel Ramos Arispe no contribuye a establecer la legitimidad de aquel "poder", la existencia del sospechado vínculo de José Álvarez de Toledo con Cádiz sí queda ahora confirmada.

José Álvarez de Toledo logró entrar en Texas en 1813 y remplazó a Gutiérrez de Lara en la jefatura de los rebeldes que ya habían ocupado la capital de San Antonio de Béxar; el primer encuentro del general Toledo con las fuerzas realistas marcó el fin del Ejército Republicano del Norte y de todo aquel sublime y sangriento esfuerzo independentista en las llamadas Provincias internas de Oriente. Los muertos pasaron de mil, la derrota fue aplastante y la represión por los realistas fue tan implacable como la practicada contra ellos unos meses antes por los invasores. Las tropas insurrectas habían contado con un importante contingente de oficiales y soldados norteamericanos y Toledo también contó con el apoyo de Washington a través del agente William Shaler quien había llegado de Cuba en 1812 dispuesto a cumplir su misión de pescar en el río revuelto de la revolución mexicana. El debate continúa sobre cuándo Toledo cambió de bando pues, aunque siguió haciendo el papel de revolucionario por varios años más, desde antes de entrar en Texas ya había establecido comunicación con el ministro español Onís. En 1817 Toledo pasó físicamente a España donde prosperó en su carrera militar hasta alcanzar el generalato, y en su vida personal al casarse en 1824 con la viuda del duque de Medina-Sedonia y entrar en la alta aristocracia europea.

Gual y España en Venezuela quien ahora servía a la Corona. Ellos hicieron las copias del «Poder» dado a Toledo (Onís al secretario de Estado Pedro Cevallos Guerra, 11 de agosto de 1816, AHN, Estado, 5554, citada por Lockey, *op. cit.*, p. 149); otra autora ha cuestionado también el propósito y alcance del susodicho papel (Rieu-Millan, *Los diputados*..., pp. 386-9).

La causa contra Román de la Luz y los otros conspiradores de Cádiz formaba parte de muchas otras resultantes del vuelco político experimentado con la restauración del absolutismo. Fernando VII había creado en mayo una Comisión de Policía con la imposible misión de investigar, procesar y castigar en pocos días a quienes habían actuado contra su soberanía. "Con el más amargo pesar" los comisionados se declararon incapaces de cumplir su cometido y El Deseado creó entonces la Comisión de Causas de Estado el 17 de septiembre de 1814 la cual tampoco pudo satisfacer los deseos del soberano de despachar aquellas docenas de causas con la mayor premura, pero cumpliendo todos los requisitos de la ley. El impaciente Rey decidió poner fin él mismo a aquella madeja jurídica —que también él mismo había creado—, y el 15 de diciembre se anunciaron las condenas emanadas de su poder absoluto que repartieron penas de prisión, pagos de costas y destierros a los 51 encausados.[337] En su celda del enorme cuartel del Real Cuerpo de Guardias de Corps en Madrid, Román de la Luz fue sorprendido en la madrugada del 18 de diciembre de 1815 e informado que el Rey «había mandado que saliese desterrado a distancia de veinte leguas de la Corte y Sitios y sin que pudiese entrar en ella» sin previo permiso Real; y para que partiese cuanto antes el Ayudante de la Plaza le había traído una calesa.[338] El pasaporte que le entregó el Ayudante estipulaba la remota ciudad de Carmona como destino pero don Román decidió quedarse en Manzanares de la Mancha la cual ya cumplía la distancia requerida en su condena.[339]

---

[337] Estos datos son tomados de la información que sobre la Comisión de Causas de Estado ofrece el Archivo Histórico Nacional de España (http://pares.mcu.es/ GuerraIndependencia/portal/archivo/fondos/ConsejoCastilla.html), consultado el 27 de junio de 2017.

[338] Luz al Rey, 15 de septiembre de 1817, AIG, Ultramar, 27, N. 33.

[339] De Madrid a Carmona habían 87.75 leguas de posta y a Manzanares sólo 29.5 (*Guía general de correos, postas y caminos del Reino de España*, Imprenta de D. Miguel de Burgos, Madrid, 1830, pp. 40-41). El mismo día 18, el presbítero Arispe fue transportado a cumplir su exilio interno incomunicado en la Cartuja de Ara

Mientras Gutiérrez de Lara y Toledo se batían en Texas, Román de la Luz operaba la red de reclutamiento en Cádiz, en tanto continuaba apelando a la burocracia española para salir de España. En 1811 se había acogido al indulto y el Consejo de Indias había decidido engavetar las causas por las que había sido expulsado de su país, pero sin cancelar el cobro de las costas del proceso habanero. Su queja a la Regencia había sido ignorada y entonces Román de la Luz decidió apelar directamente a las Cortes y, para poder llegar a todos los diputados, lo hizo por medio de una pliego que mandó a imprimir en 1812 donde pedía la reapertura de su causa para poder probar su inocencia y protestaba que su denuncia de la trama de la gente de color en La Habana no había sido recompensada. Es posible que el pliego impreso haya surtido el efecto deseado pues el tema de las costas no vuelve a aparecer en los reclamos de Luz.[340] En agosto de 1813 comienzan sus súplicas por un pasaporte para viajar a la Isla pero estos esfuerzos son interrumpidos por su encarcelamiento a causa de la conspiración de Toledo, Arispe y el grupo de apoyo gaditano.[341]

Estando confinado en Manzanares de la Mancha Román de la Luz se enteró de la muerte de su esposa, doña Francisca Núñez del Castillo, quien fue sepultada en La Habana el 12 de febrero de 1819. El patrimonio de doña Francisca fue heredado por la hija que quedaba de ese matrimonio. Al morir también esa sucesora poco después, el padre se consideró con derecho a la herencia y esto dio pie a un litigio entre él y su cuñado el marqués de San Felipe y Santiago y a renovados esfuerzos para regresar a la Isla o al menos, para trasladarse a Cádiz para poder atender sus negocios

---

Christi, al norte de Andalucía (F. Juan Gamaron al Capitán general de Castilla la Nueva, 2 de marzo de 1816, https://archivos. juridicas.unam.mx/www/bjv/ libros/6/2670/9.pdf, consultado el 28 de julio de 2017).

[340] Luz al Consejo de Regencia, 1° y 28 de marzo de 1812, Gracia y Justicia a Regencia, 17 de abril de 1812, AGI, Ultramar 113, ff. 211-8; de la Luz, *op. cit.*

[341] Luz a Ultramar, 3 de agosto de 1813, AGI, Indiferente, 2141, N. 139, ff. 421-3; Ultramar a Estado, 9 de agosto de 1813, AGI, Indiferente, 2141, N. 139, f. 420.

y su quebrantada salud. No obtuvo alivio alguno de las autoridades.[342]

El descontento con Fernando VII se manifestó en España a principios de 1820 con algunos pronunciamientos militares y luego amplias protestas populares que obligaron al Deseado a aceptar a regañadientes la Constitución de 1812, dando paso a un nuevo trienio liberal. Don Román quedó liberado de su destierro en Manzanares y se trasladó a Madrid para reanudar sus esfuerzos por obtener el permiso para viajar a La Habana. Cada cambio de gobierno ofrecía la esperanza de que funcionarios más condescendientes o menos informados revisaran sus súplicas y, en efecto, con el triunfo de los liberales en esta ocasión el resultado prometía ser diferente. Román de la Luz se permitió soñar regresar a La Habana con un puesto y ese verano llegó a solicitar formalmente primero, «el destino de ministro interventor o tesorero» en la aduana y luego el de «comandante del resguardo de La Habana.»[343]

El 14 de octubre de 1820 Román de la Luz dirigió una súplica a la Secretaría de Gobernación de Ultramar ocupada ahora por don Antonio Porcel Román. Por primera vez la súplica no mencionaba las causas en que Luz había sido nombrado ni la manera en que llegó a la Península. Ahora don Román simplemente explicaba el haber «evacuado sus asuntos que lo detenían en esta Corte» y el estar «dispuesto ya a regresar a su país» acompañado por sus tres criados. Quien no conociera al habanero podría pensar que esta era una solicitud de rutina de un comerciante o apoderado criollo que regresaba a su país de un viaje de negocios; la presencia de tres criados contribuía a reforzar esa imagen.[344] El secreta-

---

[342] Román de la Luz al Rey, 9 de agosto de 1819; Palacio al Capitán general de Castilla la Nueva, Gaspar de Vigodet, 9 de septiembre de 1819, AGI, Ultramar 113, ff. 184-206.

[343] AGI, Ultramar, 157, N. 23, 25 de julio de 1820; AGI, Ultramar, 165, N. 37, 14 de octubre de 1822.

[344] Luz a Antonio Porcel, 14 de octubre de 1820, AGI, Ultramar, 339, N. 132, f. 626.

rio Antonio Porcel era un liberal convencido desde sus años de consejero de Indias y lo había demostrado con creces en Cortes como diputado por Granada. Al igual que el diputado Ramos Arispe —el cómplice de Luz—, Porcel también había sido arrestado y procesado durante la represión alfonsina de 1814 y fue uno de varios de aquel grupo llamados en 1820 a formar parte del que Fernando VII llamaría Gobierno de los Presidiarios.[345] Es de suponer que Porcel sabía quién era Román de la Luz.

El nuevo ministro de Ultramar no vaciló en aprobar la solicitud del activista habanero y el día 19 cursó instrucciones al Juez de Arribadas de Cádiz, don Tomás Barrada, para que expidiera el correspondiente pasaporte a Román de la Luz para viajar a La Habana con sus criados. Desde Cádiz, el 31 de octubre el juez Barrada ofició al ministro Porcel para acusar recibo de la orden y confirmando su intención de franquear la salida de Luz y sus sirvientes con el debido pasaporte. La gestión parecía haber sido exitosa, pero algo o alguien la detuvo y el viaje nunca se realizó.[346] Al fin y al cabo, ninguna de las solicitudes de Román de la Luz fue atendida. Su suerte había quedado sellada por Someruelos en La Habana en 1810.[347]

La genealogía familiar refleja que Román de la Luz Sánchez de Silveira se casó en segundas nupcias con doña Gregoria Virno y que terminó sus días en el hospital de Atarazanas, en Málaga, el

---

[345] Diego Barros Arana, *Historia jeneral de Chile*, Rafael Jover, Editor, Santiago, 1894, t. XIII, p. 235; María Luisa Román, "Antonio Fernando Basilio Porcel Román (1755-1832)", *Página cultural de Francisco Pelegrina*, https://www.paco pelegrina.com/alpujarras-archivo-hist%C3%B3rico-documentado/personajes-biografias/porcel-rom%C3%A1n-antonio-fernando-basilio/, consultado el 28 de junio de 2017.

[346] Porcel a Barrada [sin firma], 19 de octubre y Barrada a Porcel, 31 de octubre de 1820, AGI, Ultramar, 339, N. 132, ff. 627-28.

[347] Luz a Gracia y Justicia, 26 de marzo de 1821, AGI, Ultramar 113, ff. 227-8; Ramón López Pelegrín a Gracia y Justicia, 8 de agosto de 1821, AGI, Ultramar 113, f. 230.

19 de diciembre de 1825.[348] Por entonces habría cumplido 56 años este genuino precursor de los esfuerzos independentistas en Cuba.

Los Racionales en Cuba

A mediados del año 1823, el gobierno de la Isla de Cuba comenzó a desarticular un extenso complot independentista que se conoce en la historia como la Conspiración de los Soles y Rayos de Bolívar. Pronto las detenciones ascendieron a un centenar y otros quinientos hombres serían implicados a través de todo el departamento occidental, desde Pinar del Río hasta Puerto Príncipe, pero la mayor concentración radicaba en los pueblos de las futuras provincias de La Habana y Matanzas. En la ciudad de Matanzas operaba la más vasta filial de la conspiración, una sociedad secreta de estructura y rituales paramasónicos cuyos miembros juraban fidelidad a la causa de la independencia y se llamaban Caballeros Racionales.[349]

Los orígenes de esta iteración cubana de la Sociedad de Caballeros Racionales que Román de la Luz y sus amigos habían fundado en Cádiz son hasta ahora desconocidos pero esta coinci-

---

[348] Santa Cruz, *op. cit.*, t. II, pp. 141-4. Un siglo después, un historiador reportó la presunta existencia de «un hijo suyo, José Román de la Luz,» quien aparece —como hemos podido comprobar—, empleado en 1849 en la Capitanía General de La Habana y como coronel del Ejército en 1873 (Trelles, "Un precursor..." p. 23; *Guía de forasteros en la Siempre Fiel Isla de Cuba para el año de 1849*, Imprenta del Gobierno y Capitanía General, La Habana, 1849, p. 6; *Guía de forasteros de la Siempre Fiel Isla de Cuba para el año de 1873*, Imprenta del Gobierno y Capitanía General, La Habana, 1873, p. 303). La información resulta interesante, aunque su conclusión parece fundamentada sólo en el nombre y la repetición de los nombres propios en familias extensas como la de Luz no estaba limitada a los hijos.

[349] En Matanzas el gobierno nombró a 174 presuntos conspiradores, entre ellos el joven poeta José María Heredia (Roque E. Garrigó, *Historia documentada de la conspiración de los Soles y Rayos de Bolívar*, 2 Tomos, Imprenta el Siglo XX, La Habana, 1929, t. II, p. 223).

dencia no es casual. Es posible que la SCR que conocemos de Cádiz y Londres tuviese una presencia mucho más temprana en la Isla. El hermetismo que caracterizaba a este tipo de sociedades ha dejado pocas huellas documentales lo cual dificulta su estudio y exige a menudo un análisis deductivo para poder desvelar algunos de sus secretos. Es un terreno escabroso, donde trataremos de mantener el equilibrio.

Cádiz y Londres

Como sabemos, la Logia N.º 3 era la fundada en Cádiz en febrero de 1811, y la creada por Carlos Alvear en Londres en octubre de 1811 fue nombrada Logia N.º 7. Quizás esta aparentemente caprichosa numeración de las logias de la SCR ofrezca algunas pistas sobre su trayectoria que, a pesar de la escasez de información confiable, permitan arribar a conclusiones en algunos casos y aventurar ciertas deducciones en otros que señalen posibles áreas por investigar.[350] ¿Fue el salto numérico un simple ardid desinformativo o existían realmente las logias numeradas 4, 5 y 6? Existen indicios que sugieren que los números que faltaban ya estaban asignados a filiales de la SCR en Caracas, Filadelfia y México — no necesariamente en ese orden.

Caracas

Hasta el momento, el documento más revelador sobre los Caballeros Racionales lo representa la carta y oficios que Alvear dirigió desde Londres en octubre de 1811 a Rafael Mérida en Caracas. Mérida había pasado de Cádiz a Caracas en comisión de la SCR y el oficio que va formalmente dirigido «Al Venerable Presidente de la Logia número 4» parece confirmar que la Logia N.º 4 estaba en Caracas.

---

[350] Acerca de las filiales de la SCR, el historiador Emilio Ocampo desarrolló interesantes hipótesis a las cuales esperamos poder aportar aquí algunos datos adicionales (*op. cit.*, p. 12).

Filadelfia

En su carta Alvear explicaba que el propósito de la logia londinense era proporcionar abrigo a los "hermanos" que huían de España y «servir de comunicación con Cádiz, Filadelfia y esa [Caracas]». Cual Londres en Europa, Filadelfia era en América un santuario para los conspiradores hispanoamericanos y se había convertido en un importante punto de reunión y una acogedora escala para los miembros de la SCR que regresaban de Europa. Filadelfia había sido la capital de los angloamericanos hasta 1800 y seguía siendo un importante centro de poder político. Los "hermanos" Domingo Caycedo, y el propio Rafael Mérida habían pasado recientemente por Filadelfia, el primero en camino a Santa Fe y el segundo a Caracas, mientras su compañero de logia y de viaje, el cubano José Álvarez de Toledo, permaneció allí más de un año.[351] Filadelfia era también el puerto de entrada para los militares reclutados en Cádiz por la red de Román de la Luz para engrosar la expedición de Toledo a Texas y por mucho tiempo albergó a conocidos Caballeros Racionales como Luis de Iturribarría, Miguel Santa María y Fray Servando de Mier.[352] Aunque no conocemos evidencia documental que lo compruebe, no parece arriesgado deducir que la SCR hubiese reconocido la conveniencia de establecer una logia en Filadelfia.[353]

---

[351] Mier, *op. cit.*, 819; copia de copia de una carta de Carlos Alvear a Rafael Mérida, 28 de octubre de 1811, AGI, Estado, 69. N. 33 (1)

[352] Christopher Domínguez Michael, *Vida de Fray Servando*, Ediciones ERA, México, 2004, pp. 434, 492.

[353] La profesora Estela Guadalupe Jiménez Codinach postuló que ya en Filadelfia existía una logia pero desconocemos su fuente (*La Gran Bretaña y la independencia de México, 1808-1821*, Fondo de Cultura Económica, México, 1991, p. 31).

Jalapa

La existencia de una logia de la Sociedad de Caballeros Racionales en México está mejor documentada. Cuando Alvear reportó a Mérida que uno de los nuevos miembros «ha ido ya a México» se refería al veracruzano Vicente Vázquez de Acuña, alias *Tacones*, a quien —según Mier—, Román de la Luz había encargado «procurase propagar la Sociedad en México». Aunque las autoridades obstruyeron su traslado a la capital del virreino, Acuña creó una logia en Jalapa, una estratégica ciudad en el camino entre México y Veracruz. La sociedad de Jalapa llegó a tener alrededor de sesenta afiliados, pero Acuña se trasladó a Perote donde conspiró con varios militares para tomar un fuerte y liberar a los insurrectos presos allí. Descubierto el plan, Vicente Acuña fue ejecutado a mediados de 1812. Detalles de la logia fueron recogidos en las declaraciones del propio Acuña y durante el proceso contra el presidente de la logia, el canónigo Ramón Cardeña y Gallardo.[354]

Si aceptamos que la numeración de las logias números 3, 4, 5, 6 y 7 corresponden a las cinco filiales en Cádiz, Caracas, Filadelfia, Jalapa y Londres, esto significa que la Logia N.º 3 de Cádiz no fue la primera y que nos faltan por identificar las logias numeradas 1 y 2. Como la carta de Alvear no ofrece información alguna acerca de esas dos primeras logias, debemos buscarla en otras fuentes.

Santa Fe de Bogotá

En su primera declaración sobre los Caballeros Racionales ante la Inquisición, Fray Servando de Mier reveló que durante su

---

[354] Copia de una copia de una carta de Carlos Alvear a Rafael Mérida, 28 de octubre de 1811, AGI, Estado, 69. N. 33 (1); Mier, *op. cit.*, p. 821; Sumario de la causa seguida a Ramón Cardeña, [ca. 1817], AGI, Estado, 69, N. 33 (1a). Otra versión de la causa contra Cardeña esta rotulada «Logia de los Caballeros Racionales en Jalapa – Fragmentos del proceso del canónigo Cardeña» (México, Archivo General de la Nación, Inquisición, tomo 1455, ff. 187-88.)

iniciación Alvear dijo haber «recibido papeles de Santa Fe» para fundar la logia en Cádiz y que el tal "Gracida", natural de Santa Fe, había anunciado que la logia de Cádiz «estaba subalternada a la de Santa Fe». En la próxima sesión, cual si temiese haber ofrecido una imagen positiva de los Racionales, Mier cambió el tono pasando a describir como falsa la existencia de filiales y recursos, añadiendo que aquella afirmación de Alvear había sido fingida para «enganchar» adeptos y que «fingieron que pertenecían a la Junta de Santa Fe» porque ya los neogranadinos Gracida y Caycedo habían ido a «plantear allí la Sociedad.» Mier nos deja con una primera versión en que la idea que dio origen a la SCR de Cádiz emanó de una logia ya existente en Santa Fe de Bogotá; y una segunda en que la fundación de una logia de Caballeros no ocurre en Santa Fe hasta la llegada allí de Gracida y Caycedo procedentes de Cádiz. Sin embargo, a efectos de nuestro sondeo, tal diferencia es de poca importancia pues ambas versiones informan de la existencia de una logia de la SCR en Santa Fe.[355] Años después, otro miembro de la Sociedad fue citado afirmando también que su «fundación había sido hecha en Santa Fe de Bogotá.»[356]

A pesar de las palabras de Mier, y aunque las logias de los Caballeros Racionales en Cádiz y Londres contaban varios bogotanos entre sus miembros, no conocemos prueba documental directa sobre la actividad de la Sociedad en Santa Fe; no obstante, la evidencia circunstancial apoya el testimonio de Mier sobre la presencia de una logia allí. Domingo de Caycedo Sanz de Santamaría había sido nombrado comisionado en Cádiz por el Cabildo de Santa Fe en 1809 cuando su padre, Luis de Caycedo y Flores era

---

[355] Rieu-Millan sospecha que, cuando militaba en la SCR, el propio Servando Mier mantenía comunicación oficial con Santa Fe desde Londres (*Los diputados...*, p. 366)

[356] Este testimonio de Enrique Martínez en Raúl A. Molina, "La Masonería en el Río de la Plata. Un testimonio olvidado", *Historia*, Buenos Aires, 1960, N.º 20, pp. 311ss, lo tomamos de Emilio Ocampo (*op. cit.*, p. 10) quien considera además que el prócer independentista colombiano, Antonio Nariño Álvarez, pudo haber inspirado la creación de la SCR en Santa Fe de Bogotá.

alcalde de esa ciudad; en España había tomado parte activa en la guerra contra los franceses y en septiembre de 1810 fue elegido diputado suplente a Cortes. Mientras tanto, ante la noticia del remplazo de la Junta Central por el Consejo de Regencia en España, en Santa Fe se había proclamado una Junta Suprema el 20 de julio de 1810 para asumir el gobierno autónomo de la Nueva Granada. Luis Caycedo era uno de los firmantes de la histórica Acta de Independencia y formaba parte de la Junta que —en busca de apoyo más allá de sus fronteras—, había creado una sección de Negocios Diplomáticos Interiores y Exteriores.[357] No hay que dudar que su hijo, el comisionado Domingo Caycedo, recibiese «papeles de Santa Fe» —tanto de carácter oficial como personal—, y que los compartiera con Carlos Alvear como había reportado Mier. Haya ocurrido la formalidad de la fundación de esa logia antes o después de la N.º 3, la subordinación de los Racionales de Cádiz a la logia de Santa Fe sugiere una precedencia *de facto* que le daría derecho a ser considerada la N.º 1 de la Sociedad. De ser así, ¿dónde estaba la Logia N.º 2?

La Habana

Un historiador cubano notó el parecido en el nombre de la que fundaran en Buenos Aires en 1812 Carlos Alvear y José de San Martín con el de la Orden de Caballeros Racionales que alarmó a Matanzas en 1823. Cuando se enteró que el lema de la logia lautarina era U.F.V. (Unión, Fe y Victoria) y el de los Soles, U.F.V. (Unión, Firmeza y Valor), el investigador intuyó que no estaba ante una simple casualidad.[358] Mas recientemente, un estudioso argentino conocedor de la militancia de Román de la Luz en SCR y de la aparición de los Caballeros Racionales en Cuba en

---

[357] Frasquet, *op. cit.*, p. 103; Harvey F. Kline, *Historical Dictionary of Colombia*, The Scarecrow Press, Lantham, 2012, p. 105.
[358] Eduardo Torres-Cuevas, *Félix Varela, los orígenes de la ciencia y con-ciencia cubanas*, Editorial de Ciencias Sociales, La Habana, 2002, [1ª ed. 1995], p. 267.

1823 llegó a preguntarse: «¿Existía una Sociedad de Caballeros Racionales en La Habana? ¿Sería quizás la N.º 2?»[359]

Resulta interesante que, en un discurso ante la Academia de la Historia de Cuba en 1928 —más de treinta años antes de la publicación de la carta de Alvear que reveló el protagonismo de Román de la Luz en la logia de Cádiz—, el investigador Carlos M. Trelles anunciara que, en su opinión, la asociación separatista de los Caballeros Racionales era «una logia masónica que se estableció en la Habana en 1810».[360] Desde luego, la única actividad notable de semejanza francmasónica que se ajusta a ese tiempo y espacio es la conspiración independentista dirigida por Román de la Luz. Pero Trelles no sabía que, en febrero de 1811, pocos meses después de su arresto en La Habana, Luz estaría fundando en Cádiz la Logia N.º 3 de la Sociedad de Caballeros Racionales. Entonces, ¿en qué basaba Trelles tal novedoso juicio? La respuesta puede hallarse en un dato que había aparecido en otro libro suyo dos años antes.

La pasión de Trelles era la bibliografía, de manera que aún sus trabajos históricos eran a menudo acompañados de una lista de títulos de «libros, folletos y artículos» pertinentes al tema de la obra. El discurso de recepción de Carlos M. Trelles a la Academia de la Historia se había pronunciado en junio de 1928 y estuvo dedicado a José Álvarez de Toledo. La Academia publicó aquel discurso con dieciséis apéndices, el último de los cuales, titulado "Bibliografía revolucionaria cubana, relativa a la independencia", consistía en doscientos veintiocho artículos escrupulosamente ordenados y numerados; intercalado entre las causas de 1809 y 1810 contra Román de la Luz (numeradas 51 y 52) y documentos de José Álvarez de Toledo (54, 55 y 56) estaba éste:

«53.— Caballeros Racionales. (Habana, 1810)»[361]

---

[359] Ocampo, *op. cit.*, p. 12.

[360] Carlos Manuel Trelles y Govín, *Matanzas en la independencia de Cuba*, Imprenta Avisador Comercial, La Habana, 1928, p. 13.

[361] Trelles, "Un precursor...", pp. 141-2. Trelles había recién adquirido el dato sobre los Racionales pues este no apareció en su anterior recopilación (*Biblioteca*

Así reportó Carlos M. Trelles la existencia de una publicación o documento de los Caballeros Racionales fechado en La Habana antes del embarque de Román de la Luz y de la fundación de la Logia N.º 3 en Cádiz. No tenemos noticias de que ese escrito haya sido encontrado, pero hay que recordar que Trelles también había reportado la existencia del proyecto de constitución de Joaquín Infante muchos años antes del descubrimiento de un ejemplar en Caracas. Trelles no ofreció la fuente de su información, pero la consideró suficientemente confiable para incluirla en su bibliografía y para llegar a la conclusión de que los Racionales estaban en Cuba desde 1810.

Las declaraciones del patriota mexicano Vicente de Acuña son también relevantes y reveladoras. Acuña había sido iniciado como Caballero Racional en Cádiz por el propio Román de la Luz durante el verano de 1811 previo a su embarque con destino a Veracruz a donde llegó a mediados de noviembre. El viaje incluyó una escala en La Habana donde Acuña reportó haber «conocido a varios hermanos» —tal y como se le había anunciado en Cádiz.[362] Naturalmente, Acuña tendría que haber sido provisto con algún que otro nombre o dirección para establecer contacto con los hermanos habaneros y haber «recibido entrada» en sus hogares;[363] nadie mejor situado entonces en Cádiz para proveer esa información que el hermano habanero Román de la Luz. La pre-

---

Histórica Cubana, 3 Tomos, (1º) Imprenta de Juan F. Oliver, Matanzas, 1922, (2º) Imprenta de Andrés Estrada, Matanzas, 1924 y (3º) Dorrbecker, La Habana, 1926).

[362] Sumario de la causa seguida a Ramón Cardeña, [ca. 1812], AGI, Estado, 69, N. 33 (1a); declaración de Vicente Acuña de 16 de junio de 1812, México, AGN, Infidencias, v. 74. cuad. 1(según citado por Victoria Guedea, "Las sociedades secretas durante el movimiento de independencia", *The Independence of Mexico and the Creation of the New Nation,* University of California, Los Angeles, 1989, p. 56.)

[363] "Exposición que hizo el reo Vicente Acuña", *Boletín del Archivo General de la Nación,* vol. 3, p. 394 (citado por Richard, E. Greenleaf, "The Mexican Inquisition and the Masonic Movement: 1751-1820", *New Mexico Historical Review,* vol. 44. no. 2, April 1969, pp. 93-117).

sencia de esos Racionales en La Habana en 1811 fortalece la hipótesis de su existencia allí antes que en Cádiz y aumenta la probabilidad de que Román de la Luz haya jugado un papel crucial en la creación de la logia gaditana.

Después de la visita de Acuña no ha trascendido aún otra información sobre los Caballeros Racionales en Cuba hasta su participación en la conspiración de los Soles y Rayos de Bolívar más de una década después. Pero a pesar del silencio documental hay indicios de continuidad pues al menos dos de los acusados en la causa de los Soles en 1823 —el contador Francisco Álvarez en La Habana y el intérprete Gabriel Pantaleón Ercazti en Matanzas—, habían sido compañeros de Román de la Luz en la conspiración de octubre de 1810.[364]

Post hoc, ergo propter hoc

Manuel Ramírez

Aunque Manuel Ramírez logró que el Consejo de Indias y Tribunal Supremo de Justicia lo exonerase de la causa sobre insurrección, en vista de su filiación masónica, al Consejo «no le parecía conveniente volviese por entonces a la Havana».[365] Sin embargo, cuando al comienzo del trienio liberal en 1820 se le concedió el permiso para regresar a La Habana, Ramírez rehusó viajar aduciendo razones de salud.[366] Su hermano Gabriel, quien también era escribano y seguramente había quedado a cargo de la escribanía de Manuel en La Habana, lo visitó en Cádiz, y en marzo de 1815 le fue concedida una licencia para regresar a la Isla; por esta misma época Manuel reportó el fallecimiento de su esposa en Cu-

---

[364] Garrigó, *op. cit.*, p. 247.
[365] Sublevación y francmasonería en la Habana, AGI Ultramar, 113, ff. 72-73
[366] Manuel Ramírez al Juez de Alzadas, 21 de enero de 1821, AGI, Ultramar, 847, N. 34, f. 321.

ba.³⁶⁷ Cuando Manuel Ramírez decía que «por falta de medios perecía de miseria» probablemente exageraba pues la situación económica de los Ramírez había permitido a Gabriel ofrecer «20,000 pesos fuertes» por un empleo de contador de Guerra en La Habana en 1795, y a Manuel valerse de los servicios de su esclavo Francisco de Paula durante su destierro.³⁶⁸ No hay otras noticias de sus relaciones personales en la Península ni de contactos con los otros desterrados.

Joaquín Infante

De las andanzas posteriores de Joaquín Infante después de su condena por masonería queda aún mucho por dilucidar, pero sabemos que en 1817 participó como Auditor y propagandista en el desembarco del general Francisco Javier Mina en México por lo que fue apresado y condenado a Ceuta.³⁶⁹ Liberado en 1820, Infante viajó a Cádiz y trató infructuosamente de obtener permiso para regresar a Cuba.³⁷⁰ El profesor Hernández González ha descubierto detalles sobre su presencia en México en 1823 donde se opuso al régimen del general Agustín Iturbide, autoproclamado Emperador de México. Luego Infante asesoró a Santa Ana antes de ser expulsado del país y conseguir de Bolívar un puesto de «juez letrado de hacienda de la provincia de Monpós» en Colom-

---

[367] Expediente de Gabriel Ramírez de Soto, AGI, Ultramar, 329, N. 35; Expediente de Manuel Ramírez de Soto y Aparicio, AGI, Ultramar, 329, N. 103, ff. 835-6.
[368] Gabriel Ramírez de Soto. Empleos, SGU, LEG, 6854, 76; Expediente de Manuel Ramírez de Soto y Aparicio, AGI, Ultramar, 329, N. 103.
[369] Un poema patriótico y alguna otra propaganda atribuida a Infante se imprimió en la pequeña imprenta que había traído la expedición. Esto hizo creer a algunos que la imprenta estaba a su cargo cuando, en realidad, el impresor lo era el americano Samuel Bangs. (Trelles, "Apuntes...", p. 12; Lota M. Spell, *Pioneer Printer. Samuel Bangs in Mexico and Texas*, University of Texas Press, Austin, 1963, pp. 10,22).
[370] Manuel García Herreros, secretario de Gracia y Justicia a Ramón Gil de la Cuadra, secretario de Ultramar, 12 de septiembre de 1820, AGI, Ultramar, 339, N. 136, ff. 652-6.

bia.³⁷¹ Cuando hizo escala en La Habana con rumbo a Cartagena de Indias en junio de 1825, el Capitán general Francisco Dionisio Vives describió a Infante como «el mayor revolucionario que puede pisar suelo cubano».³⁷² Algunos familiares de Joaquín Infante se establecieron en New Orleans donde residieron por muchas décadas.³⁷³

Luis Francisco Bassave y Cárdenas

A principios de 1811 el capitán Bassave fue también internado en el castillo de Santa Catalina, la misma fortaleza que medio siglo antes —bajo muy distintas circunstancias—, había albergado a su padre, el coronel de dragones Luis Francisco Bassave Espellosa quien había sido trasladado a Cádiz en 1762 cuando los ingleses ocuparon La Habana. El padre había sido recibido con deferencias propias a un héroe de la defensa de la Corona; el hijo venía condenado en la misma causa con otros que aspiraban a independizar a Cuba de España. Desde luego, Bassave no fue parte de la conspiración independentista, ni había fomentado una sublevación, pero el Capitán no estaba exento de culpa pues se había mostrado dispuesto a desobedecer una orden emanada del Consejo de Regencia que gobernaba a España. Aunque tal acto de insubordinación haya sido contemplado también por el propio Capitán general Someruelos como una posible alternativa para evitar su relevo, las circunstancias cambiaron, el relevo fue cancelado y a Bassave le tocó perder.

Desde su prisión, Bassave se dirigió a las Cortes criticando tanto a Someruelos como a Luz y enumerando los méritos de su

---

³⁷¹ Hernández González, *Liberalismo, masonería*..., p. 110.
³⁷² Máximo Gómez Castells, "Joaquín Infante, desde Cuba hasta México: un mito constitucionalista", *Revista Temas y Variaciones de Literatura*, 35, Acapotzalco, México D. F., 2011, p. 266.
³⁷³ "Joaquín Infante Dies at Sea", *The New York Times*, 29 de octubre de 1894; "The Succession of Joaquín Infante, Jr." New Orleans Public Library, Lousiana Division/City Archives, Civil District Court Successions, docket #41485.

familia y los suyos propios entre los cuales incluía «que en la conmoción de los Negros fue el primero que le avisó» según el propio Marqués había dicho; se quejaba de que ahora «nada de eso ha puesto en la balanza» Someruelos para «atropellar a un fiel Patriota». Bassave atribuía sus desdichas a Román de la Luz a quien llamó «un hombre díscolo, dilapidador y fracmasón [sic]» que a pesar de tener una causa pendiente y estar confinado al campo, «paseaba libre la Havana» sin sufrir molestia alguna. Bassave suplicaba permiso para comunicarse con el exterior para tramitar su defensa.[374] Las comunicaciones de los reos con las autoridades sugieren que tampoco en la prisión existió coordinación entre Luz y Bassave. Al enterarse poco después que ya a Luz se le habían abierto las comunicaciones, Bassave insistió en recibir igual tratamiento en consideración a su «avanzada edad» para así «atender al alivio de sus dolencias y ponerse a cubierto de las infamias que han intentado contra su persona».[375]

Unos meses después, las Cortes acordaron que el recurso planteado por Bassave se remitiese al Consejo de Indias para que, si «fuese compatible con las circunstancias y estado de la causa» se le concediera el alivio solicitado.[376] En Cádiz se encontraba por esa época su primo, el capitán de fragata Ignacio José Bassave y Aguiar, quien años atrás, desde su posición en la Marina, pudo haber contribuido a que los hijos de su primo Luis Francisco fuesen aceptados en la escuela de guardiamarinas. No coincidieron en aquella ciudad por mucho tiempo pues Ignacio, recién nombrado teniente de Rey de la ciudad de Santo Domingo, partió rumbo La Habana el 22 de agosto del mismo 1810.[377] Hay una mención de

---

[374] Bassave a las Cortes, 28 de febrero de 1811, AGI, Ultramar 113, ff. 25, 59-60.
[375] Minuta, AGI, Ultramar 113, f. 25.
[376] Sesión del día dos de junio de 1811, España, *Diario de las discusiones y actas de la Cortes*, La Imprenta Real, Cádiz, 1811, t. VI, p. 150.
[377] Expediente de información y licencia de pasajero a Indias de Ignacio José Basabe, teniente de Rey de la Plaza de Santo Domingo, a La Habana en el navío Príncipe de Asturias, AGI, Arribadas, 441, N. 75.

Bassave en el pliego impreso de Román de la Luz fechado en mayo de 1812 en que se queja de que se le exija pagar las costas del juicio, pero no alude a la salud del capitán.[378] Después de esta fecha no tenemos más noticias del atribulado capitán Luis Francisco Bassave.

Durante el proceso contra el auditor Joaquín Infante en Puerto Cabello —iniciado en octubre de 1812 y prolongado hasta bien entrado el año 1813—, se hizo una mención incidental sobre la suerte de Bassave. Como ya sabemos, fue gracias a una carta escrita por el capitán de fragata José María Merlín que las autoridades realistas supieron de la participación de Infante en la conspiración de 1810 en La Habana, su fuga nocturna y su condición de prófugo de la justicia. En su carta Merlín dijo que los habaneros condenados habían sido remitidos,

> «a Cádiz, en donde sé permanece Luz, que murió Basabe, y que Ramires se le conmutó el presidio de África (adonde fue sentenciado) al del Castillo de la Cabaña de la misma Havana».[379]

Por ese tiempo Luis Francisco Bassave contaba unos cincuenta y siete años —edad relativamente avanzada para aquella época—, y decía no gozar de buena salud; esto, y la ausencia de noticias suyas posteriores a sus cartas de febrero de 1811 son datos ominosos. Por tanto, es posible que Bassave haya fallecido como dijo Merlín.[380]

---

[378] de la Luz, *Representación*....

[379] Key Ayala, *op. cit.*, p. 26.

[380] Sin embargo, hay que consignar que el comentario de Merlín adolece de defectos factuales que denotan imprecisión o desconocimiento: es cierto que Luz estaba aún en Cádiz, pero Ramírez no había sido sentenciado a presidio en África, sino que fue confinado a residir por cuatro años en algún pueblo de la Península. Además, aunque Ramírez estuvo preso allí por varias semanas antes de ser trasladado a la Península, ni él ni ningún otro de los condenados cumplieron sentencias en la Cabaña.

Francisco Filomeno Ponce de León

Francisco Filomeno llegó a ser considerado unos de los mejores jurisconsultos cubanos; llegó a alcalde ordinario y fue reconocido como un temprano campeón de la enseñanza.[381] En 1824 Filomeno inauguró el recién creado empleo de «segundo teniente de gobernador y asesor político de la Isla de Cuba» y en 1830 fue condecorado con la Orden de Carlos III.[382] Como su padre y su tío antes, Francisco Filomeno Ponce de León sirvió también de Auditor de Marina.[383] Fue miembro distinguido de la Real Sociedad Económica desde 1807 hasta su fallecimiento en La Habana el 24 de octubre de 1835.[384]

Gabriel Pantaleón Ercazti y Norris

A finales de siglo XVIII, en una relación de miembros de una sociedad vasca aparecen los nombres de Francisco y Gabriel Francisco Ercazti residiendo en La Habana.[385] De estos probables antecesores de Gabriel Pantaleón, Gabriel Francisco era tesorero en propiedad de la administración general de Rentas de Mar interino de la Tesorería general de Ejército y Marina en 1809.[386]

---

[381] Antonio Bachiller y Morales, "Apuntes para la historia de las letras en la Isla de Cuba" (conclusión), *Revista de La Habana, Tomo tercero,* Imprenta del Tiempo, La Habana, 1854, pp. 33-5.

[382] España, *Índice de pruebas de los Caballeros de la Real y Distinguida Orden española de Carlos III, desde su institución hasta el año 1847,* Est. Tip. de la Rev. de Archivos, Bibl. y Mus., Madrid, 1904, p. 140.

[383] España, *Estado militar de España. Año 1834,* La Imprenta Real, Madrid, 1834, p. 190.

[384] José María de la Torre, *Elementos de cronología universal y particular de España, Isla de Cuba y Puerto-Rico,* Imprenta del Gobierno y Capitanía General, La Habana, 1845, p. 178; Valverde, *op. cit.,* p. 116.

[385] Real Sociedad Bascongada de Amigos del País, *Extractos de las juntas generales celebradas por la Real Sociedad Bascongada de Amigos del País en la ciudad de Vitoria por julio de 1792,* Baltasar Manteli, Impresor, Vitoria, 1792, p. 29.

[386] *Calendario manual y guía ... 1809,* pp. 138, 142.

Luego de los sucesos de 1810, Gabriel Pantaleón Ercazti se desempeñó como intérprete público en la ciudad de Matanzas donde en una ocasión, en 1812, fue contratado para traducir documentos del francés y el inglés durante el proceso contra José Antonio Aponte y sus seguidores.[387] Quizás debido a su participación en la conspiración de 1810, cuando en 1816 se le concedió a Gabriel Pantaleón Ercazti un puesto de intérprete de la aduana de La Habana, su nombramiento fue desaprobado por real orden de 7 de abril.[388] En Matanzas en 1822 Ercazti acusó de malversación al gobernador Cecilio Ayllón quien reaccionó amenazando con apalearlo. En 1823 el habanero fue arrestado como miembro de los Caballeros Racionales implicados en la conspiración independentista de los Soles y Rayos de Bolívar por lo que fue condenado en 1824 a pagar una multa de mil pesos.[389] Cuatro años después, aparentemente pasado el período de ostracismo, Gabriel Pantaleón Ercazti aparece como intérprete empleado por el Consulado de La Habana en época de Vives, cuando el Consulado estaba controlado por Andrés de Jáuregui, Francisco de Arango y Parreño y por el intendente Claudio Martínez de Pinillos y Ceballos, conde de Villanueva.[390] Parece que su tranquilidad no duró mucho pues su fallecimiento se reporta en 1830.[391]

José del Castillo Pérez

En 1828, el condiscípulo de Ercazti en St. Mary's College, José de Jesús del Castillo Pérez, estaba también empleado en el Consulado de La Habana donde servía como teniente del primer Cónsul, don Francisco Ramírez. En 1811 había fundado —con Nicolás Ruiz y Simón Bergaño y Villegas—, el periódico de línea

---

[387] Franco, *op. cit.*, pp. 187-9.
[388] AGI, Ultramar 131, n. 50.
[389] Trelles, *Matanzas...*, p. 9; Morales y Morales, *Iniciadores...*, p. 29.
[390] Real Consulado de Madrid, *Guía mercantil de España. Año de 1828*, Imprenta de I. Sancha, Madrid, 1828, p. 474.
[391] Trelles, *Matanzas...*, p. 9.

francamente criollo-liberal, *El Patriota Americano*, y luego colaboró con varias otras publicaciones. Un «hombre cultísimo» y miembro de la aristocracia habanera quien —y quizás influenciado por su educación norteamericana—, ignoró los patrones entonces prevalecientes en su clase y se dedicó al trabajo. A través de los años, José del Castillo fue propietario o co-propietario de varias firmas comerciales entre ellas José Castillo y Cía., Castillo, Black & Co., Castillo y Sobrinos. Fue miembro de la Real Sociedad Patriótica, Regidor del Ayuntamiento y, en 1826, diputado a las Cortes.[392] Curiosamente, durante la tercera década del siglo, Castillo, Black & Co. colaboraba directamente con la marina de los Estados Unidos en sus esfuerzos por controlar la piratería que llegó a amenazar el mantenimiento de su comercio con La Habana.[393] Falleció el 27 de febrero de 1861 a los 84 años de edad.

José Gabriel del Castillo Azcárate

Nació en La Habana en 1824. Erudito publicista y traductor, José Gabriel del Castillo sufrió prisión y destierro por su papel en la conspiración de Ramón Pintó en 1855. Yerno del ilustre Antonio Bachiller y Morales, Castillo fue notorio por su «punzante sarcasmo» y se le achacó el «mantener y enconar la discordia» entre los cubanos expatriados durante las guerras independentistas. Vivió muchos años en Gran Bretaña y fue un activo abolicionista. Murió en La Habana en 1910 por lesiones sufridas al ser

---

[392] España, *Guía mercantil...*, pp. 472, 475; *Anales y memorias de la Real Junta de Fomento y de la Real Sociedad Económica*, Imprenta del Tiempo, Habana, 1861, t. VI, pp. 103-4; Antonio Bachiller y Morales, *Galería de hombres útiles*, Ministerio de Educación, La Habana, 1955, pp. 253-6; Manuel Hernández González, "El Patriota Americano, expresión señera del liberalismo criollo en el primer período constitucional", *Trienio. Revista de Historia*, no. 58, noviembre 2011, Madrid, pp. 61-80.

[393] *Minutes of Proceedings of the Court of Inquiry and Court Martial, in Relation to Captain David Porter*, David & Force, Washington, 1825, pp. 219, 242, 265, 273, 284, 336; por esa época José del Castillo mostraba simpatías anexionistas (Portell Vilá, *op. cit.*, t. I, p. 210).

derribado de su caballo y caer «contra un montón de agudas piedras por un grupo imprudente de soldados americanos de caballería».[394]

Manuel García Coronado

Aparentemente rehabilitado, en 1823 Manuel García Coronado formó parte de «una comisión especial de oidores de la Audiencia de Puerto Príncipe, que se denominó Real Sala del Crimen» creada para reprimir la conspiración de Soles y Rayos de Bolívar.[395] Más tarde aparece como decano de la Facultad de Cánones «hasta 1842» y desde esa fecha como «Auditor de Guerra honorario».[396]

Francisco Barrutia

Masón y conspirador de 1809, el contador Francisco Barrutia, fue ascendido en 1816 al puesto de contador mayor del Tribunal de Cuentas de La Habana y permaneció en ese empleo hasta su fallecimiento en 1824.[397]

José Miguel de Rada

Este correligionario de Román de la Luz en la Sociedad de Caballeros Racionales obtuvo licencia en febrero de 1813 para ausentarse por un año de su empleo de oficial primero del ministerio de Marina en Cádiz. En junio pidió pasaporte para regresar a La Habana donde consiguió empleo de contador en el Apostadero

---

[394] Manuel Sanguily Garrite, "José Gabriel del Castillo", *Nobles memorias I*, International Press of Miami, Miami, 1982, [1ª ed. 1925], pp. 179-184.

[395] Morales, *Iniciadores...*, p. 26.

[396] Juan M. Dihigo, "La Universidad de La Habana. Bosquejo histórico" *Revista de la Facultad de Letras y Ciencias*, v. XXII, no. 2, marzo de 1916, El Siglo XX, La Habana, p. 159; Manuel Valdés Rodríguez, *Discurso leído en la apertura del curso académico de 1906 á 1907*, Manuel Ruiz S. en C. Imprenta y Papelería, La Habana, 1906, p. 132

[397] AGI, Ultramar, 164, N. 31; AGI, Ultramar, 158, N. 65.

de Marina. En 1824 solicitó el empleo de contador mayor del Tribunal de Cuentas que quedó vacante por el deceso de otro coconspirador de Román de la Luz, Francisco Barrutia.[398]

Ramón Espinosa, Juan José González, Carlos de Flores y Buenaventura Cervantes

Los cuatro miembros de las milicias de Pardos y Morenos que habían sido condenados a cumplir penas de prisión «con grillo» de entre diez y trece años también pidieron acogerse al indulto del 15 de octubre de 1811 y la Secretaría de Estado y del Despacho de Gracia y Justicia aprobó sus solicitudes. El sargento primero Ramón Espinosa y el sargento segundo Juan José González fueron los primeros en solicitar licencia para regresar a Cuba en la corbeta *Sebastiana* en febrero de 1812; el cabo Cervantes y el soldado Flores recibieron sus pasaportes pocos meses después.[399] Haciendo honor al «general olvido» decretado por las Cortes, a los cuatro se les permitió regresar para reincorporarse a sus antiguos puestos en la milicia.[400]

Salvador de Muro y Salazar

En 1810 el marqués de Someruelos contaba unos cincuenta y cinco años y un crítico lo describió como «grueso y torpe, de nariz

---

[398] AGI, Ultramar, 328, N. 31; AGI, Ultramar, 159, N. 9.
[399] Expedientes de solicitud de licencias, AGI, Indiferente, 2141, Nos. 13 y 27; Una nota sin firma refleja que el 4 de agosto de 1813 «se sacó la orden de Guerra de 14 de febrero de 1812 para que se expidiese pasaportes a Ramón Espinosa y Juan José González ... de la Habana para regresar a aquella plaza» para unirla a una solicitud de Román de la Luz (Expediente de Román de la Luz, AGI, Ultramar 328, N. 44, f. 427).
[400] Manuel Hernández González ha señalado que, a Espinosa, el de más alta graduación de los cuatro, no se le concedió el pasaporte hasta el 4 de agosto del 1813 (*Liberalismo, masonería...*, p. 84). Luz afirmaba que los cuatro habían recibido sus pasaportes antes de agosto de 1812 y que un año después estaban de regreso en sus casas (Román de la Luz al consejo de Regencia, 3 de agosto de 1813, Expediente de Román de la Luz, AGI, Ultramar 328, N. 44, f. 421).

grande, piernas cortas y con marcha de pato».[401] Le quedaban tres años de vida. En febrero de 1811 las Cortes acordaron el relevo de los funcionarios que, como Someruelos, «habiendo cumplido su término hayan sido prorrogados en sus destinos»; esto pondría fin al gobierno del Marqués, pero la lentitud del proceso burocrático demoró el resultado por más de un año.[402] A principios de 1812 Someruelos estaba todavía en el poder y reprimió cruentamente la rebelión negra que había organizado José Antonio Aponte. Remplazado poco después por Juan José Ruiz de Apodaca luego de gobernar a Cuba durante trece años, Salvador de Muro llegó a Cádiz en mayo de 1813 y unos meses después pasó a Madrid donde falleció súbitamente el 13 de diciembre luego de tomar un chocolate durante una tertulia.[403] Su inesperada muerte creó sospechas sobre la verdadera causa, pero nunca se comprobó intervención humana. El marqués de Someruelos es recordado en la historiografía como uno de los mejores gobernantes coloniales de Cuba.

---

[401] Chambers, *op. cit.*, p. 68.
[402] Decreto XXXVIII de 20 de febrero de 1811, España, *Colección de los decretos...*, p. 84.
[403] Vázquez, *Tan difíciles...*, pp. 463-72.

Conclusiones

Las conspiraciones de 1809 y 1810 marcaron un hito en el período colonial de Cuba. Hasta ese momento, la clandestinidad en la Isla parecía estar limitada en el ámbito económico a la secular práctica del contrabando comercial y la evasión fiscal; en el cultural a la lectura de textos extranjeros; y en el social a relaciones prohibidas y encuentros afectivos furtivos. La paz era sólo interrumpida por las pugnas imperiales europeas, por alguna que otra manifestación violenta de esclavos hastiados de su condición, por vegueros víctimas del monopolio gubernamental, o por algún pirata emprendedor.

El siglo XIX se estrenó en La Habana con una importante confluencia de factores socioeconómicos. La prohibición del comercio con los norteamericanos puso de manifiesto las diferencias de intereses entre productores y comerciantes y agravó la polarización entre peninsulares y criollos. Las recientes emancipaciones de las Trece Colonias británicas al norte y del Saint Domingue francés al este cambiaron el vecindario y mientras por un lado aumentaban los temores, también despejaron nuevos horizontes y despertaron justas ambiciones y anhelos. Las logias francmasónicas que los franceses trajeron del Guarico tuvieron un impacto desproporcionado a su número y a su duración, contribuyendo no sólo con sus conceptos de libertad y solidaridad sino también con el ejemplo de sus reuniones a puerta cerrada y la estricta reserva exigida a sus miembros; cuando los franceses fueron expulsados y la Logia quedó en manos criollas, los habaneros hicieron buen uso de estas lecciones con fines políticos.

Con el gobierno español tambaleándose ante la invasión napoleónica y la incertidumbre sobre el futuro de la colonia, algunos habaneros consideraron que el momento había llegado para romper sus lazos con aquella lejana monarquía sin monarca y tomar las riendas del gobierno isleño. En 1809 Román de la Luz surgió como el principal jefe de la primera conspiración en Cuba con fines separatistas. En esa ocasión Luz fue acusado de «promotor de planes de independencia» y de reclutar «gente para verificar el loco proyecto de apoderarse del Gobierno, desconociendo la autoridad soberana, y vertiendo especies de revolución». La reincidencia insurreccional de Román de la Luz con la intentona de octubre de 1810 confirmó la veracidad de las acusaciones que se le imputaran un año antes y el objetivo emancipador de sus planes.

Desde aquellas frustradas pero primeras manifestaciones de sentimientos hostiles contra el poder de España en el otoño de 1809, Román de la Luz continuaría comprometido con los ideales y los métodos de lucha del separatismo armado y en este empeño sacrificó libertad, familia y hacienda. El habilidoso uso de su supuesta "denuncia" del falso complot de las gentes de color que Román de la Luz enarbolaba para conseguir el permiso para abandonar España y unirse a sus compañeros de lucha nunca consiguió ese objetivo. Las autoridades españolas en La Habana, en Cádiz y en Madrid siempre entendieron aquel acto como un ardid y parte integral del plan independentista. Así, en 1812 un burócrata de la Regencia recordaba a los consejeros que debían considerar una de sus peticiones, que Román de la luz había «querido apoderarse del gobierno y revolucionar La Habana»,[404] y en 1815 el Secretario del Rey se refería a Luz y sus compañeros como «los agentes de la revolución» que dirigían la «conspiración contra el gobierno».[405] Tristemente, a quienes sí engañó Román de la Luz ha sido a los historiadores cubanos que lo tildaron de delator y le negaron la entrada al panteón de los patriotas; una iniquidad que las generaciones futuras deben remediar.

---

[404] Oficio sin firma de 17 de abril de 1812, AGI, Ultramar, 113, ff. 213-4.

[405] Esteban Varea Gómez-Badillos al ministro de Indias, Miguel Lardizábal y Uribe, 28 de abril de 1815, AGI, Ultramar, ff. 167-8.

Como se ha visto, el sambenito de chivato se ha repartido también con inicua prodigalidad a otros protagonistas de estos hechos: al doctor Joaquín Infante, al capitán de Morenos Isidro Moreno, al sargento de Pardos Pedro Alcántara Pacheco y al capitán Luis Francisco Bassave. Todas esas acusaciones son falsas. Tampoco hay motivo para tergiversar y a la vez ofender la memoria del capitán Luis Francisco Bassave, fiel vasallo del Rey, llamándole independentista o francmasón —palabra esta última que él lanzaba como insulto.

Con pocas excepciones, los protagonistas de estas primeras conspiraciones independentistas de 1809 y 1810 en La Habana eran hombres criollos blancos de las capas intermedias de aquella ciudad que no se oponían a la esclavitud ni aspiraban a cambiar el sistema social imperante. El radicalismo de sus ideas estaba limitado a poner fin al control político-económico español y pasar el gobierno a manos criollas para mejor velar por sus propios intereses. No es posible determinar en qué medida los otros conspiradores compartían las metas del proyecto de Constitución de Joaquín Infante; pero aún ese plan —que adoptaba algunos nuevos conceptos republicanos de organización gubernamental—, tampoco aspiraba a cambios sociales substanciales. Quizás el elemento más innovador que estas conspiraciones aportaron al largo proceso emancipador cubano fuese la disposición a utilizar la fuerza, a riesgo de la vida, en la persecución del ideal independentista, lo cual no es poca cosa.

Coral Gables, 2017

Anexos

Anexo A

(Resumen del informe del gobernador marqués de Someruelos al Consejo de Indias sobre la conspiración de octubre de 1809.)

«Habana 3 de marzo de 1810

El Gobernador, después de indicar que nada ha omitido ni omite para excitar y mantener el entusiasmo de aquellos naturales, asegurando que no puede haber otros más adictos al voto general de la Nación, y a la Justa causa que defendemos, hace presente que habiendo llegado a su noticia por voces públicas, denuncias reservadas, y por otros medios semejantes, que se formaba una conspiración contra su persona y Gobierno de la Isla, para constituirlo independiente de la Península, creyó de absoluta necesidad destruir en sus principios estas maquinaciones; pero aunque practicó para el efecto las más exquisitas diligencias, nada pudo conseguir ni averiguar con certeza, quedando con mayores recelos, porque se aumentaban con estos pasos las indicadas vagas especies.

Prosigue, que se aumentaron sus inquietudes con los diversos pasquines que aparecían fijados en los parajes públicos, y más particularmente en vista del anónimo y cartas que se hallan al folio 3, 160, 161 y 162 en el expediente que remite, por la consonancia de estos papeles con las anteriores noticias.

Añade que en aquel primer papel se designaban por Autores del Complot cuatro sujetos, que (excepto el Regidor don Francisco Ponce, hermano del Auditor de Marina) tienen mal concepto público por su relajada conducta, por la libertad con que se producen en sus conversaciones, y por una osadía o descaro connatural siendo además tenidos y reputados por principales funcionarios de la Logia de Francmasones de cuya existencia no se duda en la Habana y por seductores y predicadores de esta detestable secta.

Haciendo supuesto de la imposibilidad de averiguar estos hechos por un orden común judicial sin exponerse a que saliendo ciertos, se causase una explosión sensible por el mal ejemplo que prestarían a toda la América, continúa diciendo, que al fin se resolvió a dirigir la cosa por el arresto, e inspección de papeles de los tres sujetos denunciados, que lo eran don Román de la Luz, el Dr. Don Manuel Coronado, y el teniente de Navío don José Peñaranda, dando comisión para ello al Oidor Decano de aquella Audiencia don José Antonio Ramos.

Que verificado esto, y formada la Causa, resulta de ella que el primero pretendía reunir gente que coadyuvase a sus locos designios de apoderarse del Gobierno de la Isla, en caso de perderse la Metrópoli, desconociendo la Autoridad de V. M. y vertiendo especies aún más sospechosas y revolucionarias.

Que contra el segundo no hay otra cosa que haberse encontrado en su habitación una proclama, dirigida al Pueblo de la Habana, llena de datos y suposiciones absolutamente falsas de manera que careciendo de fundamento real no pudo menos de tener por objeto el verter cizaña en el público con distintos y solapados fines de los que ella indicaba; cuyo papel, dice, que fue uno de los principales motivos que le obligaron a publicar la Proclama, que también acompaña.

Y que en cuanto al tercero nada resultaba sobre este delito; pero sí que todos tres eran principales Dignatarios de la Logia Masónica establecida en la Habana, en lo cual no puede caber racional duda.

De aquí pasa el Gobernador a manifestar que con arreglo al dictamen definitivo del citado Oidor, creyó conveniente suspender la continuación del Proceso, no imponer penas a los reos, y elevarlo original a V. M. con los documentos y utensilios aprehendidos, para que de la Real Institución descienda lo más oportuno a las circunstancias del [¿tiempo?] y del asunto, hallando muy peligroso que progrese en cuanto al crimen de infidencia, pues le consta por experiencia, que no conviene se diafanicen en el público las especies sembradas en la actuación, ni tampoco el de Masonería, porque estando comprendidos en él muchas familias principales, y enlazadas con todas las demás de la ciudad, sería causar disgustos y descontentos en la clase más distinguida cuanto más que haciendo alguna demostración con los que están más convencidos con el Proceso, se logrará lo que puede desearse y es la total extinción de estas hermandades.

Sin embargo, le parece preciso añadir que sin [sic] en todo tiempo han sido sospechosas al estado lo deben ser mucho más en la crítica situación del día; pues tales Juntas y Proyectos unidos con los vínculos estrechos de fraternidad, y del más inviolable secreto, compuestas siempre de hombres libertinos, osados y de ningún juicio, no pueden menos de ofrecer frutos amargos para la paz común, y unidad de ideas que tanto se necesita.

Que, aunque imperfecto el Proceso con respecto a los trámites ordinarios de los Juicios, tiene lo que basta de instrucción para recibir la resolución de V.M. y con ulteriores procedimientos nada se adelantaría consistiendo toda la prueba en los documentos aprehendidos.

Y concluye haciendo presente la competencia suscitada por el Comandante de Marina en punto al don José Peñaranda a quien, dice, se le pasó testimonio de lo actuado contra él sobre el delito de Masonería, y sin embargo insiste aquel Jefe en que debe conocer también del de infidencia, sentando que como en este crimen, y en los de perturbador de la tranquilidad pública no puede perder su fuero; y que en toda duda debe declarar el Jefe de Peñaranda si son o no causas que le sujeten a extraña jurisdicción: sobre lo cual hace el Gobernador algunas observaciones en favor de la suya apoyadas en las Leyes y dice que el escandaloso ejemplar de los habitantes de México contra el Virrey Iturrigaray poniéndole en arresto y deponiéndole del mando debe hacer muy vigilantes a los que tienen la desgracia de gobernar Pueblos, y mucho más en las circunstancias del día, para no dejárselos prender y que se ejecute con ellos igual exceso; para lo cual pide que V.M. se digne hacer la más terminante declaración y prevenciones oportunas para lo sucesivo; por los graves inconvenientes que [¿atraen?] a la Administración de Justicia estas competencias en materias tan delicadas.

Al Consejo»

(AGI, ULTRAMAR 113, ff. 14-19)
Transcrito por el autor

Anexo B

(Respuesta del Consejo de Indias al oficio del marqués de Someruelos sobre la conspiración de 1809.)

«Consejo de Indias a 25 de junio de 1811.

Con Real Orden de 27 de mayo de 1810, se remitió al Consejo para que consultare su dictamen una carta del Capitán general de la Isla de Cuba, acompañando el expediente criminal reservado, que se había formado contra el Dr. don Manuel García Coronado, don Román de la Luz, y el teniente de Navío don José Peñaranda, sobre Masonería.

Resulta de él, que habiendo llegado a noticia del Capitán General por voces públicas, y denuncias reservadas, sin indicación de reos, que se tramaba una conspiración contra el Gobierno para constituirlo independiente, se persuadió con bastante fundamento, que tales atentados solo podían concebirse en una Logia o Logias de francmasones, cuya existencia en aquella ciudad nadie dudaba. Se aumentaron las inquietudes con diversos pasquines que se fijaron, designando por autores del complot cuatro sujetos, los cuales tenían mal concepto entre los sensatos, y reputados generalmente por los principales funcionarios de la Logia Masónica. El Capitán general dispuso el arresto de los referidos Luz, Coronado y Peñaranda e inspección de sus respectivos papeles, comisionando para la formación de la causa al Oidor Decano de aquella Audiencia territorial.

De ella resulta, que Luz pretendía reunir gente para verificar el loco proyecto de apoderarse del Gobierno, desconociendo la autoridad Soberana, y vertiendo especies de revolución, y lo mismo el indicado Coronado. En cuanto a Peñaranda nada resulta sobre este delito; pero sí que todos tres eran los principales designatarios [sic] de la Logia establecida realmente en aquella ciudad, bajo el título del templo de la beneficencia, o de las virtudes teologales.

Además de estos, resultan otros siete convencidos de Francmasones; y son don Pedro Agustín García; don Manuel Ramírez, Escribano público, y 2° Celador de la Logia; don Francisco Barrutia del tribunal de Cuentas, tesorero; don Manuel de Aguilar Jústiz, Celador 1° de la Logia; don José Claret, de nación francés; don Antonio Álvarez, Diácono 1° de la Logia; y don Juan José de Presmo, Subteniente del Regimiento de Cuba, Secretario.

Habiendo examinado el Consejo este grave negocio con la madurez correspondiente, conformándose con las respuestas de los Ministros Fiscales, es de parecer con respecto al delito de infidencia, que siendo don Ramon [sic] de la Luz el único iniciado en él, y que después de haber respondido los Fiscales, se le ha remitido por aquel Capitán general bajo partida de registro en unión de don Luis Basave, que ambos se hallan en el Castillo de Sta. Catalina, pendiendo esta última causa en el Consejo, se tenga presente el mérito de aquella, para que la resolución que se tome, convenga con el mérito de una, y otra.

Que en orden del crimen de Masonería se apruebe lo sabiamente ejecutado por el Capitán general; que se le prevenga haga salir para los países extranjeros a don José Claret, de nación francés, y remita a esta plaza a don José María [sic] Coronado, y don José Peñaranda, quien no goza de fuero alguno militar en esta clase de excesos. Que se encargue al Capitán general vigile incesantemente sobre esta materia. Así mismo cree el Consejo, que en conformidad de lo prevenido en el Real Decreto de 2 de Julio de 1751 (Que juzga no se ha comunicada a la América) se circule inmediatamente la Real Cédula correspondiente, a más de la particular, que se despache sobre este asunto, para que todos los Jueces, que ejercen en aquellos dominios la jurisdicción Real Ordinaria, y con derogación de todo fuero privilegiado procedan contra los expresados francmasones, arrestando sus personas, y aprehendiendo sus papeles, luego que de las diligencias actuadas resulte el suficiente mérito para ello. Que si estos fueren empleados que no tengan subalterno inmediato que hagan sus veces, el jefe a quien toque la provisión proceda a nombrar sujeto en quien concurran las circunstancias necesarias para que lo sirva hasta la finalización de la causa, con la mitad del sueldo del propietario: Que si el procesado fuere natural de aquellos o estos dominios, a más de la privación de empleo, títulos, hábito o cualquiera otra distinción que goce, se le remita a España bajo partida de registro; y si fuere extranjero, aunque tenga carta de naturaleza, se le destierre de aquellos dominios, y no teniendo hijos se le confisquen todos sus bienes. Que reflexionando el Consejo por el abuso que ha habido en lo pasado, se encontrarán al tiempo de la publicación de la Real disposición que se expida, bien sea en La Habana, o en otras partes de América, libros, papeles, vestidos, insignias, instrumentos o cualquiera otra especie de utensilios de los que sirven al uso de la secta Masónica, deberán consumirlos inmediatamente los que los tengan, en el concepto que siendo hallados en su poder servirán de un comprobante del cuerpo del delito. Y últimamente que se ruegue y encargue a los Muy Reverendos Arzobispos y Reverendos Obispos procuren por sí y por medio de los Párrocos y Confesores impedir la propagación y curso de una secta prohibida por los Sumos Pontífices, y tan ruinosa al Estado.»

Como parece

Señalada a 17 de agosto

(AGI, ULTRAMAR 113, ff. 61-64)
Transcrito por el autor.

Anexo C

(Capitán general marqués de Someruelos al Consejo de Indias, 6 de diciembre de 1810)

[Al margen:] «El Gobernador de la Habana remite dos testimonios de igual número de piezas de autos formados en aquella Plaza con motivo de la conmoción intentada en ella por los individuos que se expresan.

Excelentísimo Señor.

En cartas de 16 de octubre y 14 de noviembre últimos, he dado cuenta a V.E. de lo practicado hasta entonces a motivo de la conmoción que se tramaba en esta ciudad, y de lo practicado a su consecuencia, y ahora acompaño a V.E. testimonio íntegro de los autos que por comisión mía formó el Teniente rey de esta plaza don Manuel Artazo con la consulta del Licenciado don Francisco Filomeno, Abogado de los Reales Consejos, y Juez general de bienes de difuntos en esta ciudad por este bienio sobre averiguar la sublevación que algunos insurgentes tenían tramada contra el Gobierno y la seguridad pública. La conspiración se denunció al mismo Teniente rey la noche en que tenía a mi vista el cadáver de mi única hija. Me lo participó, y en el punto le cometí amplias facultades para que bajo la dirección del Letrado referido procediese a las diligencias indagatorias del delito, sus autores y cómplices con la celeridad y energías correspondientes a la gravedad y delicadeza de la materia, reservándome sin embargo dictar por mi parte todas las providencias que estimase oportunas según se fuesen adelantando los descubrimientos.

El jefe comisionado obró en efecto con la mayor actividad en el desempeño de tan arduo encargo. En breves días se concluyó la sumaria, y con la consulta del Asesor primitivo, y de don José Antonio Ramos, oidor Decano de la Real Audiencia, don Domingo Santibáñez oidor honorario de la propia Real Audiencia y Auditor de Guerra, Licenciado don Luis Hidalgo Gato, y Doctor don José María Sanz, que fueron convocados al intento, reunidos en las Salas consistoriales pronunciaron la sentencia que aparece en el proceso.

Para penetrarse de las razones y fundamentos en que descansó la consulta al pronunciar el definitivo, es muy importante formarse alguna idea del carácter y circunstancias de los delincuentes castigados, pesando también las consideraciones que indican el dictamen de foja 234 vuelta.

Don Román de la Luz, principal reo del proceso, es un sujeto de distinción en esta ciudad. Se halla enlazado estrechamente por los vínculos de la sangre con las primeras familias y con personas que ocupan empleos honoríficos en La Habana, pero su conducta no corresponde a sus principios y conexiones; su inmoralidad es pública y notoria; carece de ocupación o destino que le retraiga de sus descarríos y empresas amorosas, tanto más criminales, cuanto tiene cuasi abandonada una consorte virtuosa. El mismo se incorporó en cierta logia de Francmasones establecida aquí a pesar de la vigilancia del Gobierno. El año inmediato pasado, se denunció que con otros individuos de aquella secta promovió don Román planes de independencia y rivalidad entre españoles europeos y americanos. Comisioné entonces al oidor Decano de esta Real Audiencia don José Antonio Ramos, para la formación de la causa, y habiéndose substanciado, se elevó al Ministerio del cargo de V.E. con fecha de 3 de marzo de este año número 205, y hasta ahora no ha descendido resolución alguna. Mi dictamen en aquel expediente se inclinaba a remitirle a España, como un hombre peligroso en este país, pero tuve que sujetarme a la consulta del Ministerio togado esperando la determinación soberana. Este mismo don Román, fue el delator de la conspiración combinada para hacer su estrago el 7 de octubre último, día en que celebra esta ciudad la fiesta del Santísimo Rosario, reuniéndose todas las almas piadosas. La delación entraba en el plan subversivo, pues protestando que sabía dónde se hallaban reunidos los sediciosos, pidió al gobierno gente armada para salir autorizado a su frente, reunir después otras de su facción, condecoradas con el nombre de patriotas [sic] y dispersar la rebelión. Con el velo de buen ciudadano, y procurando la salvación de su patria que se miraba en inminente peligro, solicitaba auxilios poderosos, y una autoridad precaria y momentánea, para emplear las fuerzas y el poder contra sus mismos conciudadanos atacando al Gobierno y a los ricos propietarios. Esta conjetura, que se formó en el acto de hacer su denuncia, se confirmó después con las justificaciones que manifiesta el proceso. Allí consta que Luz se ocupó en propalar papeles sediciosos, quince días antes de verificar su delación; que procuró excitar una revolución coligado con otros criminales, y que si no se hubiera. reprimido con un procedimiento activo y acertado, habría realizado su proyecto de subversión.

El capitán don Luis Bassave, es igualmente de una familia distinguida y está enlazado con otras de la primera jerarquía. Sus luces son bien escasas, y ordinariamente se halla enajenado con el vicio de la embriaguez que lo domina. Bajo el pretexto de sostenerme en el gobierno y resistir la entrada de mi sucesor, sobre cuyo particular le hice reprehender y conminar por medio del Teniente rey, convocaba y excitaba a los negros y mulatos y a la hez del pueblo para sublevarse, y capitaneando esta turbamulta, hubiera sin duda cooperado al plan de don Román de la Luz. Así, pues, no es extraño que sabiendo este las gestiones de Bassave procurase acalorarlo contando con la fuerza que se iba adquiriendo en el populacho para atraérsela en su oportunidad.

Los negros van condenados en los términos que manifiesta la sentencia, por las razones que demuestra la actuación.

El escribano don Manuel Ramírez, fue comprehendido en el proceso formado el año pasado contra los Francmasones, y por los indicios vehementes que contra él resultaron tratándole acaso con una excesiva indulgencia, se le apercibió con la mayor seriedad. Su conducta ha sido siempre sospechosa, y aun después de aquella conminación no se ha reformado en lo más leve. Siempre anda asociado con los sectarios, la voz pública clama contra él y lo señala como uno de los patronos y corifeos de esa congregación clandestina en que ordinariamente se promueven proyectos de insurrección, censurando agriamente el gobierno, y procurando arreglarlo a los principios de su doctrina. Con el mérito de aquella causa y con los motivos nuevamente prestados, se le ha desterrado por cuatro años de esta Isla.

Es de mi obligación hacer presente la actividad del Teniente rey, en el desempeño de esta comisión. Ha asistido personalmente a todos los actos del proceso, y tanto por el día como por la noche ha trabajado incesantemente hasta su conclusión. Del mismo modo debo recomendar el nuevo mérito contraído por el Licenciado don Francisco Filomeno, asesor de la causa. Este Letrado ha tenido a su cargo algunas de las concernientes a la seguridad pública, desde que los movimientos políticos de la Península nos pusieron en las circunstancias delicadas en que nos hallamos. Cuando el año anterior de 1809 se conmovieron una parte de la chusma de negros y mulatos contra las propiedades y bienes de los franceses que se hallaban avecindados en la isla con licencia del Gobierno, y cometieron excesos criminales, aun contra los mismos españoles, fue comisionado por mí, con el Auditor de Guerra y otro Letrado, para fulminar los procesos a los revoltosos, y desempeñó su encargo como los otros Letrados, con eficacia y acierto.

Entonces le comisioné también para que pasase a los campos a 20 leguas de esta ciudad, a donde se habían extendido y propagado los malvados, y allí en brevísimo tiempo substanció diligencias correspondientes a más de veinte procesos, consultando sus respectivas sentencias criminales. Ha formado además algunas sumarias indagatorias de la conducta de varias personas que se han hecho sospechosas, pasando algunas veces a bordo de los buques a evacuar sus importantes encargos, aun en horas de reposo. Con la mayor celeridad y orden substanció a mi presencia el proceso contra Manuel Rodríguez Alemán y Peña, emisario del gobierno intruso, logrando con su buen tino, encontrar el secreto donde venían colocados los pliegos sediciosos. Formó en seguida el manifiesto de la causa, que se imprimió aquí, y ha sido reimpreso en otras ciudades de América, mereciendo el mayor aplauso.

En muchas de estas penosas fatigas no ha percibido dicho Letrado el menor lucro o emolumento, pues muchos de los procesos se han seguido contra hombres insolventes. Todo lo expuesto lo hago presente a V.E. para noticia del consejo de Regencia.

Dios guarde a V.E. muchos años. Habana 6 de diciembre de 1810

(rúbrica) El marqués de Someruelos
Excelentísimo Señor
Don Nicolás María de Sierra»

(Sentencia acordada por la Junta de Letrados)

[Al margen:] «Acuerdo foja 372 vuelta

En la ciudad de La Habana, en cinco de noviembre de mil ochocientos diez años, reunidos los Señores don Manuel Artazo, brigadier de los Reales Ejércitos Teniente de rey de esta plaza, don José Antonio Ramos, Oidor decano de la Real Audiencia del distrito, don Domingo Santibáñez, Oidor honorario de la propia Real Audiencia y Auditor de Guerra de esta plaza, don Francisco Filomeno, Juez general de bienes de difuntos, don Luis Hidalgo Gato y don José María Sanz que componen la Junta prevenida por el Excelentísimo Señor Presidente Gobernador y Capitán general en decreto de veinte y nueve del mes próximo pasado, se leyó todo lo obrado desde fojas doscientas cincuenta y nueve vuelta, en que se hallan evacuadas las solemnes confesiones de los reos, y demás diligencias dispuestas en el acuerdo, que comienza a vuelta de fojas doscientas cincuenta y siete, reiterándose el prolijo examen de todos los lugares más interesantes del proceso, después de reflexionar cuanto pareció oportuno en tan grave causa, se dictaminó con unánime parecer de todos los Señores: que don Román de la Luz sea condenado a diez años de presidio, del cual no podrá salir sin licencia de S.M. con absoluta y perpetua prohibición de residir en ambas Américas, apercibido de que en caso de inobservancia se le castigará con todo el rigor de la Ley; que igualmente el capitán don Luis Bassave sea condenado a ocho años de presidio bajo la misma condición, y con extrañamiento absoluto de la Isla; que a los negros libres Ramón Espinosa, Sargento primero del Batallón de su clase, Juan José González, Sargento segundo, Buenaventura Cervantes, Cabo primero, y Carlos de Flores, Soldado del propio Batallón de Morenos, se les ponga también en presidio por diez años con grillete al pie, a ración y sin sueldo los tres primeros, prohibiendo a todos vuelvan a esta Isla con el propio apercibimiento; que los esclavos Juan Ignacio González, y Laureano sean también condenados a ocho años de presidio, el último con grillete al pie, y que además se le den ciento y cincuenta azotes por las calles públicas, y cincuenta atados a la picota; que en atención a no convenir que los antedichos sean destinados a paraje alguno de América, se remitan todos a la Península para que sufran los dos primeros sus condenas en el presidio de Ceuta, y los demás en el Correccional de Cádiz, encargándose a quien corresponda por lo que respecta a los esclavos Juan Ignacio González y Laureano, que después de cumplido su término queden empleados como siervos de S.M. en cualquiera trabajos perpetuamente; que don José María Montano, don Francisco Álvarez y don Gabriel Pantaleón Ercazti paguen de mancomun et insolidum la tercera parte de las costas del proceso, sufriendo el primero tres meses de prisión en la Cárcel pública, y uno el segundo, apercibiéndose a todos de más severa demostración en caso de reincidir en las faltas por que ahora se les corrige; que sea de la propia suerte mancomunado con los antedichos en la tercera parte de costas don Manuel Ramírez, a quien por las indicaciones constantes en este proceso, y las que le resultan del formado en el año pasado por el señor oidor don José Antonio Ramos que se ha tenido a la vista en donde fue apercibido, se le destierre a cualquier pueblo de la Península por el término de cuatro años, con prohibición de volver a la Isla sin licencia de S.M. y que para su salida se le señale un breve tiempo, poniéndose entre tanto en arresto seguro; que siendo muy conveniente seguir las indagaciones sobre los motivos del procedimiento en que están indiciados los Pardos José Doroteo del Bosque, y Juan Caballero, y los morenos Antonio José Chacón y José de Jesús Cabadeiro, ya presos, así como el Doctor don Joaquín Infante, Pedro Sánchez, y Manuel Chacón, ausentes y emplazados por edictos y pregones, continúe la comisión en ejercicio, tanto con aquel objeto, como con el importante de que tengan los vecinos honrados de esta ciudad adonde ocurrir, por ahora, a manifestar las noticias que sepan, o puedan adquirir sobre algunos malvados que no ha sido posible descubrir y que probablemente existirán, haciéndose esto notorio por medio de un bando, que convendrá publicarse del modo acostumbrado en el que se harán las advertencias oportunas; que con respecto a los otros individuos contra quienes resulta alguna complicidad en el procedimiento, se esté al acuerdo que por separado se ha tenido; que de la expresada causa formada por el señor oidor don José Antonio Ramos, y cuyos autos se han pasado a esta comisión se compulse testimonio de todo lo pertinente a don Manuel Ramírez, de las declaraciones ministradas por don Judas Tadeo Aljovín y don José del Castillo con el oficio que precede a estas, y también del cargo que en confesión se hizo al referido Luz con la declaración de Aljovín, poniéndose la cabeza y pie de aquella diligencia; que se haga liquidación de las costas causadas y

deducida la parte en que van condenados los antedichos, las demás sean satisfechas también de mancomun et insolidum por los otros reos arriba expresados; y que por último, se eleven los autos al excelentísimo señor Presidente Gobernador y Capitán general bajo de participación política de estilo para que en vista de ellos, y la presente consulta, determine S.E. lo más oportuno, disponiendo en caso de conformidad, todo lo necesario para la ejecución de las penas ya referidas, en orden a los militares a quienes se les aplican, y que se dé cuenta con testimonio íntegro de los autos a S.M. a los efectos convenientes. Con lo que se concluyó el acto, que firmó su Señoría y todos los demás Señores de que doy fe= Manuel Artazo = José Antonio Ramos= Domingo Santibáñez= Francisco Filomeno= Licenciado Luis Hidalgo Gato= Doctor José María Sanz
Ante mí
José de Salinas»

(Acuerdo reservado de la Junta de Letrados)

[Al margen] «Otro reservado de foja 375.

En la ciudad de La Habana en cinco de noviembre de mil ochocientos diez años, reunidos en la Salas Capitulares, los Señores don Manuel Artazo Brigadier de los Reales ejércitos Teniente de rey de esta plaza, don José Antonio Ramos Oidor de la Real Audiencia del distrito, don Domingo Santibáñez oidor Honorario de la misma Real Audiencia y Auditor de guerra de esta plaza, don Francisco Filomeno Juez general de bienes de difuntos, Licenciado don Luis Hidalgo Gato, y Doctor don José María Sanz determinaron unánimemente: que siendo constante en estos autos seguidos para averiguar la sublevación proyectada en esta ciudad que el señor don Pedro Gamón ministro Honorario del consejo de Hacienda y Administrador de la Real Factoría de Tabacos de esta Isla, don Antonio Daza Maldonado contador principal de dicha factoría, don Andrés Armesto comisario de Guerra Honorario, el Capitán de Morenos Isidro Moreno, y el Sargento de Pardos Pedro Alcántara Pacheco supieron los tres primeros del papel sedicioso en que se exhortaba a la independencia de estos dominios, y fue el mismo que salió de la botica de

don José María Montano; y los otros dos, del partido que trataba de formar el capitán don Luis Bassave, con objeto a que no se recibiera aquí el nuevo Capitán General que está electo para la Isla. Como en todos estos sujetos hay verdadera complicidad, más o menos directa, y por consiguiente más o menos criminal, pues han faltado a la estrecha obligación de manifestar oportunamente a la autoridad el peligro en que se hallaba la Patria, sin embargo como por las notorias circunstancias de los referidos Señor don Pedro Gamón, don Antonio Daza Maldonado, y don Andrés Armesto, la honradez de los dos artesanos que resistieron a las insinuaciones del capitán Bassave, no puede presumirse dolo en su conducta. Se acordó, que reservadamente se consultara al Excelentísimo Señor Presidente Gobernador y Capitán General que del modo que a S.E. parezca más conveniente, les hiciese entender su reparable en el particular, haciéndoles las prevenciones oportunas para lo sucesivo. Con lo que se concluyó el acto que firmó su Señoría y todos los demás Señores de que doy fe = Manuel Artazo = José Antonio Ramos= Domingo Santibáñez= Licenciado Francisco Filomeno= Licenciado Luis Hidalgo Gato= Doctor José María Sanz
    Ante mí
        José de Salinas»

(AGI, Ultramar, 113, ff. 31-43)
Transcrito por el autor.

Anexo D

Anverso de la cubierta del legajo Ultramar 113

Verso de la cubierta

[Anverso]

1810, á 1820.
Habana
Causa formada en 1810 sobre intentada sublevación y francmasonería.
    Se hallan comprendidos en ella
D. Manuel Aguilar Jústiz
D. Antonio Álvarez
D. Luis Basabe
D Francisco Barrutia
D. José Claret
D. Manuel García Coronado
D. Pedro Agustín García
D. Joaquín Infante
D. Román de la Luz
D. José Peñaranda
D. Juan José de Presmo
D. Manuel Ramírez   A la vuelta

[Verso]

Nota. El Gobernador de la Habana recomienda con eficacia al teniente de Rey D. Manuel Artazo y D. Francisco Filomeno, comisionado y Asesor en la referida causa.

Transcrito por el autor.

Anexo E

«**Decreto de Nuestro Rey Católico [Felipe VI]
contra los Francs-Masones**

Hallándome informado de que la invención de los que se llaman Francs-Masones es sospechosa a la Religión y al Estado, y que como tal está prohibida por la Santa Sede debajo de excomunión, y también por las leyes de estos Reinos, que impiden las Congregaciones de muchedumbre, no constando sus fines e institutos a su Soberano: he resuelto atajar tan graves inconvenientes con toda mi autoridad, y en su consecuencia prohíbo en todos mis Reinos las Congregaciones de los Francs-Masones, debajo de la pena de mi Real indignación y de las demás que tuviere por conveniente imponer a los que incurrieren en esta culpa. Y mando al Consejo que haga publicar esta prohibición por Edicto en estos mis Reinos, encargando en su observancia el celo de los Intendentes, Corregidores y Justicias aseguren a los contraventores, dándose cuenta de los que fueren, por medio del mismo Consejo, para que sufran la pena que merezca el escarmiento, en inteligencia de que he prevenido a los Capitanes Generales, a los Gobernadores de Plazas, Jefes Militares e Intendentes de mis Ejércitos y Armada naval, hagan notoria y celen la citada prohibición imponiendo a cualquiera Oficial o individuo de su jurisdicción, mezclado o que se mezclare en esta Congregación, la pena de privarle y arrojarle de su empleo con ignominia. Tendráse [sic] entendido en el Consejo y dispondrá su cumplimiento en la parte que le toca. En Aranjuez a dos de julio de mil setecientos y cincuenta y uno. Al Obispo Gobernador del Consejo.»

(AGI, ULTRAMAR 113, f. 173)
Transcrito por el autor

Bibliografía

Abad León, Felipe, "Los marqueses de Someruelos y La Rioja", *Berceo: Boletín del Instituto de Estudios Riojanos*, Núm. 90, 1976

Academia de la Historia de Cuba, *Joaquín Infante. Homenaje a este ilustre bayamés, autor del primer proyecto de Constitución para la Isla de Cuba*, El Siglo XX, La Habana, 1930

Acosta, Manuel Mariano, "Memoria sobre la ciudad de San Felipe y Santiago del Bejucal", en *Memorias de la Sección de Historia de la Real Sociedad Patriótica de la Habana. Tomo 1*, Imprenta de las viudas de Arazoza y Soler, La Habana, 1830

Aljovín, Judas Tadeo de, *Fidelísimos habaneros*, Imprenta del gobierno y capitanía general, La Habana, [c. 1812]

Alvear, Carlos de, *Refutación de la calumnia intentada contra don Carlos Alvear inserta en la extraordinaria de Buenos-Ayres del 28 de diciembre de 1818*, Imprenta Federal, Montevideo, 1819

———, "Otras calumnias refutadas", *Colección de historiadores i de documentos relativos a la independencia de Chile*, Imprenta Cervantes, Santiago de Chile, 1901, t. VII

Alvear y Ward, Sabina de, *Historia de D. Diego de Alvear y Ponce de León, Brigadier de la Armada*, Imprenta de D. Luis Aguado, Madrid, 1891

Amores Carredano, Juan Bosco, *Cuba en la época de Ezpeleta (1785-1790)*, Ediciones de Universidad de Navarra, S.A., Pamplona, 2000

———, "Reformas de la administración local en Cuba (1765-1845)", Manuel Torres Aguilar, coordinador, *Actas del XV Congreso del Instituto Internacional de Historia del Derecho Indiano*, Universidad de Córdoba, 2005

———, y Vázquez Cienfuegos, Sigfrido, "En *Legítima Representación*: los firmantes del fallido proyecto de Junta de La Habana en 1808", *Anuario de Estudios Americanos*, 68, 1, Sevilla, 2011

———, (director), *Los tiempos de Espada: Vitoria y La Habana en la era de las revoluciones atlánticas*, Universidad del País Vasco, 2014

Anales y memorias de la Real Junta de Fomento y de la Real Sociedad Económica, Imprenta del Tiempo, Habana, 1861, Tomo VI

Ancona del Castillo, Eligio, *Historia de Yucatán desde la época más remota hasta nuestros días*, Imprenta de Jaime Jepús Roviralta, Barcelona, 1889 [1ª ed. 1881]

Anónimo, *Los ministros de España desde 1800 á 1869. Historia contemporánea por uno que siendo español no cobra del presupuesto*, J. Castro y Compañía, editores, Madrid, 1869

Arango y Parreño, Francisco de, *Obras de Don Francisco de Arango y Parreño*, 2 tomos, Ministerio de Educación, La Habana, 1952

Archivo Nacional, Boletín del, Tomos XXII y XXIII, "Copia fiel de la tercera pieza de la causa principal seguida por la conspiración titulada "Gran Legión del Águila Negra", que instituyó la Comisión Militar española en 1830, Pérez, Sierra y Ca., La Habana, 1923, 1924

———, *Catálogo de los mapas, planos, croquis y árboles genealógicos existentes en el Archivo Nacional de Cuba,6 tomos*, Imprenta del Archivo Nacional de Cuba, La Habana, 1961

Arenal Fenochio, Jaime del, *Cronología de la Independencia (1808-1821)*, Instituto Nacional de Estudios de las Revoluciones de México, 2011

Arrate, José Martín Félix de, "Llave del Nuevo Mundo, antemural de las Indias occidentales. La Habana descripta: noticias de su fundación. Aumentos y estado" [1761], *Los tres primeros historiadores de la Isla de Cuba*, Imprenta y Librería de Andrés Pego, La Habana, 1876

Augier, Ángel I., "Comienzos del separatismo. Primeros mártires. Narciso López", *Curso de introducción a la Historia de Cuba*, Municipio de La Habana, La Habana, 1938

Bacardí, Alejandro de, *Nuevo Colón o sea Tratado del derecho militar de España y sus Indias*, Establecimiento Tipográfico de Narciso Ramírez, Barcelona, 1857 (1ª ed. 1851)

Bachiller y Morales, Antonio, "Apuntes para la historia de las letras en la Isla de Cuba" (conclusión), *Revista de La Habana*, Tomo tercero, Imprenta del Tiempo, La Habana, 1854

―――――, *Galería de hombres útiles*, Ministerio de Educación, La Habana, 1955

Baqueiro, Serapio, *Reseña geográfica, histórica y estadística del estado de Yucatan desde los primitivos tiempos de la península*, Imprenta de Francisco Díaz de León, México, 1881

Barcia Zequeira, María del Carmen, *Cuba: acciones populares en tiempos de la independencia americana*, Ediciones Matanzas, Matanzas, 2011

―――――, "Otra vuelta de tuerca a la conspiración de Román de la Luz y a los avatares de Joaquín Infante", http://www.academia historia.cu/index.php Bitacora/Conferencias, c. 2011

Barros Arana, Diego, *Historia jeneral de Chile*, Rafael Jover, Editor, Santiago, 1894

Bauso, Diego Javier, *Un plagio bicentenario: El "Plan de operaciones" atribuido a Mariano Moreno. Mito y realidad*, Sudamericana, 2015

Blanchet, Emilio *Compendio de la Historia de Cuba*, Imprenta de La Aurora del Yumurí, Matanzas, 1866

Blanco Mozo, Juan Luis y Gárate Ojanguren, Montserrat, "Martín de Aróstegui (1698-1756), fundador de la Real Compañía de La Habana", *Revista Hispano Cubana*, No. 2, Madrid 1998

Bosmeniel y Fiesco, Juan, *El infrascripto apoderado general de Don José Macedonio de Chaves, ha visto un papel que se ha circulado...*, Oficina de Don Juan de Pablo, La Habana, 6 de febrero de 1812

Cadenas y Vicent, Vicente de, *Caballeros de la Orden de Alcántara que efectuaron sus pruebas de ingreso durante el siglo XVIII*, Ediciones Hidalguía, Madrid, 1991

Calcagno, Francisco, *Diccionario Biográfico Cubano* (edición facsimilar) Editorial Cubana, Miami, 1996, p. 162 [1ª ed. New York, 1878]

Calendario manual, y guía de forasteros en la Isla de Cuba, para el año de 1800, Imprenta de la Capitanía General, La Habana, 1800

Calendario manual y guía de forasteros en la Isla de Cuba, para el año de 1809, Imprenta de la Capitanía General, La Habana, 1809

Carbonell Rivero, Miguel Ángel, "Cuba y sus luchas por la independencia", en José Manuel Carbonell Rivero, *Evolución de la cultura cubana*, Vol. XIV, Imp. Montalvo y Cárdenas, La Habana, 1928

Carbonell Rivero, Néstor, *Los protomártires de la independencia de Cuba*, Academia de la Historia de Cuba, Imprenta El Siglo XX, La Habana, 1926

―――――, y Santovenia Echaide, Emeterio S., *Carlos Manuel de Céspedes. Apuntes biográficos*, Seoane y Fernández, La Habana, 1919

Castellanos G., Gerardo, *Raíces del 10 de octubre de 1868. Aguilera y Céspedes*, El Siglo XX, La Habana, 1937

Castillo Azcárate, José Gabriel del, "Notas históricas", *El Triunfo, diario liberal*, 26 de diciembre de 1882 - 2 de enero de 1883

Chambers, Stephen, *No God but Gain. The Untold Story of Cuban Slavery, the Monroe Doctrine & the Making of the United States*, Verso, Londres, 2015

Chaparro Sainz, Álvaro, *La formación de las élites ilustradas vascas: El Real Seminario de Vergara (1776-1804)*, director: José María Imízcoz Beunza, Tesis doctoral, Universidad del País Vasco, Barakaldo, 2009

―――――, "Educación y reproducción social de las élites habaneras (1776-1804)", *Revista Complutense de Historia de América*, v. 36, 2010

Childs, Matt D., *La rebelión de Aponte de 1812 en Cuba y la lucha contra la esclavitud atlántica*, Editorial Oriente, Santiago de Cuba, 2011

Concepción y Hernández, Pablo de la, *Prisioneros y deportados cubanos en la Guerra de Independencia, 1895-1898*, Imp. P. Fernández y Cía., La Habana, 1932

Cornide Hernández, María Teresa, *De La Havana, de siglos y de familias*, Editorial de Ciencias Sociales, La Habana, 2003

Cortés, José Domingo, *Diccionario biográfico americano*, 2.ed., Tipografía Lahure, París, 1876

Cowley Valdés-Machado, Rafael A., "Relación de los Tribunales académicos y demás oficios que ha tenido la Real y Pontificia Universidad desde su fundación, hasta su reforma", inserto en José Martín Félix de Arrate, "Llave del Nuevo Mundo, antemural de las Indias occidentales. La Habana descripta: noticias de su fundación. Aumentos y estado" [1761], *Los tres primeros historiadores de la Isla de Cuba*, Tomo I, Imprenta y Librería de Andrés Pego, La Habana, 1876

Cué Fernández, Daisy, *Plácido. El poeta conspirador*, Editorial Oriente, Santiago de Cuba, 2007

Cuervo Hewitt, Julia, *Voices Out of Africa in Twentieth-century Spanish Caribbean Literature*, Bucknell University Press, Lewisburg, 2009

Cuevas Toraya, Juan de las, *500 años de construcciones en Cuba*, D.V. Chavín, Servicios Gráficos y Editoriales, S.L., Madrid, 2001

de la Luz Sánchez de Silveira, Román, *Representación que hace Don Román de la Luz Sánchez de Silveira, á S. M. las Cortes generales y extraordinarias de la nación Española manifestando la ilegalidad del proceso que le formó en la Havana el Marqués de Someruelos...*, Imprenta de Niel, Cádiz, 14 de mayo de 1812

Díaz Álvarez, Miguel, *Memoria acerca del estado y adelantos del Excmo. Ayuntamiento de La Habana*, Imprenta La Tipografía, La Habana, 1897

Dihigo Mestre, Juan M., "La Universidad de La Habana. Bosquejo histórico" *Revista de la Facultad de Letras y Ciencias*, v. XXII, no. 2, marzo de 1916, El Siglo XX, La Habana

—————, *La Universidad de La Habana, 1728-1928*, Talleres Tipográficos de Carasa y Cía., La Habana, 1930

Ducoudray Holstein, Henri Louis Villaume, *Memoirs of Simon Bolivar, President Liberator of the Republic of Colombia and of his Principal Generals*, Goodrich & Co., Boston, 1829

—————, "Memoirs of my Life. By an Old Soldier", *The Zodiac*, vol. II, núm. 5, 6 y 7, Albany, New York, 1836-7

Echegoyen, José Ignacio de, *Esposición fundada que presenta a este sensato público D. José Ignacio de Echegoyen en la cuestión que sobre pureza en manejo de intereses le sostiene el Escmo. Señor consejero de Estado D. Francisco de Arango y Parreño...*, Imprenta Imparcial, La Habana, 1821

Ely, Roland T., *Cuando reinaba su Majestad el Azúcar*, Editorial Sudamericana, Buenos Aires, 1963

Entralgo Vallina, Elías, *Los diputados por Cuba en las Cortes de España durante los tres primeros períodos constitucionales*, Imprenta El Siglo XX, La Habana, 1945

Escalona Jiménez, Manuel, *Cuba: el gran cuartel (1810-1840)*, Tesis doctoral, Ministerio de Defensa, Madrid, 2004

España, *Gazeta de la Regencia de España e Indias*, núm.1 (13 de marzo de 1810) - n.169 (31 de diciembre de 1811)

————, *Diario de las discusiones y actas de la Cortes*, Tomo Sexto, La Imprenta Real, Cádiz, 1811

————, *Colección de los decretos y órdenes que han expedido las Cortes Generales y extraordinarias desde su instalación en 24 de septiembre de 1810 hasta igual fecha de 1811*, Imprenta Real, Cádiz, 1811 [reimpresa en 1820 por la Imprenta Mayor de la Ciudad en Sevilla]

————, *Estado militar de España. Año 1834*, La Imprenta Real, Madrid, 1834

————, *Derrotero de las islas de las Antillas, de las costas de Tierra Firme, y de las del Seno Mejicano,* La Imprenta Nacional, Madrid, 1837

————, *Diario de sesiones de la Córtes generales y extraordinarias*, Imprenta de J. A. García, Madrid, 1870, tomos III y VII

————, *Índice de pruebas de los Caballeros de la Real y Distinguida Orden española de Carlos III, desde su institución hasta el año 1847*, Est. Tip. de la Rev. de Archivos, Bibl. y Mus., Madrid, 1904

Esténger, Rafael, *Heredia. La incomprensión de sí mismo*, Editorial Trópico, La Habana, 1938

FAR [Fuerzas Armadas Revolucionarias], Dirección Política de las, *Historia de Cuba*, Editorial de Ciencias Sociales, La Habana, 1985

Fernández Mellén, Consolación, *Iglesia, poder y reformismo en La Habana: el episcopado de Juan José Díaz de Espada (1802-1832)*, Universidad del País Vasco, Bilbao, 2012

————, "En mejor servicio de Dios y del Rey: el obispo Espada y la reforma eclesiástica de la iglesia habanera", *Los tiempos de Espada: Vitoria y La Habana en la era de las revoluciones atlánticas*, Juan Bosco Amores Carredano (director), Universidad del País Vasco, 2014

Figarola-Caneda, Domingo, "Sobre un retrato dicho 'de Plácido'", *Revista de la Biblioteca Nacional*, 1909, nos. 3-4, 9-10

Figueroa y Miranda, Miguel, *Religión y política en la Cuba del siglo XIX. El Obispo Espada visto a la luz de los archivos romanos (1802-1832)*, Ediciones Universal, Miami, 1975

Filomeno, Francisco, *El matrimonio casual: comedia original en tres actos*, Imprenta de Repullés y Vidal, Madrid, 1802

————, "Manifiesto de la causa seguida a Manuel Rodríguez Alemán y Peña, estractado substancialmente de los autos por el asesor que los formó licenciado don Francisco Filomeno, abogado de los Reales Consejos, juez general de bienes de difuntos de la ciudad de la Habana, e individuo de su Real Sociedad Económica", *Memorias de la Sociedad Patriótica de la Habana por una comisión permanente de su seno, Tomo XIV*, Imprenta del Gobierno y Capitanía General, La Habana, 1842

————, (Filomeno Ponce de León, Francisco), *Elogio del Excelentísimo Señor Don Salvador de Muro y Salazar, Marqués de Someruelos, Teniente General de los Reales Exércitos, Capitán General de la Isla de Cuba...*, Imprenta de D. Miguel de Burgos, Madrid, 1815 [1ª ed. Oficina de Arazoza y Soler, La Habana, 1814]

Foner, Philip S., *A History of Cuba and its Relations with the United States*, International Publishers, New York, 1962

Franco, José Luciano, *Las conspiraciones de 1810 y 1812*, Editorial de Ciencias Sociales, La Habana, 1977

Frasquet, Ivana, "Junta, regencia y representación: la elección de los suplentes americanos a las primeras Cortes", *Revista de História* [en línea], núm. 159, diciembre, 2008, Universidad de São Paulo, São Paulo

Funes Monzote, Reinaldo, *De los bosques a los cañaverales. Una historia ambiental de Cuba 1492-1926*, Editorial de Ciencias Sociales, La Habana, 2010

Gárate Ojanguren, Montserrat y Blanco Mozo, Juan Luis, "Martín de Aróstegui (1698-1756), fundador de la Real Compañía de La Habana", *Revista Hispano Cubana*, No. 2, Madrid 1998

García León, Susana, "La causa de Estado contra el diputado a Cortes Miguel Ramos Arispe", *Cuadernos de Historia del Derecho*, núm. 5, Servicio de Publicaciones de la UCM, Madrid, 1998

García López, María Belén, "Los autos de bienes de difuntos en Indias", *Nuevo Mundo Mundos Nuevos* [En línea], Guía del investigador americanista, 2010

García Pons, César, *El obispo Espada y su influencia en la cultura cubana*, Publicaciones del Ministerio de Educación, La Habana, 1951

García Rodríguez, Gloria, "Vertebrando la resistencia: la lucha de los negros contra el sistema esclavista, 1790-1845", María Dolores González-Ripoll, Consuelo Naranjo, Ada Ferrer, Gloria García y Josef Opatrný, *El rumor de Haití en Cuba: temor, raza y rebeldía, 1789-1844*, Consejo Superior de Investigaciones Científicas, Madrid, 2004

Garrigó, Roque E., *Historia documentada de la conspiración de los Soles y Rayos de Bolívar*, 2 Tomos, Imprenta el Siglo XX, La Habana, 1929

Gómez Castells, Máximo, "Joaquín Infante, desde Cuba hasta México: un mito constitucionalista", *Revista Temas y Variaciones de Literatura*, 35, Azcapotzalco, México D. F., 2011

Gómez Roubaud, Rafael, *Carta que a los S.^{res} diputados de las Cortes dirige el intendente de exército, D. Rafael Gómez Roubaud...*, Imprenta de la Junta Superior, Cádiz, 1811

Greenleaf, Richard, E., "The Mexican Inquisition and the Masonic Movement: 1751-1820", *New Mexico Historical Review*, vol. 44. no. 2, April 1969

Guedea, Victoria, "Las sociedades secretas durante el movimiento de independencia", *The Independence of Mexico and the Creation of the New Nation*, University of California, Los Angeles, 1989

Guía de forasteros en la Siempre Fiel Isla de Cuba para el año de 1849, Imprenta del Gobierno y Capitanía General, La Habana, 1849

Guía de forasteros de la siempre fiel Isla de Cuba para el año 1873, Imprenta del Gobierno y Capitanía General, La Habana, 1873

Guía de forasteros de la Siempre Fiel Isla de Cuba para el año de 1883, Imprenta del Gobierno y Capitanía General, La Habana, 1883

Guía general de correos, postas y caminos del Reino de España, Imprenta de D. Miguel de Burgos, Madrid, 1830

Guillén, Julio, "Correo insurgente de Londres capturado por un corsario puertorriqueño, 1811", *Boletín de la Academia Chilena de Historia*, año XXVII, N.º 63, 1960

Guzmán, José R., "Fray Servando Teresa de Mier y la Sociedad Lautaro", *Anales del Instituto Nacional de Antropología e Historia, (Séptima época) Tomo I, 1967-1968*, Secretaría de Educación Pública, México, 1969

Guzmán Villena, Víctor Manuel, "Historia del origen de la masonería en Ecuador", 2009, FenixNews.com

Hallam, George, *Narrative of a Voyage from Montego Bay, in the Island of Jamaica, to England; by a Route Never Gone Before or Since, Across the Island of Cuba to Havanna...*, ULAN Press, Lexington, 2016 [1ª ed. Printed for C.J.G. & F. Rivington, Londres, 1831]

Hernández y Dávalos, Juan E., *Colección de documentos para la historia de la Guerra de Independencia de México de 1808 a 1821*, José María Sandoval, Impresor, México, 1882

Hernández Fox, Leonor Arlen, *El divorcio en la sociedad cubana (1763-1878)*, Editorial de Ciencias Sociales, La Habana, 2007

———, "Espacios y transgresiones. Familia y mujer en Cuba durante el siglo XIX", Imilcy Balboa Navarro [ed.], *La reinvención colonial de Cuba*, Ediciones Idea, Santa Cruz de Tenerife, 2012

Hernández González, Manuel, *Francisco de Miranda y su ruptura con España*, Ediciones Idea, Santa Cruz de Tenerife, 2006

———, "El Patriota Americano, expresión señera del liberalismo criollo en el primer período constitucional", *Trienio. Revista de Historia*, no. 58, noviembre 2011, Madrid

———, "Liberalismo, masonería y nacionalismo en la América de la emancipación: el cubano Antonio José Valdés (1780-1833)", Nuevo Mundo Mundos Nuevos (en línea), 2012, [https://nuevomundo.revues.org]

———, *Liberalismo, masonería y cuestión nacional en Cuba, 1808-1823*, Editorial Oriente, Santiago de Cuba, 2015, [1ª ed. 2012]

———, *Liberalismo criollo y sacarocracia en Cuba. José Arango y Núñez del Castillo (1765-1851)*, Ediciones Idea, Santa Cruz de Tenerife, 2014

Herrera, Desiderio, *Memoria sobre los huracanes en la Isla de Cuba*, Imprenta de Barcina, La Habana, 1847

Hill, Roscoe *Descriptive Catalogue of the Documents relating to the History of the United States in the Papeles Procedentes de Cuba deposited in the Archivo General de Indias at Seville*, The Carnegie Institution, Washington, 1916

Iglesia, Álvaro de la, *Tradiciones completas*, Editorial Letras Cubanas, La Habana, 1983 [1ª ed. 1915]

Jiménez Codinach, Estela Guadalupe, *La Gran Bretaña y la independencia de México, 1808-1821*, Fondo de Cultura Económica, México, 1991

Johnson, Sherry, "From Authority to Impotence: Arango´s Adversaries and Their Fall from Power during the Constitutional Period (1808-1823)", María Dolores González-Ripoll e Izaskun Álvarez Cuartero, editoras, *Francisco Arango y la invención de la Cuba azucarera*, Universidad de Salamanca, Salamanca, 2009

Key Ayala, Salvador, *Proyecto de Constitución para la isla de Cuba por el doctor Joaquín Infante*, Tipografía Americana, Caracas, 1928 (reproducción facsimilar en Academia de la Historia de Cuba, *Joaquín Infante. Homenaje a este ilustre bayamés, autor del primer proyecto de Constitución para la Isla de Cuba*, El Siglo XX, La Habana, 1930

Kuethe, Allan J., *Cuba, 1753-1815. Crown, Military, and Society*, The University of Tennessee Press, Knoxville, 1986

Las Casas, Bartolomé de, *Historia de las Indias*, Biblioteca Ayacucho, Caracas, 1986

Le Riverend Brusone, Julio J., *La Habana (Biografía de una provincia)*, El Siglo XX, La Habana, 1960

Linklater, Andro, *An Artist in Treason. The Extraordinary Double Life of General James Wilkinson, Commander in Chief of the U.S. Army and Agent 13 in the Spanish Secret Service*, Walker Publishing Company, New York, 2009

Lobera y Abio, Antonio, *El porqué de todas las ceremonias de la Iglesia y sus misterios*, Imprenta de Higinio Reneses, Madrid, 1836

Lobo, Miguel, *Historia general de las antiguas colonias hispanoamericanas desde su descubrimiento hasta el año de mil ochocientos ocho*, Imprenta y Librería de Miguel Guijarro, Madrid, 1875

Lockey, Joseph B., "The Florida Intrigues of Jose Alvarez de Toledo", *The Quarterly Periodical of the Florida Historical Society*, Tallahassee, April 1934, v. XII, no. 4

Luis, William, *Literary Bondage: Slavery in Cuban Narrative*, University of Texas Press, Austin, 1990

Llaverías, Joaquín, "Discurso" en *Academia de la Historia. Discursos leídos en la recepción pública del Sr. Carlos M. Trelles y Govín*, Imprenta el Siglo XX, La Habana, 1926

Marrero, Leví, *Cuba: economía y sociedad*, 15 tomos, Editorial Playor, S.A., Madrid, 1992

Martínez Millán, José, "La masonería bonapartista: las logias de Almagro y Manzanares (1809-1814)", José Antonio Ferrer Benimeli (coord.), *La masonería en la España del siglo XIX*, Junta de Castilla y León, Salamanca, 1987

Masó, Calixto C., *Historia de Cuba*, Ediciones Universal, Miami, 1976

Medina, J. T., *La imprenta de Mérida de Yucatán (1813-1821)*, Imprenta Elzeviriana, Santiago de Chile, 1904

————, *La imprenta en La Habana (1707-1810). Notas bibliográficas*, Imprenta Elzeviriana, Santiago de Chile, 1904

Michelena, Carmen L., *Luces revolucionarias. De la rebelión de Madrid (1795) a la rebelión de la Guaira (1797)*, Centro de Estudios Latinoamericanos Rómulo Gallegos, Caracas, 2010

Mier, Servando Teresa de, ("Declaraciones de Fr. Servando Mier, del 22 de Setiembre de 1817 al 21 de Agosto de 1818", Juan E. Hernández y Dávalos, *Colección de documentos para la historia de la Guerra de Independencia de México de 1808 a 1821*, Tomo VI, José María Sandoval, Impresor, México, 1882

Minutes of Proceedings of the Court of Inquiry and Court Martial, in Relation to Captain David Porter, David & Force, Washington, 1825

Miranda Álvarez, Aurelio, *Historia documentada de la masonería en Cuba*, Molina y Compañía, La Habana, 1933

Miranda Rodríguez de Espinosa, Francisco de, *América espera*, Biblioteca Ayacucho, Caracas, 1982, pp. 578, 584).

Mitre, Bartolomé, *Historia de San Martín y de la emancipación Sudamericana*, Félix Lajouane, Editor, Buenos Aires, 1890

Mogrobejo, Endika, Irantzu y Garikoitz de, *Diccionario hispanoamericano de heráldica, onomástica y genealogía*, v. XXV, Editorial Mogrobejo-Zabala, Erandio

Morales y Morales, Vidal, "Dos escritores cubanos. José del Castillo y Pérez—José Gabriel del Castillo y Azcárate", *Cuba y América*, v. IV, no. 89, Habana 20 de agosto 1900

————, *Iniciadores y primeros mártires de la revolución cubana*, Imprenta Avisador Comercial, La Habana, 1901

Morales Padrón, Francisco, "Conspiraciones y masonería en Cuba (1810-1826)", *Anuario de Estudios Americanos*, t. xxix, Consejo Superior de Investigaciones Científicas, Madrid, 1972

Moreno Fraginals, Manuel, *El ingenio. Complejo económico social cubano del azúcar*, Editorial de Ciencias Sociales, La Habana, 1978

————, Cuba/España, *España/Cuba. Historia común*, Crítica, Barcelona, 1995

Navarro García, Luis, *La independencia de Cuba*, Editorial MAPFRE, Madrid, 1992

Ocampo, Emilio, "Inglaterra, la Masonería y la Independencia de América", revista *Todo es Historia*, núm. 463, Buenos Aires, 2006

Orella Unzué, José L., "Manuel y Miguel de Lardizábal y Uribe en el Estatuto de Bayona", *Revista internacional de los estudios vascos, Cuaderno 4, 2009*, San Sebastián

Ovilo y Otero, Manuel, *Biografía del Excmo. Señor Don Claudio Martínez de Pinillos, Conde de Villanueva*, Imprenta del Tiempo, La Habana, 1851

Patrón Sandoval, Juan A., "La defensa de Tarifa durante la Guerra de la Independencia", *Al Qantir. Monografías y Documentos sobre la Historia de Tarifa*, núm. 13, Proyecto Tarifa2010, Cádiz, 2012

Pavía y Pavía, Francisco de Paula, "Biografía del Teniente General de la Armada Juan Joaquín Moreno", *La Marina.* t. I, Madrid, 1856

————, *Galería biográfica de los generales de Marina, jefes y personajes notables que figuraron en la misma corporación desde 1700 á 1868*, Imprenta a cargo de J. López, Madrid, 1873, 3 Tomos

Pérez, Luis M., "French Refugees to New Orleans in 1809 (With Documents)", *Publications of the Southern History Association*, Washington, D.C., September 1905

Pérez-Beato, Manuel, *El Curioso Americano*, Año I, No. 12, La Habana, 15 de mayo de 1893

————, *Habana antigua. Apuntes históricos*, Seoane, Fernández y Ca., La Habana, 1936

Pérez Cabrera, José Manuel, *Miranda en Cuba (1780-1783)*, Academia de la Historia de Cuba, El Siglo XX, La Habana, 1950

Pezuela, Jacobo de la, *Ensayo histórico de la Isla de Cuba*, Imprenta Española de R. Rafael, New York, 1842

———, *Diccionario geográfico, estadístico, histórico de la Isla de Cuba*, 4 Tomos, Imprenta del Establecimiento de Mellado, Madrid, 1863-1866

———, *Historia de la Isla de Cuba*, 4 Tomos, Cárlos Bailly-Bailliere, Madrid, 1868-1878

Pichardo, Hortensia, *Antonio José Valdés ¿Historia de Cuba o historia de La Habana?*, Editorial de Ciencias Sociales, La Habana, 1987

Piñeyro, Enrique, *Vida y escritos de Juan Clemente Zenea*, Garnier Hermanos, París, 1901

———, *Biografías americanas*, Garnier Hermanos, París, 1906

Ponte Domínguez, Francisco J., *La Junta de La Habana en 1808*, Editorial Guerrero, La Habana, 1947

———, *El Delito de Francmasonería en Cuba (Estudio histórico acerca de la alianza del Altar y el Trono en persecución de la Francmasonería en Cuba)*, Editorial Humanidad, México, 1951

———, *La masonería en la independencia de Cuba*, Editorial Modas Magazine, La Habana, 1954

———, *Historia de la Guerra de los Diez Años (Desde su origen hasta la Asamblea de Guáimaro)*, El Siglo XX, La Habana, 1954

———, *Historia de la masonería del Rito Escocés en Cuba*, Imprenta Institución M. Inclán, La Habana, 1961

Portell Vilá, Herminio, *Historia de Cuba en sus relaciones con los Estados Unidos y España*, 4 Tomos, Mnemosyne Publishing Inc., Miami, 1969 [1ª ed. 1938]

Portuondo, Olga "Los umbrales del constitucionalismo en Cuba, 1808-1812", *Revista Brasileira do Caribe*, Vol. X, n° 19, jul-dic 2009, Brasilia

Puig-Samper, Miguel Ángel con Mercedes Valero, *Historia del Jardín Botánico de la Habana*, Ediciones Doce Calles, Madrid, 2000

Puyol, Julio, Don Diego Clemencín, ministro de Fernando VII (Recuerdos del Ministerio del 7 de julio), Biblioteca Virtual Miguel de Cervantes, Alicante, 2011 (edición digital a partir de *Boletín de la Real Academia de la Historia*, tomo 93 (1928)

Puyol Montero, José María, "La creación del Consejo y Tribunal Supremo de España e Indias (Consejo reunido) por la Junta Central en 1809", *Cuadernos de Historia del Derecho*, n.º 2, Editorial Complutense, Madrid, 1995

Racine, Karen, Francisco de Miranda. *A Transatlantic Life in the Age of Revolution*, Scholarly Resources Inc. Washington, 2003

Reder Gadow, Marion, "Vida cotidiana en Ronda durante la Guerra de la Independencia (1810-1812), *Baetica. Estudios de Arte, Geografía e Historia* N.º 29, Universidad de Málaga, Málaga, 2007

Real Consulado de Madrid, *Guía mercantil de España. Año de 1828*, Imprenta de I. Sancha, Madrid, 1828

Real Sociedad Bascongada de Amigos del País, *Extractos de las juntas generales celebradas por la Real Sociedad Bascongada de Amigos del País en la ciudad de Vitoria por julio de 1792*, Baltasar Manteli, Impresor, Vitoria, 1792

Reglamento para las Milicias de Infantería y Caballería de la Isla de Cuba, Imprenta de la Real Casa de Niños Expósitos, Lima, 1793

Rieu-Millan, Marie-Laure, "Fray Servando de Mier en Londres y Miguel Ramos de Arispe en Cádiz (Su actividad política y propagandística según una carta inédita de Mier, 1812), *Suplemento de Anuario de Estudios Americanos. Sección Historiografía y Bibliografía*, Tomo XLVI, Núm. 2, Consejo Superior de Investigaciones Científicas, Sevilla, 1989

——————, *Los diputados americanos en las Cortes de Cádiz (Igualdad o independencia)*, Consejo Superior de Investigaciones Científicas, Madrid, 1990

Rodríguez Basulto, Beatriz, "Dos Casas en tres siglos", *Gabinete de Arqueología 3*, La Habana, 2004

Rodríguez García, Rolando, *Cuba: la forja de la nación*, Editorial de Ciencias Sociales, La Habana, 1998

Rodríguez González, Agustín Ramón, "Operaciones navales en la historia de Castellón", *Boletín de la Sociedad Castellonense de Cultura*, t. LXXVII, Castellón, 2001

Roig de Leuchsenring, Emilio, *La Habana de ayer, de hoy y de mañana*, Sindicato de Artes Gráficas, La Habana, 1928

————, *La Habana. Apuntes históricos*, tres tomos, Editora del Consejo Nacional de Cultura, La Habana 1963 [1ª ed. 1940]

Rojas Arístides, "Recuerdos de 1810", José Félix Blanco y Ramón Azpurúa, *Documentos para la historia de la vida pública del Libertador de Colombia, Perú y Bolivia, publicados por disposición del general Guzmán Blanco...*, Imprenta de La Opinión Nacional, Caracas, 1876

Roldán Oliarte, Esteban, *Cuba en la mano. Enciclopedia popular ilustrada*, Imprenta Úcar, García y Cía, La Habana, 1940

Román, María Luisa, "Antonio Fernando Basilio Porcel Román (1755-1832)", *Página cultural de Francisco Pelegrina*

Rosain y Lubián, Domingo, *Necrópolis de La Habana: historia de los cementerios de la ciudad con multitud de noticias interesantes*, Imprenta El Trabajo, La Habana, 1875

Saavedra y Sangronis, Francisco de, *Misión de guerra en el Caribe. Diario de Dn. Francisco de Saavedra y Sangronis, 1780-1783*, compilado por Manuel Ignacio Pérez Alonso, S.J., Colección Cultural de Centro América, Managua, 2004

Saco y López Cisneros, José Antonio, *Papeles sobre Cuba*, 3 tomos, Ministerio de Educación, La Habana, 1960

San Pedro Xiqués, Enrique, *Reseña cronológica muy abreviada de los gobiernos coloniales de la Isla de Cuba durante las dominaciones española, inglesa y norteamericana*, edición privada, Miami, 1979

Sánchez-Arcilla Bernal, José, "El Consejo y Tribunal Supremo de España e Indias (1809-1810) (Notas para su estudio)", *En la España Medieval*, t. V, vol. 9, Editorial de la Universidad Complutense, Madrid, 1986

Sanguily Garrite, Manuel "José Gabriel del Castillo", *Nobles memorias I*, International Press of Miami, Miami, 1982, [1ª ed. 1925]

Santa Cruz y Mallen, Francisco Xavier de, *Historia de familias cubanas*, Editorial Hércules, La Habana, 1940-1942, Tomos I, II y III

Santovenia Echaide, Emeterio S. y Rivero Muñiz, José, "Desavenencias entre colonia y metrópoli", *Historia de la nación cubana*, Editorial Historia de la Nación Cubana, La Habana, 1952

―――――, y Carbonell Rivero, Néstor, *Carlos Manuel de Céspedes. Apuntes biográficos*, Seoane y Fernández, La Habana, 1919

Sevilla Soler, María Rosario, *Las Antillas y la independencia de la América española (1808-1826)*, Escuela de Estudios Hispano-Americanos de Sevilla, Sevilla, 1986

―――――, "Cuba: los primeros enfrentamientos políticos (1808-1826)", *Arbor* CXLIV, marzo 1993

Soto Paz, Rafael, *La falsa cubanidad de Saco, Luz y del Monte*, Editorial Alfa, La Habana, 1941

Stagg, J. C. A., "The Political Essays of William Shaler", *William and Mary Quarterly*, Vol. LVIV, No. 2, Omohundro Institute of Early American History and Culture, Williamsburg, 2002

Tello Amondareyn, Manuel, *Ceuta, llave principal del Estrecho. Apuntes para un estudio político-militar*, Imprenta de Fortanet, Madrid, 1897

Thomas, Hugh, *Cuba. The Pursuit of Freedom*, Harper & Row, New York, 1971

―――――, "La colonia española de Cuba", *Historia del Caribe*, E. Moya Pons, L. E. Aguilar, A. G. Quintero Rivera, H. Hoetink, D. Nicholls, L. A. Pérez, Jr., J. Domínguez y R. W. Anderson, Editorial Crítica, Barcelona, 2001

Torre Molina, Mildred de la, "Cuba en los inicios de 1810", *Espacio Laical*, Año VI - No. 24, octubre-diciembre 2010

Torre y de la Torre, José María de la, *Elementos de cronología universal y particular de España, Isla de Cuba y Puerto-Rico*, Imprenta del Gobierno y Capitanía General, La Habana, 1845

―――――, *Lo que fuimos y lo que somos ó La Habana antigua y moderna*, Colección Cubana de Libros y Documentos Inéditos ó Raros, Vol. I, Librería Cervantes, La Habana, 1913, [1ª ed. 1857]

Torres Campos, Manuel, *Bibliografía española contemporánea del Derecho y de la política, 1800-1880*, Imprenta de Fortanet, Madrid, 1883

Torres-Cuevas, Eduardo, *Félix Varela, los orígenes de la ciencia y conciencia cubanas*, Editorial de Ciencias Sociales, La Habana, 2002

———, *Historia de la masonería cubana. Seis ensayos*, Imagen Contemporánea, La Habana, 2004

Torres Ramírez, Bibiano, "Alejandro O'Reilly en Cuba", *Anuario de estudios americanos*, 24, Sevilla, 1967

Trelles y Govín, Carlos Manuel, *Bibliografía cubana del siglo XIX, Tomo segundo (1826-1840)*, Imp. Quirós y Estrada, Matanzas, 1912

———, *Biblioteca Histórica Cubana*, 3 Tomos, (1º) Imprenta de Juan F. Oliver, Matanzas, 1922, (2º) Imprenta de Andrés Estrada, Matanzas, 1924 y (3º) Dorrbecker, La Habana, 1926

———, "Un precursor de la independencia de Cuba: don José Álvarez de Toledo", *Academia de la Historia de Cuba. Discursos leídos en la recepción pública del Sr. Carlos M. Trelles y Govín*, El Siglo XX, La Habana, 1926

———, *Matanzas en la independencia de Cuba*, Imprenta Avisador Comercial, La Habana, 1928

———, "Apuntes biográficos del Dr. Joaquín Infante", *Academia de la Historia de Cuba, Joaquín Infante. Homenaje a este ilustre bayamés, autor del primer proyecto de Constitución para la Isla de Cuba*, El Siglo XX, La Habana, 1930

———, *El historiador Antonio José Valdés*, Imprenta A. Estrada, Matanzas, 1930

Valdés, Antonio José, "Historia de la Isla de Cuba y en especial de La Habana", Impresa en 1813 en la Oficina de La Cena, según reproducida en *Los tres primeros historiadores de la Isla de Cuba*, Imprenta y Librería de Andrés Pego, La Habana, 1877

Valdés Domínguez, Eusebio, *Los antiguos diputados de Cuba y apuntes para la historia constitucional de esta Isla*, Imprenta El Telégrafo, La Habana, 1879

Valdés Rodríguez, Manuel *Discurso leído en la apertura del curso académico de 1906 á 1907*, Manuel Ruiz S. en C. Imprenta y Papelería, La Habana, 1906

———, "Consideraciones histórico-críticas sobre la segunda enseñanza en Cuba", *Revista de la Facultad de Artes y Ciencias*, v. 5, n. 1, Imprenta "Avisador Comercial", La Habana, 1907

Valero, Mercedes con Miguel Ángel Puig-Samper, *Historia del Jardín Botánico de la Habana*, Ediciones Doce Calles, Madrid, 2000

Valverde Maruri, Antonio L., *Jurisconsultos cubanos. Biografías y retratos*, Cultural, S.A., La Habana, 1932

Valle, Adrián del, *Historia documentada de la conspiración de la Gran Legión del Águila Negra*, Imprenta El Siglo XX, La Habana, 1930

Vallecillo, Antonio, *Ordenanzas de S.M. para el régimen, disciplina, subordinación y servicio de sus ejércitos*, Imprenta de las Señores Andrés y Díaz, Madrid, 1852

Vázquez Cienfuegos, Sigfrido, *Tan difíciles tiempos para Cuba. El gobierno del Marqués de Someruelos (1799-1812)*, Universidad de Sevilla, Sevilla, 2008

————, "Enemigos de La Habana entre los patriotas gaditanos", José Manuel Cuenca Toribio (coord.), *Andalucía en la guerra de la Independencia 1808-1814)*, Universidad de Córdoba, 2009

————, "Cuba en la difícil coyuntura política entre 1808 y 1810", Juan Bosco Amores Carredano, editor, *Las independencias americanas: ¿un proceso marginado?*, Universidad del País Vasco, Bilbao, 2009

————, y Amores Carredano, Juan Bosco, "En *Legítima Representación*: los firmantes del fallido proyecto de Junta de La Habana en 1808", *Anuario de Estudios Americanos,* 68, 1, Sevilla, 2011

————, "La comisión de Heredia de 1810: la preocupación cubana ante el inicio del proceso independentista venezolano", Rogelio Altez (ed.), *Las independencias americanas: un debate para siempre*, Universidad Industrial de Santander, Bucaramanga, 2012

————, *La Junta de la Habana. Adaptación del Pacto colonial en Cuba en vísperas de las independencias hispanoamericanas, 1808-1810*, Universidad de Sevilla/Consejo Superior de Investigaciones Científicas, Sevilla, 2013

————, "La instauración del Almirantazgo de 1807 en La Habana: lucha por el poder baja la alargada sombra de Godoy", *Revista de Indias,* vol. LXXIII, no. 258, 2013

Vázquez Matos, Dania con Yolanda Vidal Felipe, "Galegos na Sociedad Económica de Amigos del País da Habana", *Estudios migrato-*

rios,N.º 7-8, Consello da Cultura Galega, Santiago de Compostela, 1999

Vicuña Mackenna, Benjamín, *El ostracismo del jeneral D. Bernardo O'Higgins*, Imprenta y Librería del Mercurio, Valparaíso, 1860

Vidal Felipe, Yolanda con Dania Vázquez Matos, "Galegos na Sociedad Económica de Amigos del País da Habana", *Estudios migratorios*,N.º 7-8, Consello da Cultura Galega, Santiago de Compostela, 1999

Vidal Prades, Emma Dunia, "José Pablo Valiente y la pesquisa sobre defraudación en La Habana (1785-1791)", *La excepción americana. Cuba en el ocaso del imperio continental*, editores Imilcy Balboa Navarro y José A Piqueras Arenas, Centro Francisco Tomás y Valiente, Alzira, 2006

Vidales, Carlos, "Corsarios y piratas de la Revolución Francesa en las aguas de la emancipación hispanoamericana", *Iberoamericana*, v. XIX, núm. 2, Estocolmo, 1989

Villaverde de la Paz, Cirilo, *Cecilia Valdés o La Loma del Ángel*, P. Fernández y Cía., La Habana, 1941

Weiss, Joaquín E., *La arquitectura colonial cubana. Siglos XVI al XIX*, Instituto Cubano del Libro, La Habana, 2002

Wilkinson, James, *Memoirs of My Own Times*, Printed by Abraham Small, Philadelphia, 1816

Ximeno Torriente, José Manuel de, "Genealogía de las ideas separatistas en Cuba", *Anales de la Academia de la Historia de Cuba,* Tomo XVI, enero-diciembre, 1934, Imprenta El Siglo XX, La Habana, 1935

Zamora y Coronado, José María, *Registro de legislación ultramarina y ordenanza general de 1803 para intendentes y empleados de Hacienda en Indias*, Imprenta del Gobierno y Capitanía general por S.M., La Habana, 1839

Zárate, Julio, "La Guerra de Independencia", Vicente Riva Palacio, director, *México a través de los siglos*, Editorial Cumbre, México D. F., 1980ª [1ª ed. 1884]

Zarza Rondón, Gloria de los Ángeles, "La última voluntad del diputado quiteño José Mexía de Lequerica", *Estudios Humanísticos. Historia* N.º 10, Universidad de León, 2011

Zeuske, Michael, *El Atlántico oculto. Fuentes para una historia de la esclavitud atlántica,* https://www.academia.edu/29685150/2016_euske_Hidden_Atlantic_Nov._2016_.doc

Acerca de las ilustraciones

El cuadro de **Fernando VII** por Francisco de Goya se encuentra en el Museo de Arte Moderno y Contemporáneo de Santander y Cantabria.

El grabado de **Juan Clemente Zenea** se exhibe en https://alchetron.com/Juan-Clemente-Zenea-1160361-W. La fotografía de **José Gabriel del Castillo** apareció en la portada de la revista *Cuba y América*, v. IV, núm. 89, de 20 de agosto de 1900.

El retrato de **Salvador de Muro y Salazar, marqués de Someruelos** está en el Archivo General de Indias (RETRATOSGCG_CUBA,4) y se atribuye a Vicente Escobar.

La fotografía y el plano del **Palacio de los Capitanes Generales** se tomaron de *La Habana. Guía de arquitectura. Havana, Cuba. Architectural Guide*, 1998.

El retrato de **Juan María Herrera Dávila** cuelga en el Museo Naval de Madrid.

La fotografía del **Cuartel de las Milicias** apareció en *CUBA en la memoria*, el blog que publica Derubín Jácome. El plano se encuentra en el Archivo General de Simancas (AGS. Secretaría de Guerra, Legajos, 06840).

La fotografía de la **Casa de los Bassave** apareció en *Guía de arquitectura. Havana, Cuba. Architectural Guide*, 1998.

El retrato de **Francisco Filomeno** apareció en la obra de Antonio L. Valverde, *Jurisconsultos cubanos*.

La **Sesión de las Cortes de Cádiz,** c.1812 de Juan Gálvez fue tomada de http://www.bne.es/es/Micrositios/Exposiciones/Ameria/ Exposicion/Seccion2/Obra14.html?seccion=7&obra=14&origen= galeria

La imagen del **Castillo de Santa Catalina** la publicó el Ayuntamiento de Cádiz en http://turismo.cadiz.es/en/rutas-y-visitas-en-cadiz/santa-catalina-castle. El grabado de la ciudad fue tomado del sitio http://estoespasionporcadiz.blogspot.com/.

El retrato de **Carlos María de Alvear** se atribuye al "artista Vanderlyn, 1824" en https://alchetron.com/Carlos-Maria-de-Alvear-1114845-W

El grabado de **fray Servando de Mier** aparece en la *Nueva Enciclopedia Larousse*, Editorial Planeta, Barcelona, 1980.

Índice

A

Acosta, José Mariano, 42
Acosta, Mariano José de, 34
Acuña, Vicente de, 163, 164, 180, 184, 185
Aguilar Amat, Juan de, 105, 156
Aguilar Jústiz, Manuel de, 66, 92
Álava Navarrete, Ignacio María, 71
Albany, 168
Alburquerque, Úrsula de, 119
Alcántara Pacheco, Pedro, 19, 142, 154, 199
Alcántara Suárez de Urbina, Pedro, 42
Aljovín, Judas Tadeo de, 38, 44, 45, 46, 47, 48, 65, 66, 87, 150, 151
Álvarez de Toledo, José, 162, 165, 169, 170, 171, 172, 174, 179, 183
Álvarez y Lebrún de los Ríos y Rojas, Manuel, 115
Álvarez, Antonio, 66, 92
Álvarez, Francisco, 19, 134, 153, 185
Álvarez, José Julio, 155
Alvear y Balbastro, Carlos María de, 161, 162, 163, 164, 165, 166, 167, 178, 179, 180, 181, 182, 183
Alvear y Ponce de León, Diego de, 161, 162
Anchoris, Ramón Eduardo, 162, 166

Aponte, José Antonio, 17, 23, 25, 26, 35, 49, 79, 191, 195, 224
Aranda y Buenrostro, María Gregoria de, 107
Arango y Núñez del Castillo, Anastasio, 80, 165
Arango y Núñez del Castillo, Andrés, 165
Arango y Núñez del Castillo, José de, 103
Arango y Parreño, Francisco de, 80, 98, 112, 137, 138, 143, 191
Arango, Rafael, 170
Archivo General de Indias, 15, 16, 23, 60, 134, 138
Argentina, 21, 33
Armenteros, Anastasio Francisco de, 162
Armesto, Andrés López de, 19, 133, 153
Aróstegui Bassave, María Ana, 110
Aróstegui Larrea, Martín, 110
Artazo Torre de Mer, Manuel, 19, 48, 125, 126, 127, 128, 129, 130, 132, 133, 138, 142, 143, 144, 146, 149, 151, 153
Arteaga, Josef de, 167, 168
Ascanio, Nicolás, 38, 44, 45, 62, 65
Atarazanas, 176
Aury, Louis-Michel, 168
Ayllón, Cecilio, 191
Azanza y Alegría, Miguel José de, 99, 103, 105

245

B

Bachiller y Morales, Antonio, 190, 192
Bahía Honda, 119
Balbín González Vallejo, Juan, 162
Bardají y Azara, Eusebio, 171
Barrada, Tomás, 176
Barrutia, Francisco, 66, 92, 193, 194
Basave, José María, 121
Bassave y Aguiar, José, 188
Bassave y Cárdenas, Francisco José de, 110, 111, 112, 113, 115, 119
Bassave y Cárdenas, Luis Anastasio de, 113, 115, 120
Bassave y Cárdenas, Luis Francisco de, 19, 25, 88, 94, 107, 109, 110, 113, 114, 115, 116, 117, 118, 119, 120, 121, 122, 130, 142, 143, 144, 145, 146, 147, 152, 154, 156, 164, 187, 188, 189, 199
Bassave y Cárdenas, Nicolás de, 110, 115, 119
Bassave y Cárdenas, Rafael de, 113, 115, 120
Bassave y Espellosa, Luis Francisco de, 109, 187
Bassave y Espellosa, Tomasa de, 110
Bayamo, 24, 139
Bayona, 13, 75, 105
Bechily Carreño, Antonio Adolfo, 40
Bejucal, San Felipe y Santiago del, 85, 94
Bello, Andrés, 166
Benedicto XIV (Papa), 53
Bergaño y Villegas, Simón, 191
Bilbao, 42, 114, 115, 140

Boca Ciega, 120
Bolívar y Palacios, Simón, 135, 166, 168, 177, 186
Bonaparte, Napoleón, 13, 32, 33, 160
Borrego, Tomás, 84
Bosque, José Doroteo, 137
Bosque, José Doroteo del, 19, 153

C

Cabadeira, José de Jesús, 19
Cabadeiro, José de Jesús, 143
Caballero Rodríguez, José Agustín, 76
Caballero, Juan, 19, 143
Caballero, Manuela Teresa, 64
Caballeros Racionales, Sociedad de, 159, 160, 161, 162, 164, 165, 166, 168, 177, 178, 179, 180, 181, 182, 183, 184, 185, 191, 193
Cabello Robles, Domingo, 83, 114, 115, 116, 117, 118, 135
Cabezas, Bartolomé, 90
Cabildo de La Habana, 33, 38, 51, 62, 63, 64, 89, 93, 100, 106, 107, 111, 119, 122, 137, 149, 192
Cabrera, Juan de, 83
Cádiz, 14, 15, 33, 49, 52, 63, 64, 73, 75, 85, 93, 99, 100, 104, 106, 107, 109, 110, 115, 122, 124, 126, 130, 133, 146, 152, 153, 154, 155, 156, 158, 159, 160, 161, 162, 163, 164, 165, 166, 167, 168, 170, 171, 173, 174, 176, 177, 178, 179, 180, 181, 183, 184, 185, 186, 187, 188, 189, 193, 195, 198
Cagigal Monserrate, Juan Manuel de, 110, 158

Calvo de la Puerta y O´Farrill, José, conde de Buena Vista, 82, 83, 114
Campeche, 101
Cano-Manuel Rodríguez de Arellano, Vicente, 156, 169
Caracas, 24, 38, 41, 43, 44, 122, 123, 126, 165, 166, 178, 179, 180, 184
Carbajal, Luis, 170
Carbonell Rivero, José Manuel, 23
Carbonell Rivero, Miguel Ángel, 23
Carbonell Rivero, Néstor, 23, 24, 25, 88
Cardeña, Ramón, 164, 180, 184
Cárdenas Vélez de Guevara y Pita de Figueroa, Rafael de, 113
Cárdenas y Barreto, José Francisco, conde de Casa Barreto, 98, 99, 101, 139
Cárdenas y Castellón, María de Jesús de, 109
Cárdenas y Díaz-Pimienta, Francisca de, 119
Cárdenas y Díaz-Pimienta, María Antonia de, 113
Cárdenas y Santa Cruz, Gabriel María de, marqués de Cárdenas y Montehermoso, 60
Cárdenas, Miguel de, 82
Cárdenas-Vélez de Guevara y Castellón, Nicolás de, marqués de Prado Ameno, 82
Carlos III, 70, 83, 190
Carlos IV, 13, 72, 117, 126
Carmona, 173
Caro, Pedro José, 42, 43, 44
Carolina, falucho, 35, 54, 98
Cartagena de Indias, 187
Castaños, Xavier de, 124

Castillo Azcárate, José Gabriel del, 22, 23, 87, 192
Castillo Betancourt, Diego Antonio del, 91
Castillo de San Carlos de la Cabaña, 155, 189
Castillo de San Sebastian, 156
Castillo de San Severino de Matanzas, 80
Castillo de Sancti-Petri, 169
Castillo de Santa Catalina, 15, 156, 159, 164
Castillo Pérez, José del, 22, 23, 87, 134, 150, 191, 192
Caycedo y Flores, Luis de, 181, 182
Caycedo, Domingo, 162, 165, 179, 181, 182
Cerneau, Joséph, 54, 55
Cervantes, Buenaventura, 19, 142, 154, 156, 194
Céspedes, Carlos Manuel de, 58, 59
Ceuta, 137, 140, 152, 154, 186
Chacón y Herrera, José María de, conde de Casa Bayona, 133
Chacón y Herrera, María Catalina, marquesa viuda de Pradoameno, 64
Chacón, Antonio José, 19, 143
Chacón, Manuel, 19, 143, 154
Chacón, Tomasa María, 64
Charleston, 39, 54
Chávez, José Macedonio, 49
Chilavert, FFrancisco, 162, 164
Claret, José, 66, 92
Clemencín, Diego, 50
Colombia, 123, 169, 182, 187
Consejo de Indias, 13, 14, 15, 16, 18, 19, 49, 53, 57, 59, 65, 67, 75, 77, 88, 89, 90, 91, 93, 174, 185, 188

Consejo de Regencia, 14, 48, 85, 105, 106, 107, 121, 124, 125, 159, 174, 182, 187, 194, 198
Consejo reunido, 13, 14, 93
Corral, Rosalía del, 64
Cruz Sotolongo, Juan de la, 83
Cruz, Sebastián de la, 82, 114

D

Daza Maldonado, Antonio, 19, 133, 153
de las Casas Aragorri, Luis, 56, 85, 112, 114, 116, 117, 118
Díaz de Espada y Landa, Juan José (obispo), 36, 113, 140
Díaz de la Espada, Juan José (Obispo de La Habana), 90, 128, 133
Díaz-Pimienta y González de la Torre, María de los Ángeles, 113
Drake, Antonio, 40
Drake, Santiago, 39, 40, 49
Duarte y Castro Palomino, Mariana, condesa viuda de Lagunillas, 64
Ducoudray-Holstein, Henri Louis Villaume, 168, 169
Duler, capitán, 54

E

Echegoyen y Aróstegui, José Ignacio de, 137, 138
Emparan y Orbe, Vicente de, 122, 123
Ercazti, Francisco, 190
Ercazti, Gabriel Francisco, 190
Ercazti, Gabriel Pantaleón, 191
Ercazti, Gabriel Pantaleón de, 19, 134, 153, 185, 190, 191

Ermita del Pilar, 97
Escaño, Antonio de, 124
Espinosa de Contreras y Jústiz, María Ignacia, marquesa de San Felipe y Santiago, 134
Espinosa, Domingo, 42
Espinosa, Ramón, 19, 142, 154, 194
Espíritu Santo, ingenio, 85, 94, 140
Estrada, Gabriel José de, 139
Estrada, Juan de, 139
Estrada, Manuel de, 139
Ezpeleta, José de, 116

F

Fagoaga y Villaurrutia, José Francisco, marqués del Apartado, 166
Falmouth, 166
Fernando VI, 53, 55
Fernando VII, 13, 31, 47, 50, 65, 75, 107, 167, 173, 175, 176
Ferrand, Louis Marie, 98, 99
Ferrol, El, 50, 120
Filadelfia, 123, 165, 178, 179, 180
Filomeno, Francisco, 21, 22, 58, 102, 103, 104, 105, 124, 125, 127, 128, 129, 130, 132, 149, 190
Flores, Carlos de, 19, 142, 154, 194
Floridas, 72, 128, 133, 171
Folch, Juan Vicente, 134
Font, Antonio, 140
Font, Francisco, 140
Font, Gaspar Mariano, 140
Font, José María, 140
Fortaleza de San Carlos, 164
Francia, 38, 43, 98, 112
francmasonería, 13, 17, 18, 21, 22, 25, 26, 29, 39, 44, 46, 47, 48, 53, 54, 55, 56, 57, 59, 65, 66,

67, 72, 73, 74, 75, 76, 84, 88, 90, 92, 135, 136, 140, 150, 151, 161, 181, 183, 185, 186, 187, 194
Franco, José Luciano, 17, 25, 26, 142, 156
Fuentes, José, 34
Funes de Villalpando y Abarca de Bolea, Ambrosio, conde de Ricla, 109

G

Gálvez, Bernardo de, 70
Gamón, Pedro Antonio de, 19, 133, 153
Garay, Martín de, 34, 37, 100, 101
García Coronado, Manuel, 18, 38, 39, 40, 44, 53, 64, 65, 66, 76, 77, 92, 193
García Herreros, Manuel, 139, 186
García, Pedro Agustín, 66, 92
Gener Bohigas, Tomás, 51
Gil de la Cuadra, Ramón, 139, 186
Godoy Álvarez de Faria, Manuel, 70
Gomez Roubaud, Rafael, 49, 98, 100, 133
González de Urra, Getrudis, 107
González, José, 80, 82
González, Juan Ignacio, 19, 143, 154, 156
González, Juan José, 19, 142, 154, 194
Granada, 43, 116, 160, 165, 176, 182
Guatao, 81, 82, 83
Gui, Domingo, 156
Gutiérrez de Lara, Bernardo, 170, 172, 174
Gutiérrez Piñeres, Tomás, 49

H

Hallam, George, 35, 36, 37, 38, 39, 45, 62, 63, 67, 150
Hatuey, 43, 91
Heredia y Heredia, José María, 177
Heredia y Mieses, José Francisco, 91, 123, 135
Heredia y Mieses,, José Francisco, 149
Heredia y Velarde, José, 105, 146
Heredia y Velarde, José de, 125
Heros, Antonio de los, conde de Montarco, 32, 100
Herrera Dávila Juan, 69, 71, 72, 73, 74
Hidalgo Gato, Luis, 129, 149
Hospital de San Francisco, 97

I

Ilincheta, José, 112
Infante e Infante, Joaquín, 19, 24, 25, 26, 41, 43, 135, 136, 137, 138, 139, 140, 143, 153, 154, 160, 184, 186, 187, 189, 199
Inglaterra, 35, 40, 43, 161
Isla de León, 14, 162, 164
Iturribarría, Luis de, 168, 179

J

Jaén, Apolinar, 44
Jalapa, 71, 164, 180
Jamaica, 35, 36, 42
Jáuregui Mayora, Juan Tomás de, 110
Jáuregui y Aróstegui, Andrés de, 110, 112, 191
Jáuregui y Aróstegui, María Felicia de, 110, 111, 113, 119
Joaquín José, 124

José I (Bonaparte), 13, 98, 100, 101, 103
José Ignacio de Echegoyen y Aróstegui, 138
Josefa Gabriela Chávez Bello, 49
Jubajay, 81, 82
Junta Central Suprema Gubernativa del Reino, 14, 37, 74, 98, 100, 101, 105, 182

K

Key Ayala, Salvador, 24, 25, 136, 137, 189
Kindelán O´Regan, Sebastián, 98

L

La Rosa, bergantín, 165
Lardizabal y Uribe, Miguel de, 124
Lardizábal y Uribe, Miguel de, 74, 75, 198
Larrea y Gijón, José de, 162
Laureano, 19, 137, 138, 139, 153, 154, 156
Le Temple des Vertus Théologales, 54, 57
Legión del Águila Negra, 46, 47
León y Fantini, Joaquina, 49
Lizundia y Padura, María Josefa de, marquesa del Real Agrado, 64
Logia Lautaro, 166
Logroño, 124
Londres, 36, 43, 150, 161, 163, 164, 165, 166, 168, 178, 179, 180, 181
López Conde, José, 162
López Méndez, Luis, 166
López Pelegrino, Ramón, 16, 156, 169
López Sanz, Francisco, 156

Luisiana, 34, 126, 128, 133, 168, 169
Luz Meireles, Pedro José de la, 80
Luz Sánchez de Silveira, María Justa de la, 22, 87
Luz Sánchez de Silveira, Román de la, 16, 18, 19, 22, 23, 25, 26, 27, 38, 39, 40, 41, 43, 44, 48, 53, 58, 60, 65, 66, 77, 79, 80, 81, 82, 83, 84, 85, 86, 87, 88, 90, 91, 92, 94, 97, 107, 125, 126, 128, 130, 132, 133, 134, 137, 138, 144, 145, 146, 147, 151, 152, 154, 156, 158, 159, 160, 161, 162, 163, 164, 165, 166, 167, 168, 169, 170, 171, 172, 173, 174, 175, 176, 177, 179, 180, 182, 183, 184, 185, 187, 188, 189, 193, 194, 198
Luz y Caballero, José de la, 84
Luz y do Cabo, Antonio de la, 79
Luz y Meireles, Antonio Claudio de la, 80
Luz y Meireles, José Cipriano de la, 79, 84
Luz y Meireles, Pedro José de la, 80
Luz, José Román de la, 177
Luz, Joseph Eusebio de la, 80

M

Madison, James, 31, 150
Madrid, 14, 22, 24, 26, 33, 37, 44, 45, 48, 50, 69, 71, 73, 75, 80, 83, 93, 100, 102, 110, 111, 115, 117, 120, 126, 128, 136, 139, 152, 161, 166, 167, 169, 173, 175, 190, 191, 192, 195, 198
Málaga, 76, 176
Manzanares de la Mancha, 173, 174

Manzano y Jústiz, Manuel del, marqués Jústiz de Santa Ana, 82
Manzano y Jústiz, María Concepción del, marquesa del Prado Ameno, 103
Marimelena, 79
Martelo y Otero, Agustín, 155
Martínez de Campos, Nicolás, conde de Santovenia, 76
Martínez de la Rosa, Francisco, 50
Martínez de Pinillos, Claudio, 122, 191
Martínez, Enrique, 181
Matanzas, 21, 24, 34, 138, 177, 182, 183, 184, 185, 191
Meireles, María, 79
Mejía de Lequerica, José, 75
Mérida, Rafael Diego de, 126, 128, 161, 162, 163, 165, 166, 167, 178, 179, 180
Merlín, José María, 136, 189
México, 21, 22, 26, 32, 58, 71, 104, 117, 126, 160, 163, 164, 165, 170, 171, 178, 179, 180, 184, 186, 187
Mier, Servando Teresa de, 160, 162, 163, 164, 165, 166, 168, 179, 180, 181, 182
Mina, Francisco Javier, 160, 168, 186
Miranda, Francisco de, 26, 41, 42, 43, 110, 128, 135, 158, 161, 166
Miyares González, Fernando, 165
Montalvo y O'Farrill, José Joaquín de, conde de Casa Montalvo, 111
Montalvo y O'Farrill, José Lorenzo, 114, 116, 117

Montano, José María, 19, 133, 134, 137, 153
Monteverde y Rivas, Domingo de, 135
Monteverde, Domingo de, 135
Montilla, 162
Morales y Morales, Vidal, 22, 23, 26, 58, 87
Morales, Nicolás, 139
Morales, Pedro Julián de, 82
Morales, Rafael Ignacio de, 82
Morejón Girón y Moctezuma, Jerónimo, marqués de las Amarillas, 100
Moreno, Isidro, 19, 142, 154, 199
Moreno, Juan Joaquín, 120
Moreno, Manuel, 56, 166
Murgiondo, Prudencio, 162
Murillo, Pedro Domingo, 44
Muro y Salazar, Salvador de, marqués de Someruelos, 13, 14, 15, 17, 18, 19, 21, 22, 26, 31, 32, 33, 37, 39, 42, 45, 46, 48, 49, 51, 52, 53, 54, 55, 56, 57, 59, 60, 63, 65, 66, 67, 69, 70, 71, 73, 74, 75, 77, 85, 86, 88, 89, 90, 91, 92, 93, 98, 99, 100, 101, 102, 103, 104, 105, 106, 107, 118, 120, 121, 122, 123, 124, 125, 126, 127, 129, 130, 132, 133, 134, 135, 139, 142, 143, 144, 145, 146, 147, 149, 150, 151, 153, 154, 155, 156, 159, 176, 187, 188, 194, 195
Muro y Vidaurreta, Petra de, 124, 125

N

Nariño Álvarez, Antonio, 181

Negrete y de la Torre, Manuel de, conde de Campo de Alange, 112, 117
Nelson, fragata, 168
New Orleans, 34, 170, 171, 187
New York, 22, 27, 32, 43, 122, 128, 168, 187
Nicaragua, 116, 118
Norfolk, 101
Núñez de Villavicencio, Juana, 107
Núñez del Castillo y Molina, Francisca de los Dolores, 23, 58, 59, 84, 85, 87, 174
Núñez del Castillo y Molina, Juan Clemente, marqués de San Felipe y Santiago, 40, 60, 84, 87, 123, 165, 174

O

O´Farrill, José Ricardo, 115
O´Reilly y de las Casas, Pedro Pablo, 55, 56
O´Reilly, Alejandro, 56, 109, 110
O-Farrill, Juan Manuel de, 111
O'Gavan Guerra, Juan Bernardo, 50, 128
Olaeta, José Antonio de, 113
Oliva, Baltazar, 83
Oliva, fragata, 156
Onís y González Vara, Luis de, 171, 172

P

Pansioti, Gaudencio, 167, 168, 169, 170
Panzacola, 34, 70
París, 43, 58, 135
Pavia (mirandista), 42
Peñalver y Cárdenas, Luis, 111

Peñaranda, José de, 18, 38, 44, 52, 53, 54, 55, 65, 66, 69, 70, 71, 72, 73, 74, 75, 76, 92, 155
Perea, José de, 83
Perote, 164, 180
Perú, 33, 42, 43, 123
Picornell, Juan Mariano, 171
Pinar del Río, 177
Pintó, Ramón, 192
Ponce de León Maroto, Estanislao, 71
Ponce de León Maroto, Ignacio, 71
Ponce de León Maroto, Manuel, 71
Ponce de León Maroto, Pedro, 71
Ponce de León y Maroto, Antonio, 52, 71, 74, 102
Ponce de León y Maroto, Francisco, 51, 52, 64, 65, 76
Ponce de León, Santiago, 52
Ponte Domínguez, Francisco de, 25, 46, 53, 57, 84, 120
Porcel Román, Antonio, 175, 176
Portsmouth, 166
Presmo, Juan José de, 66, 92
Príncipe de Asturias, navío, 188
Puerto Cabello, 189
Puerto Príncipe, 42, 49, 76, 90, 151, 177, 193
Puerto Rico, 76, 165, 168, 171

Q

Quesada, Vicente, 165
Quevedo y Quintano, Pedro Benito Antonio, 124
Quintanilla, Carmen, 161
Quivicán, 85

R

Rada, José Miguel de, 44, 163, 193

Ramírez de Soto y Aparicio, Gabriel, 185, 186
Ramírez de Soto y Aparicio, Manuel, 16, 19, 46, 48, 66, 92, 134, 135, 137, 151, 152, 155, 185, 186
Ramírez, Francisco, 191
Ramos Arispe, Miguel, 167, 168, 169, 170, 171, 172, 173, 174, 176
Ramos, José Antonio, 48, 49, 50, 66, 69, 71, 72, 77, 89, 91, 103, 129, 134, 149
Real Carlos, navío, 120
Real Compañía de La Habana, 110
Real Sociedad Económica de La Habana, 21
Recio de Morales, Manuel, 83
Reyes, María Dominga de los, 107
Rivas, hermanos (mirandistas), 42
Robredo, Antonio, 35
Roche, Manuel José, 160, 162, 168
Rodríguez Alemán y Peña, Manuel, 101, 102, 103, 104, 127
Rojo, Manuel, 46, 47
Romay Chacón, Tomás, 77
Rubio, Manuel José, 167
Ruiz de Apodaca, Juan José, 56, 195
Ruiz, Nicolás, 191

S

Saavedra y Sangronis, Francisco de, 70, 124
Saco y López Cisneros, José Antonio, 104
Saint Domingue, 32, 33, 54, 112, 197
Salinas, José de, 129, 149, 154
San Antonio de Béxar, 172
San Antonio, bergantín, 101

San Francisco Javier de los Quemados, 81
San Hermenegildo, navío, 120
San Martín, José de, 33, 162, 164, 182
San Miguel del Padrón, 81
San Narciso, corsario, 165
Sánchez de Silveira, María del Carmen, 80
Sánchez, Pedro, 19, 143, 154
Sangro, Paolo di, príncipe de Castelfranco, 100
Santa Ana, fragata (la *Gaditana*), 155
Santa Cruz, Joaquín, 123
Santa Fe de Bogotá, 179, 180, 181, 182
Santa Fé de Bogotá, 112
Santa María, Miguel, 179
Santiago de Cuba, 42, 54, 79, 98, 121
Santibáñez, Domingo, 129, 149, 155
Santo Domingo, 97, 98, 134, 170, 171, 188
Santos Suárez, Leonardo, 51
Sanz, José María, 129, 130, 149
Sebastiana, corbeta, 194
Sedella, Antonio de, 171
Seidel, Micaela, 64
Serna, Fernando de la, 170
Shaler, William, 150, 172
Sierra, Nicolás María de, 15, 86
Smith, Robert, 150
Solano Ortiz de Rozas, Francisco, segundo marqués del Socorro, 33
Soler y Rabassa, Miguel Cayetano, 102
Soles y Rayos de Bolívar, 177

Someruelos. *Véase* Muro y Salazar, Salvador de, marqués de Someruelos
Sotolongo, José, 165
St. Mary's College, 134, 191

T

Taboada y Moscoso, Nicolás, 113
Texas, 116, 142, 169, 170, 172, 179, 186
Trafalgar, 13
Trelles, Carlos M., 21, 23, 24, 52, 136, 138, 170, 183, 184, 186, 191
Trespalacios y Verdeja, Felipe José de, 140
Tribunal de la Inquisición, 75, 90

U

Urquijo, Mariano Luis, 32

V

Vadillo, Diego María, 169
Valdés y Fernández Bazán, Antonio, 83
Valdés, Antonio, 83, 84
Valdés, Antonio José, 21, 136
Valiente, José Pablo, 116, 122
Valle, Antonio del, 165
Varea Gómez-Badillos, Esteban, 198
Varela Morales, Félix, 51, 182
Venegas, Francisco Javier, 164, 165
Venezuela, 24, 41, 123, 126, 135, 165, 166, 168, 172

Veracruz, 150, 164, 180, 184
Vidaurreta y Llano, María de la Concepción, 124
Vigodet, Gaspar de, 175
Vildósola, José Ignacio, 71
Villaurrutia, Wenceslao de, 162, 164
Villavicencio y de la Serna, Juan María de, 70
Virno, Gregoria, 176
Vives, Francisco Dionisio, 187, 191

W

Washington, 34, 43, 134, 150, 170, 192
Wilkinson, James, 31, 32, 34

X

Ximeno Torriente, José Manuel, 25, 43, 45, 47, 50, 59, 60, 63, 85, 87

Y

Yucatán, 126, 128

Z

Zamora y Coronado, José María, 111
Zapiola, José Matías de, 162, 164
Zayas y Jústiz, Andrés de, 137
Zenea, Juan Clemente, 22, 23, 58, 59, 60, 87

www.ingramcontent.com/pod-product-compliance
Lightning Source LLC
Chambersburg PA
CBHW030515080526
44586CB00011B/201